交通行业高职高专规划教材

Gangkou Jizhuangxiang Jixie Gouzao yu Weixiu
港口集装箱机械构造与维修

主　编　张　阳　柴仕贞
副主编　董　丽　杨　进

人民交通出版社股份有限公司
China Communications Press Co.,Ltd.

内 容 提 要

本书主要介绍了港口常见集装箱机械的典型构造以及日常维护保养要求。分为集装箱运输基础知识、岸边集装箱装卸桥、集装箱堆场机械、集装箱水平运输机械四个部分。

本书作为高职高专院校港口机械应用技术专业教学用书，也可供相关专业教学使用，或作为职业技能培训教材，供有关工程技术人员学习参考。

图书在版编目(CIP)数据

港口集装箱机械构造与维修 / 张阳，柴仕贞主编. —北京：人民交通出版社股份有限公司，2015.4
 ISBN 978-7-114-12139-5

Ⅰ. ①港… Ⅱ. ①张… ②柴… Ⅲ. ①港口设备–集装箱运输–机械设备 Ⅳ. ①U169

中国版本图书馆 CIP 数据核字(2015)第 060469 号

交通行业高职高专规划教材
书　　名：港口集装箱机械构造与维修
著 作 者：张　阳　柴仕贞
责任编辑：赵瑞琴
出版发行：人民交通出版社股份有限公司
地　　址：(100011)北京市朝阳区安定门外外馆斜街 3 号
网　　址：http://www.ccpress.com.cn
销售电话：(010)59757973
总 经 销：人民交通出版社股份有限公司发行部
经　　销：各地新华书店
印　　刷：北京市密东印刷有限公司
开　　本：787×1092　1/16
印　　张：15
字　　数：340 千
版　　次：2015 年 6 月　第 1 版
印　　次：2015 年 6 月　第 1 次印刷
书　　号：ISBN 978-7-114-12139-5
定　　价：38.00 元

(有印刷、装订质量问题的图书由本公司负责调换)

交通行业高职高专规划教材
编 委 会

主　　　任　宋士福

副　主　任　杨巨广

委　　　员　（以姓氏笔画为序）
　　　　　　仇桂玲　刘水国　刘俊泉　刘祥柏　苏本知
　　　　　　张来祥　周灌中

编写组成员　（以姓氏笔画为序）
　　　　　　王　峰　井延波　孙莉莉　李凤雷　李永刚
　　　　　　李君楠　吴广河　吴　文　佟黎明　张　阳
　　　　　　范素英　郑　渊　赵鲁克　郝　红　徐先弘
　　　　　　徐奎照　郭梅忠　谭　政

前　言

本书是为配合港口机械类专业学习港口装卸机械构造和维护保养的教学需要而编写的交通行业高职高专规划系列教材之一。该系列教材立足港口一线人才需求，结合人才培养模式改革的要求，坚持职业导向、学生为中心，以基础理论教学"必需、够用"为度，突出职业技能教学的地位，旨在培养学生具有一定的职业技能及必要的技术应用能力，以适应工作岗位的实际需求。

本书主要介绍了港口常见集装箱机械的典型构造以及日常维护保养要求。分为集装箱运输基础知识、岸边集装箱装卸桥、集装箱堆场机械、集装箱水平运输机械四个部分。

本书从培养学生应用能力出发，减少了理论推导，着重实际能力的培养，力求做到贴合港口实际、适应港口工作需要。

参加本书编写的有青岛港湾职业技术学院张阳（项目二）、柴仕贞（项目四）、董丽（项目三）、杨进（项目一），同时青岛港集团姜巍、于建军、葛长青等也参加了本书内容的编写，全书由张阳、柴仕贞担任主编。

本书由青岛港湾职业技术学院仇桂玲教授担任主审，对书稿进行了认真细致的审阅并提出了宝贵的修改意见。在本书的编写过程中还得到了青岛港湾职业技术学院领导和课程组各位老师的大力支持和帮助，在此一并表示感谢。

由于编者水平有限，书中误漏和欠妥之处在所难免，恳望广大读者批评指正。

编者

2015 年 1 月

目　　录

项目一　港口集装箱运输系统认知 ………………………………………………（1）
　　任务一　集装箱运输发展认知 ………………………………………………（1）
　　任务二　集装箱认知 …………………………………………………………（9）
　　任务三　船舶上加固集装箱 …………………………………………………（11）
　　任务四　集装箱吊具构造与维保 ……………………………………………（12）

项目二　岸边集装箱装卸桥构造与维保 …………………………………………（31）
　　任务一　岸桥分类、结构和参数认知 ………………………………………（31）
　　任务二　岸桥的机构、装置认知 ……………………………………………（46）
　　任务三　岸桥液压系统认知 …………………………………………………（69）
　　任务四　岸桥的电气设备及控制认知 ………………………………………（74）
　　任务五　操作岸边集装箱装卸桥 ……………………………………………（95）
　　任务六　岸桥的维保及故障排除 ……………………………………………（117）
　　任务七　岸桥新技术展望 ……………………………………………………（144）

项目三　集装箱堆场机械构造与维保 ……………………………………………（157）
　　任务一　集装箱龙门起重机构造与维保 ……………………………………（157）
　　任务二　集装箱正面吊运机认知 ……………………………………………（196）
　　任务三　集装箱叉车认知 ……………………………………………………（201）

项目四　集装箱水平运输机械构造与维保 ………………………………………（207）
　　任务一　集装箱牵引车结构认知 ……………………………………………（207）
　　任务二　集装箱牵引盘与挂车认知 …………………………………………（218）
　　任务三　集装箱牵引车的操作与维保 ………………………………………（221）

参考文献 ……………………………………………………………………………（231）

项目一　港口集装箱运输系统认知

任务一　集装箱运输发展认知

20世纪50年代中叶,一种将货物装在特制箱子内再置于船上的运输方式,即集装箱运输,在美国脱颖而出,这对传统的用舱口式货船运输件杂货来说是一次挑战。近半个多世纪以来,这种运输方式日臻完善。

这种将货物装在特制箱子内的新颖运输方式与传统方式相比,具有如下优点:

(1)最有效地提件件杂货的装卸效率。件杂货是国际贸易中进入集装箱的主要货种,现代岸边集装箱起重机(以下简称岸桥)平均每小时可以作业30~40 TEU(标箱)。

(2)保证货物在运输过程中的安全,防止货物被盗,大幅度减少甚至消灭了货损货差。用传统方式装卸件杂货,出现1%~2%的货损和货差是难免的,对于玻璃类易碎货物则高达10%以上,而集装箱运输基本消灭了令运输企业极为头痛的货损货差。件杂货在运输过程中如何防偷盗始终是运输企业面临的一大难题,而集装箱运输用"门锁+铅封"的办法,从根本上解决了防止偷盗的问题。

(3)船舶装卸实现全天候作业。过去在件杂货码头,为减少货损,作业规程规定逢雨天必须关闭舱口、停止作业。集装箱运输从根本上解决了这个问题,使件杂货装卸实现全天候作业。

(4)充分利用了堆存货场面积和空间,基本取消了仓库。过去件杂货到岸后必须进入仓库,即便放在货场,也需遮盖。集装箱运输则利用原箱堆码在货场;它既可防雨,又可防盗。一般集装箱堆场可以堆码4~5个箱高,在少数国家和地区,其堆码高度高达7个箱高(国际集装箱的设计规定每箱承压为9个箱高),充分利用了堆场面积和空间。

(5)集装箱可重复使用。运输件杂货过程必须有包装。采用金属钢质的集装箱,可以多次重复使用,大大降低了包装成本。

(6)实现了门到门运送货物。过去国际货运由产到销的运输过程常需8~10个装卸环节(铁路货场、装车船码头、船运、入库存放、公路或铁路运输、库场存放、进入用户工厂、仓库或实现商场售货),每个环节都要有装卸作业,需要机具和劳力,易产生货损货差,而集装箱运输由于货物始终装在特制的箱子内,由生产厂到用户,不必开箱倒载,实现了最高效率、最安全可靠的门到门运输。

(7)大大降低了运输成本。如上所述,不论从节省码头建设投资还是从提高装卸运输效率来看,集装箱运输都大幅度地降低了运输成本。

(8)缩短了货物运输时间。集装箱运输是定点、定向、定船、定期的运输。在两港之间航线相对固定,船舶固定,到达和启程时间也固定。航运公司向世界公布各航线到达首尾港、中间港的船期和收货时间,因而可以准确预知货物启程和到达的时刻,从而最有效地计划货物的产销周期。现代集装箱船航速高达24~28kn,高速集装箱班轮缩短了路途时间。

随着集装箱深水码头数量的不断增加,集装箱港吞吐量不断增长,对集装箱港口装卸工艺和集装箱装卸技术装备提出了更新更高的要求,岸桥正朝着大型化、高效化方向发展。

集装箱装卸工艺因船型而异。由滚装船、载驳船载运的集装箱各有其装卸方法。由集装箱船载运的集装箱一般采用岸边集装箱起重机装卸船,用底盘车系统(又称拖挂车,即集装箱汽车)或跨运车进行码头前沿至堆场的水平运输和堆场作业。堆场作业还可采用龙门起重机系统。底盘车系统装卸操作环节少,管理简单,但须配备与集装箱同等数量的底盘车,随箱停放与外运,所需堆场面积大。跨运车的优点是能兼作水平运输,不需要底盘车、拖挂车,并能堆高2~3层箱,所需场地面积比底盘车系统小;缺点是价格昂贵。跨运车轮压大,要在全场地行驶,因而对堆场地基强度和不均匀沉降要求高。龙门起重机系统由于起重机的跨度和起升幅度较大,可堆高3~4层箱。这种系统能充分利用空间,相应的存箱量大,通过能力也大。龙门起重机轮压大,3~4层集装箱荷载大,因而对堆场地基的要求也高。

50多年来,伴随着海上集装箱运输的飞速发展,集装箱码头相对一般件杂货码头,在整个集装箱运输过程中,对加速车船周转,提高货运速度,降低整体运输成本等方面,起着十分重要的作用,我们应以合理和经济的原则,选择集装箱码头装卸工艺。集装箱码头的装卸工艺有6种典型的系统:底盘车系统、跨运车系统、龙门吊系统及混合型系统、叉车系统、正面吊系统。

不同时期集装箱码头装卸设备以及装卸工艺变化情况,如表1-1所示。

集装箱码头装卸设备及装卸工艺变化情况　　　　　表1-1

船型代别		第一代	第二代	第三代	第四代巴拿马型 PANAMAX	第五代超巴拿马型 POSTPANAMAX
装卸工艺		底盘车	轮胎龙门吊	混合工艺	自动化装卸工艺	
主要设备		船用装卸桥	岸边装卸桥	高速装卸桥	第二代装卸桥	
装卸桥主要参数	起重量	22.68t	30.5t	45t	55t	
	小车速度	2.1m/s	2.5m/s	2.53m/s	2.66m/s	>3.0m/s
	起升速度	0.5m/s	0.6m/s	0.67m/s	0.83m/s	
	跨距	10.87m	16m	26m	30m	
	外伸距	23.7m	35m	37.3m	36~44m	44~48m
	总重	350t	680t	750t	850t	

一、底盘车系统

该作业系统是美国海陆公司首先采用的一种装卸工艺方式(图1-1),因此也称"海陆方式"。

图1-1　底盘车系统

码头的前沿采用岸边集装箱装卸桥承担船舶的装卸作业,进口集装箱由装卸桥直接卸到底盘车上,集装箱牵引车将载有集装箱的底盘车拖到堆场停放,出场时集装箱牵引车将载有集装箱的底盘车从堆场上直接拖出港区。出口集装箱由集装箱牵引车将载有集装箱的底盘车从港区停放在堆场上,装船时再由集装箱牵引车将载有集装箱的底盘车从堆场拖到码头前沿,由岸边集装箱装卸桥将箱吊装上船。该系统的主要特点是,集装箱在码头堆场的整个停留期间均放置在底盘车上。

底盘车系统主要适用起步阶段的集装箱码头,特别是整箱货比例较大的码头。

(一)底盘车系统的主要优点

(1)集装箱在港的操作环节少,装卸效率高,损坏率小,可直接陆运;

(2)工作组织简单,对装卸工人、管理人员的技术要求不高,无需复杂设备。

(二)底盘车系统的主要缺点

(1)底盘车的需求量大、投资大、占地大,在运量高峰期可能会出现因底盘车不足而间断作业的现象;

(2)不易实现自动化、维修保养频繁。

二、跨运车系统

该系统的装卸工艺如图 1-2 所示。

图 1-2 跨运车系统

码头前沿采用岸边集装箱装卸桥承担船舶的装卸作业,跨运车承担码头前沿与堆场之间的水平运输,以及堆场的堆码和进出场车辆的装卸作业。即"船到场"作业是由装卸桥将集装箱从船上卸到码头前沿,再由跨运车将集装箱搬运至码头堆场的指定箱位;"场到场"、"场到集装箱拖运车"、"场到货运站"等作业均由跨运车承担。

该系统适用于进口重箱量大、出口重箱量小的集装箱码头。

(一)跨运车系统的主要优点

(1)跨运车一机完成多种作业(包括自取、搬运、堆垛、装卸车辆等),减少码头的机种和数量,便于组织管理;

(2)跨运车机动灵活、对位快,岸边装卸桥只需将集装箱卸在码头前沿,无需准确对位,跨运车自行抓取运走,充分发挥岸边集装箱装卸桥的效率;

(3)机动性强,既能搬运又能堆码,减少作业环节;

(4)堆场的利用率较高,所需的场地面积较小。

(二)跨运车系统的主要缺点

(1)跨运车机械结构复杂,液压部件多,故障率高,对维修人员的技术要求高,且造价昂贵;

(2)跨运车的车体较大,司机室位置高、视野差,操作时需配备助手;

(3) 司机的操作水平要求较高,若司机对位不准,容易造成集装箱损坏。

三、轮胎式龙门起重机系统

该系统的装卸工艺如图1-3所示。

图1-3 轮胎式龙门起重机系统

轮胎式龙门起重机系统的码头前沿采用岸边集装箱装卸桥承担船舶的装卸作业,轮胎式龙门起重机承担码头堆场的装卸和堆码作业,从码头前沿至堆场、堆场内箱区间的水平运输由集卡完成。轮胎式龙门起重机一般可跨6列集装箱和1列集卡车道,堆高为3~5层集装箱。轮胎式龙门起重机设有转向装置,能从一个箱区移至另一个箱区进行作业。轮胎式龙门起重机系统适用于陆地面积较小的码头。我国大部分集装箱码头采用这种工艺系统。

(一)轮胎式龙门起重机系统的主要优点

(1)场地利用率高;
(2)堆场铺面费用小;
(3)设备简单,操作要求低;
(4)集装箱损坏率低;
(5)占用通道小,可跨箱区;
(6)易于实现自动化。

(二)轮胎式龙门起重机系统的主要缺点

(1)跨箱区作业较耗时;
(2)倒垛率较高;
(3)需配备集卡,环节多;
(4)初始投资较高;
(5)能耗较高。

四、轨道式龙门起重机系统

该系统的装卸工艺如图1-4所示。

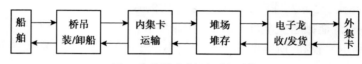

图1-4 轨道式龙门起重机系统

轨道式龙门起重机系统与轮胎式龙门起重机系统相比,堆场机械的跨距更大,堆高能力更强。轨道式龙门起重机可堆积4~5层集装箱,可跨14列甚至更多列集装箱。轨道式龙门起重机系统适用于场地面积有限,集装箱吞吐量较大的水陆联运码头。

（一）轨道式龙门起重机系统的主要优点

（1）场地利用率高；
（2）结构简单，可靠性高；
（3）维修方便，费用低廉；
（4）电力驱动，节省能源；
（5）易于实现自动化。

（二）轨道式龙门起重机系统的主要缺点

（1）机动性差；
（2）提箱、倒箱困难；
（3）初始投资大。

五、跨运车-龙门吊混合系统

该系统的装卸工艺如图1-5所示。

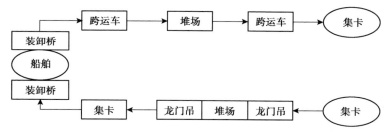

图1-5 跨运车-龙门吊混合系统

从经济性和装卸性能的观点来看，前四项工艺系统方案各有利弊，目前世界上有些港口采用了前述工艺方案的混合系统，跨运车-龙门吊混合系统，其主要特点是：
（1）船边的装卸由岸边集装箱装卸桥承担；
（2）进口集装箱的水平运输、堆码和交货装车由跨运车负责完成；
（3）出口箱的货场与码头前沿之间的水平运输由集装箱半挂车完成，货场的装卸和堆码由轨道式龙门起重机完成。由于混合系统能充分发挥各种机械的特点，扬长避短，更加趋于合理和完善，目前世界上已有不少码头采用了这种方案。

六、叉车系统

该系统的装卸工艺如图1-6所示。

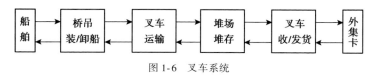

图1-6 叉车系统

(一)叉车系统的主要优点

(1)通用性强，可充分利用；

(2)技术简单,人员要求低;

(3)价格便宜,成本低。

(二)叉车系统的主要缺点

(1)单机效率低;

(2)轮压大,增加场地成本;

(3)通道要求宽,场地利用率低;

(4)装卸对位困难。

七、正面吊系统

该系统的装卸工艺如图1-7所示。

图1-7 正面吊系统

(一)正面吊系统的主要优点

(1)一机多能,环节减少;

(2)组织简单,人员要求低;

(3)无需复杂设备;

(4)加装其他吊具后,适用面广。

(二)正面吊系统的主要缺点

(1)单机效率低;

(2)轮压大,增加场地成本;

(3)通道要求宽,场地利用率低。

八、新型集装箱码头装卸工艺

集装箱的标准化和集装箱船的专用化,为港口码头装卸机械高效化提供了良好条件。目前,在现代化的集装箱码头上,从事码头前沿集装箱起落舱作业的设备普遍采用的是岸壁式集装箱装卸桥(Ship-to-shore crane)来装卸集装箱船舶。岸壁集装箱装卸桥简称集装箱装卸桥或装卸桥。

新型自动化集装箱码头装卸设备和工艺

(一)双40ft新型高效岸桥

上海振华港机集团成功开发的双40ft新型高效岸桥可同时起吊2个40ft或4个20ft箱。这种新型的双40ft岸桥可使单台设备的装卸效率在原来的基础上提高50%以上,结构形式如图1-8所示。外高桥五期工程已成功开发和应用了世界上第1台双40ft岸桥。

(二)双40ft双小车岸桥

继双40ft岸桥之后,上海振华港机集团又开发了双40ft双小车岸桥,该岸桥综合了双

40ft 和双小车岸桥的优点,同时克服了二者的不足。理论上这种新型的双 40ft 双小车岸桥装卸效率可达到每小时 90~100 个自然箱,结构形式如图 1-9 所示。

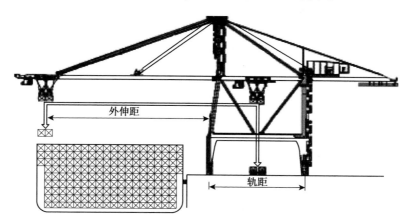

图 1-8 双 40ft 新型高效岸桥

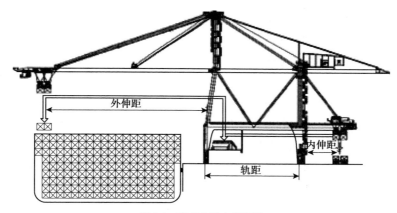

图 1-9 双 40ft 双小车岸桥

(三)基于自动化仓储技术的新型自动化集装箱装卸工艺

基于自动化仓储技术的新型自动化集装箱装卸工艺主要由两个部分组成:新型岸桥和新型立库式集装箱堆场。

1.新型岸桥(图 1-10)

与以往的设计不同点在于它有 3 个小车,其中陆侧小车和海侧小车都有吊具和升降机构。它是在 40ft 常规岸桥基础上,再配置一个陆侧小车和一个转运小车。两个起重小车都安装在主梁轨道上,与原起重小车共用轨道,海侧小车位于岸桥主梁前端,陆侧小车位于主梁后端;转运小车轨道设置在主梁的外侧,与原轨道平行,转运小车悬挂在外侧轨道上,位于两个起重小车之间。两个起重小车都只负责垂直方向起吊集装箱,集装箱在两个起重小车之间的水平运输由转运小车完成,陆侧小车根据不同的装卸需要设定在某一个固定位置,在一段时间内可不进行水平运动,海侧小车可以进行水平和垂直运动,以保证效率最高。新增加的转运小车由行走机构和载运机构组成,载运机构用来中转海侧小车和陆侧小车抓取的集装箱,转运小车通过行走机构能在轨道上做简单的水平运动。

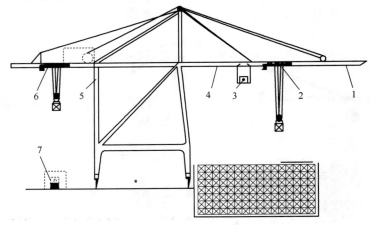

图1-10 新型岸桥的组成

1-起重小车轨道;2-海侧小车;3-转运小车;4-转运小车轨道;5-常规岸桥桥架;6-陆侧小车;7-集卡

2. 新型立库式集装箱堆场

自动化集装箱堆场包括如下3个部分:自动仓储设备(自动化立体仓库)、各种输送机(梭车、升降机、堆垛机等)、信息检测传递系统。

作业时(以卸船为例,装船为其逆过程),岸桥的海侧小车从船上吊取集装箱,转运小车运动到海侧小车的正下方,然后海侧小车将集装箱直接放到转运小车上,之后再去吊取下一个集装箱;转运小车将集装箱运送到横梁后方的陆侧小车正下方,陆侧小车将集装箱吊起后,转运小车返回海侧小车处,等待运送下一个集装箱,同时,陆侧小车将集装箱放到位于岸桥下方的转运平台上,完成一次卸箱作业。如图1-11所示。当新型岸桥将集装箱从船(或火车)上卸下,放到对应的转运平台上后,转运平台上的射频识别系统将对集装箱上的标签进行读取,然后将信息传送到调度中心。调度中心将已分配好的货格位信息发送给回转平台,回转平台将集装箱分配至离目的室最近的梭车,梭车将集装箱运送到指定出入口时,起升机构将集装箱提升到指定层位,然后位于立库内的梭车将集装箱运送到指定货位。这就是集装箱入库的流程,反之则为出库流程。

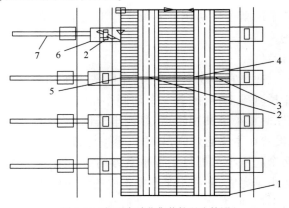

图1-11 新型自动化集装箱码头简图

1-自动化立体仓库;2-梭车;3-起升机构;4-货格;5-出入口;6-转运平台;7-新型岸桥

九、各种堆场作业方式的比较

各种堆场作业方式的比较如表 1-2 和表 1-3 所示。

几种堆场作业方式的堆场面积利用情况　　　　　　　　　表 1-2

工艺方案		堆存量(TEU)	利用系数
一层	底盘车	396	0.79
	跨运车	500	1.00
	叉车	420	0.84
	龙门起重机	704	1.40
二层	跨运车	1000	2.00
	叉车	840	1.68
	龙门起重机	1408	2.80
三层	跨运车	1500	3.00
	叉车	1260	2.52
	龙门起重机	2112	4.22

集装箱堆场各种作业方式比较　　　　　　　　　表 1-3

设备	优点	缺点
底盘车	机动性强,进出场效率高,无需装卸,适用于滚装船作业	单层堆放,场地利用率低,占用大量底盘车
跨运车	适用于水平搬运和堆存作业,灵活性强,翻箱率低,单机造价低,工艺系统简单	故障率高,维修量大,堆层少,使堆场利用率低,对驾驶员操作要求高
叉车	适用于短距离水平搬运和堆存作业,灵活性强,翻箱率低,单机造价低	一般只适用于小型箱的搬运,堆层少,并需留有较宽的通道,使堆场利用率降低
轮胎龙门起重机	可堆 3~4 层,堆场利用率较高,可靠性较强,比轨道式使用灵活,是目前主流设备	翻箱率较高,只限于堆场使用,堆场建设投资较大,作业效率比跨运车低
轨道龙门起重机	可堆 4~5 层,堆场利用率高,可靠性强,堆存容量大,可同时进行铁路线装卸	翻箱率高,只能沿轨道运行,灵活性差,堆场建设投资大
正面吊起重机	堆存高度高,堆场箱位利用率高,使用灵活,单机造价低,可进行水平搬运	需留有较宽的通道,使堆场用于堆箱的面积减少

任务二　集装箱认知

一、集装箱

集装箱(Container)是一种可长期反复使用的货物运输设备,便于使用机械装卸,是运输包装货或无包装货的成组工具(容器)的总称。也称作"货箱"或"货柜"。

二、集装箱分类

(一) 按组成材料分

根据集装箱主体部件(侧壁、端壁、箱顶等)的材料命名集装箱,可分成三种:

1. 铝合金集装箱

优点是重量轻,外表美观,防腐蚀,弹性好,加工方便以及加工费、修理费低,使用年限长;缺点是造价高,焊接性能差。

2. 钢制集装箱

优点是强度大,结构牢,焊接性高,水密性好,价格低廉;缺点是重量大、防腐性差。

3. 玻璃钢制集装箱

优点是强度大,刚性好,内容积大,隔热、防腐、耐化学性好,易清扫,修理简便;缺点是重量大,易老化,拧螺栓处强度降低。

(二) 按结构分

按结构分类,集装箱可分为四种:内柱式集装箱、外柱式集装箱、折叠式集装箱和薄壳式集装箱,其中前两种主要指铝合金集装箱。

1. 内柱式集装箱(linterior post type container)

内柱式集装箱是指侧柱(或端柱)位于侧壁或端壁之内。

2. 外柱式集装箱(outsider post type container)

外柱式集装箱是指侧柱(或端柱)位于侧壁或端壁之外。

3. 折叠式集装箱(collapside container)

这种集装箱的主要部件(侧壁、端壁和箱顶)能简单地折叠或分解,再次使用时可以方便的再组合起来。

4. 薄壳式集装箱(monocoque container)

是把所有部件组成一个刚体的一种集装箱。它的优点是重量轻,可以适应所发生的扭力而不会引起永久变形。

(三) 按使用目的分

1. 杂货集装箱(dry container)

这是适合各种不需要调节温度的货物使用的集装箱,一般称通用集装箱。主要用于运输一般杂货,是最普通的集装箱。

2. 冷藏集装箱(refrigerated container)

这是一种附有冷冻机设备,并在内壁敷设热传导率较低的材料,用以装载冷冻、保温、保鲜货物的集装箱。外壳设有冷冻电机操作面板(含电源插头)。

3. 散货集装箱(solid bulk container)

这是用以装载粉末、颗粒状货物等各种散装货物的集装箱。

4. 开顶集装箱(open top container)

适用于装载玻璃板、钢制品、机械等重货,可以使用起重机从顶部装卸,开顶箱顶部可开启或无固定顶面的集装箱。

5.框架集装箱(flat rack container)

以箱底面和四周金属框架构成的集装箱,适用于长大、超重、轻泡货物。

6.罐装集装箱(tank container)

由箱底面和罐体及四周框架构成的集装箱,适用于液体货物。

(四)其他

还有一些特种专用集装箱,如汽车集装箱、牧畜集装箱、兽皮集装箱、平台集装箱等,在这里就不一一介绍。

按照尺寸大小,最常用的集装箱可分为10ft,20ft,20ft高箱;30ft,40ft,40ft高箱,45ft高箱,当然根据用户需要,也发展出许多不同尺寸类型的集装箱。

在生产中我们经常会听到,TEU、自然箱等名词,这些都是国际上通用的计算箱量的通用名词。TEU是英文Twenty Equivalent Unit的缩写。是以长度为20ft的集装箱为国际计量单位,也称国际标准箱单位。通常用来表示船舶装载集装箱的能力,也是集装箱和港口吞吐量的重要统计、换算单位。自然箱(unit)是统计集装箱数量时用的一个术语。也称"实物箱"。自然箱是不进行换算的实物箱,即不论是40ft集装箱,30ft集装箱,20ft集装箱或10ft集装箱均作为一个集装箱统计。

任务三 船舶上加固集装箱

在船舶上用于固定集装箱的工具有集装箱锁垫(分为船舱中使用和甲板上使用两种),加固杆、箱顶桥形连接件等。

集装箱装载在船舱中时,40ft的集装箱是利用舱内的栅格来达到固定目的。如果在40ft的栅格中装载20ft的集装箱,则应该利用舱内集装箱锁垫进行固定。

集装箱在甲板上进行固定时,甲板表面带有锁孔或锁垫插槽,用甲板上使用的锁垫与集装箱锁孔连接以达到固定的目的。同时甲板上的集装箱还应用加固杆进行再次加固。在甲板集装箱装载完毕后,箱垛顶部箱与箱之间有时也要用箱间桥形连接件进行紧固,防止箱垛单纵列倒塌。

集装箱在船上的定位是有一定规律的。从正对集装箱船舶的侧面的视野来看,集装箱横向用bay来定位,每一个bay都有固定的标号,以船头到船尾的顺序,一个20ft bay用奇数来表示,一个40ft bay用偶数来表示。如图1-12所示。从正对集装箱船船尾的视野来看,集装箱纵向用"列"来定位,每一列也都有固定的标号,以船舶上中心列为"0"列,中心列左右的列分别用偶数和奇数来标示。如图1-13所示。

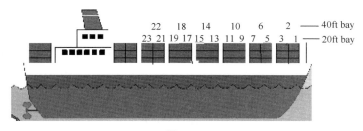

图 1-12

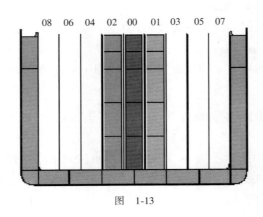

图 1-13

任务四　集装箱吊具构造与维保

一、集装箱吊具

集装箱吊具是装卸集装箱的专用吊具,它通过其端部横梁四角的旋锁与集装箱的顶角配件连接,由驾驶员操作控制旋锁的开闭作业。集装箱吊具的质量与可靠性,直接影响着起重机的整机性能。

(一) 集装箱吊具的形式

集装箱吊具按其结构特点,可分为4种形式。

1. 固定式吊具

固定式吊具也称整体式吊具,它只能装卸一种规格的集装箱。它无专用动力装置,是通过钢丝绳的升降带动棘轮机构驱动旋锁转动,从而以钢丝绳机械运动的方式实现自动开闭锁销。这种吊具结构简单、重量轻,但使用不便,一般用于多用途门机和一般门机上。

2. 主从式吊具

主从式吊具也称组合式吊具。这种吊具由上下两个吊具组合而成。一般上吊具为20 ft,下吊具为40 ft。在上吊具上装有动力装置。起吊不同规格的集装箱时,只要装上或卸下下吊具即可。

3. 子母式吊具

子母式吊具也称换装式吊具。这种吊具在其专用吊梁上装有动力系统,用来驱动下面吊具上的旋锁机构。在吊梁下可换装20ft、40ft等多种规格集装箱固定吊具。

4. 伸缩式吊具(图 1-14)

伸缩式吊具是通过液压传动驱动伸缩链条或油缸,使吊具自动伸缩改变吊具长度,以适应装卸不同规格的集装箱。伸缩式吊具虽然重量较大,但长度调节方便,操作灵活,通用性强,生产效率高,因此目前世界上的集装箱专用机械大都采用这种吊具。

(二) 自动伸缩式吊具

自动伸缩式吊具分为标准吊具、双箱吊具、旋转吊具3种。

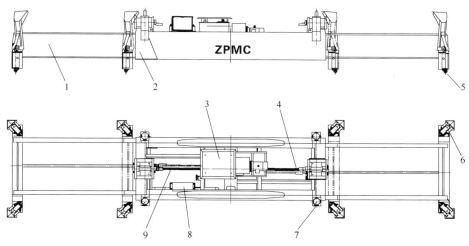

图 1-14　伸缩式吊具

1-伸缩梁结构；2-底梁主结构；3-液压系统；4-输缆装置；5-转销机构；6-导板机构；7-前后倾装置；8-电气系统；9-伸缩机构

1.标准吊具

标准伸缩式吊具由钢结构、锁销机构、伸缩机构、导板机构、前后倾斜机构等组成。

（1）钢结构。吊具的钢结构是吊具的承载构件，它呈全封闭式，由主梁和伸缩梁两部分构件，它呈全封闭式，由主梁和伸缩梁两部分构成。

（2）锁销机构（图 1-15）。吊具有 4 个锁销，采用悬挂方式支承，通过锁销螺母支承在推力关节轴承上。推力关节轴承的上半部球形支承面作用在凹球面上，允许在较大范围内摆动，从而使吊具锁销在空间实现了全方位的"浮动"。这样，吊具锁销在吊集装箱时仅承受纯拉力，而且使锁销更容易被插入集装箱上的角配件孔中。位于吊具四角的顶销被用来检测吊具是否完全着箱。

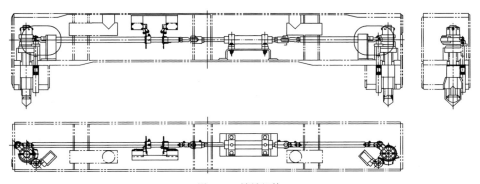

图 1-15　锁销机构

为了确保作业安全，吊具锁销除了电气联锁外，还装有机械联锁装置（图 1-16）。当吊具将集装箱吊至空中时，若电气联锁失灵或驾驶员误操作，机械联锁装置保证锁销机构绝对不发生转动。其原理如下：在锁销机构的转柄上开有两个半圆形缺口；当吊具与集装箱脱离或吊着集装箱时，顶销上部的圆柱体正好卡在转柄的缺口处，阻止转柄的转动，防止吊具的锁销在吊着集装箱时的误转动；当吊具落在集装箱上时，顶销上的圆柱体在高度方向上离开了转柄的缺口,转柄转动,实现开闭锁动作。

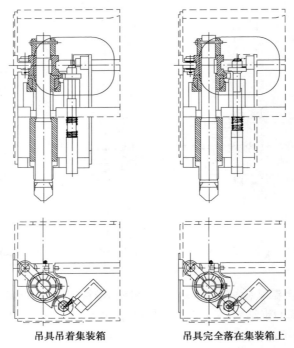

吊具吊着集装箱　　　　吊具完全落在集装箱上

图1-16　机械联锁装置

吊具两端的端梁内各有一套由油缸推动的曲柄连杆机构,每套机构驱动两个锁销动作。它们被安装在箱形端部横梁内,不会受到外力破坏,具有很高的可靠性。开(闭)锁限位开关也被安装在端部横梁里面,通过检测连杆上感应块的两个位置来检测开(闭)锁状态。

(3)伸缩驱动机构和减摩装置(图1-17)。吊具伸缩动作靠油马达和减速箱驱动链轮链条传动实现。当伸缩梁在伸缩运动过程中遇到限位开关时,即发出信号并切断伸(缩)电磁阀电源,使油马达停止转动,吊具定位于设定的20ft、40ft或45ft位置,并在驾驶室的显示屏上显示吊具的伸(缩)长度。在伸缩链条的两边各有一套张紧和缓冲装置。装置中装有专用碟形弹簧,用以吸收一部分来自伸(缩)方向的冲击能量。

在伸缩梁和"Ⅲ"形梁的滑动面之间装有特制的减摩垫块,以减小伸缩梁动作时的摩擦阻力。

(4)导板机构。导板分别安装于吊具的4个角上。导板工作可靠,能帮助驾驶员快速将锁销插入集装箱的角配件孔中,以提高装卸效率。

(5)伸缩定位装置(图1-18)。当吊具受到较大外力冲击时,吊具伸缩位置会发生微动而影响正常装卸作业,因此岸桥在吊具底梁主结构上安装了一套伸缩定位装置。该定位装置由液压油缸、定位销轴、限位开关等组成。其工作原理是:当吊具伸缩至20ft、40ft、45ft位置时,定位液压油缸推动活塞杆插入焊于伸缩推杆相应位置上的定位孔中,并由限位开关提供其动作的信号。伸缩动作开始前,首先将定位销退出并触动限位开关,发出定位销退出到位信号,然后才开始伸缩动作;伸缩到位后,伸缩位置限位发出到位信号,再延时若干秒,定位销才插入推杆定位孔中,以锁定吊具伸缩梁,从而确保4个锁销吊点处于正确位置。

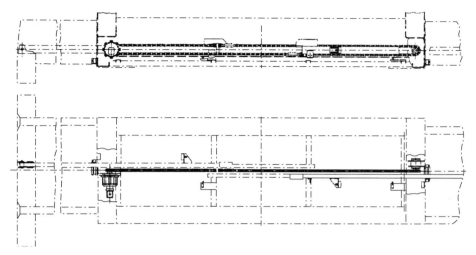

图 1-17　伸缩驱动机构

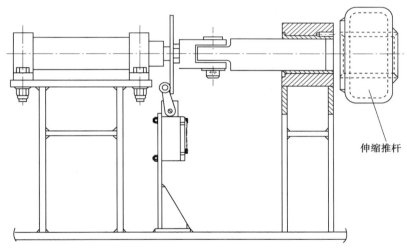

图 1-18　伸缩定位装置

（6）液压系统。吊具的伸缩、旋转和导板运动均用液压传动。

（7）电气控制系统。吊具上所有的用电设备和受控元件均通过一个密封的电控箱,采用专用多芯插头/插座与吊具电缆相接,既可靠又便于更换吊具。吊具上所有的电气接线箱均由耐酸不锈钢制成。为防止箱子中电气元件的松动,在接线箱的固定位置上加装了减振垫。

限位开关的作用是：

①着箱检测。检测吊具的每一个锁销是否进入集装箱锁孔,并可与锁销动作联锁。

②开/闭锁检测。检测吊具的锁销是否到达全开/全闭锁位置,它们与起升机构联锁就能保证安全。

③伸缩位置检测。检测伸缩梁是否在所要求的 20ft、40ft、45ft 位置,并与锁销动作联锁,并确保吊着箱子时不做伸缩动作。

④伸缩定位销状态检测。检测定位销是否插入定位孔中,并可与伸缩动作联锁。

以上限位开关与起重机的操作系统构成了一套完备的安全联锁保护。

(8)安全联锁。具备以下3个条件,才能实现安全联锁。

第一,仅当4个锁销全部正确地插入箱孔时,才能进行锁销的开锁或闭锁动作。当吊具将集装箱吊离地面时,锁销不能有任何动作,为此,除电气、机械联锁保护外,此时锁销锁头上部的方榫卡入集装箱的角孔内,保证锁销不转动。

第二,仅当4个锁销全部处于全开锁或全闭锁位置时,起升机构才允许动作。

第三,当起吊集装箱时,伸缩梁不允许有伸缩动作(只针对单箱吊具而言)。

2.旋转吊具

可实现平面旋转运动的吊具称为旋转吊具。有些岸桥、轨道龙门起重机和多用途门机需用旋转吊具(一般回转角度±200°就可满足要求,不需大于360°)。旋转吊具的下部为一个伸缩式吊具,在其上部配置了一个调心小车和旋转装置。

3.双箱吊具(图1-19)

双箱吊具即一次能同时装卸两个20ft集装箱的、不可移动的伸缩式吊具。伸缩式双箱吊具是在标准吊具的基础上,在主框架的中部增加4套独立的锁销机构及其相应的结构件,从而在保留标准吊具原有全部功能的基础上,增加了同时装卸两只20ft集装箱的功能。

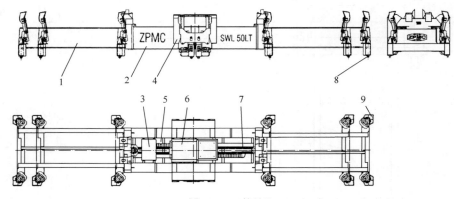

图1-19 双箱吊具

1-伸缩梁结构;2-底梁主结构;3-电气系统;4-双箱吊点装置;5-输缆(管)装置;6-液压系统;7-伸缩驱动;8-转销驱动;9-导板装置

(1)双箱吊点装置(图1-20)。双箱吊点装置也称中间锁销装置,由4只锁销箱、4套独立的锁销机构和两套垂直提升装置组成。在每套提升装置上装有6块减摩块,起导向和减摩作用。由于中间4只锁销箱分别由油缸驱动作垂直升降运动,因此4个中间锁销吊点能始终保持准确的位置尺寸。在中间锁销箱的销轴连接处有60 mm的垂直浮动间隙,从而能在两只20 ft集装箱的吊点高度落差多达60 mm的情况下,同时起吊两只20 ft集装箱。中间锁销箱的支点处采用关节轴承,从而提供了其自由浮动的条件,使其能有效地保证中间4只锁销准确地插入集装箱的角配件孔中。

只有当4只锁销箱全部下降到位时,吊具才能同时装卸两只20ft的集装箱;只装卸单只20ft或40ft集装箱时,中间4只锁销箱必须被提起到位。为了正确区分吊具下是两个20ft还是1个40ft集装箱,吊具上还装有一套由红外线光电感应开关组成的双箱检测装置。该装置发出的信号除使驾驶员能正确判断即将起吊的集装箱是双箱还是单箱外,同时还与起重机的控制系统一起组成了一套电气安全联锁保护程序:当吊具下是40ft单箱而吊具的中间4只锁销箱全部处于下降位置(吊2只20ft集装箱状态)时,吊具起升到安全高度时吊具会自动停止下降,以防止损坏集装箱和锁销;反之,当吊具下是两只20 ft集装箱而中间的4只锁销未下降到位(吊1只40ft集装箱状态)时,除了停机外,还发出信号告诉驾驶员发生了误动作,从而能有效地避免事故的发生。还可根据用户的要求,采用机械联锁装置,它与电气联锁一起,确保中间4只锁销的可靠动作。而且装卸双箱时,中间4只锁销与两端的4只锁销动作是连锁的,即只有当8只锁销全部插入集装箱的角配件孔后,8只顶销限位开关发信号,才允许做开闭锁动作。

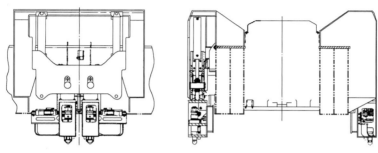

图1-20 双箱吊点装置

(2)液压系统。吊具上的液压系统是在原有"集装箱标准吊具"的基础上,增加了操作中间锁销装置和中间锁销箱的功能,即能控制吊具的伸缩、锁销、导板动作和中间锁销箱的升降动作。

(3)电气控制系统。在标准吊具的基础上,双箱吊具增加了用于中间锁销开/闭锁检测、中间顶销着箱检测和中间锁销箱升降位置检测的限位开关,以及误吊感应装置(该装置只有在2个20 ft集装箱之间有间隙时)。

除了标准吊具的限位开关外,双箱吊具上的专用限位开关分别用于:

第一,中间锁销箱升降位置检测。检测双箱吊具的中间4只锁销箱及锁销机构是否处于上升/下降位置,它们与伸缩位置信号及起升机构联锁,确保只有在40 ft位置时才能吊载双箱。

第二,双箱检测装置。3个红外线光电感应开关被安装于吊具的中部并与吊具伸缩位置信号联锁,仅当吊具处于40 ft位置时,该开关才起作用(要注意,若两个20 ft箱靠在一起,中间无间隙或间隙很小的特殊情况时,光电难以鉴别)。

①若中间锁销箱处于下降位置,检测到中间有间隙且是双20 ft集装箱,起升机构才能起升;检测到中间有间隙,且是40 ft开口箱,起升机构应停止起升;检测到中间无间隙(单40 ft箱子),起升机构应停止下降。

②若中间锁销箱处于上升位置,检测到中间有间隙且是双20 ft集装箱,起升机构停止起升;检测到中间有间隙,且是40 ft开口箱,能够起升;检测到中间无间隙(单40 ft箱子),则起升机构才能继续动作。

③该双箱检测装置有一旁路开关,当遇特殊情况,如维修或光电开关失灵等,允许强制

跳过这一检测装置,使起升机构仍能动作,但人必须正确判断,以免误动作。

4.可移动式双箱吊具(图1-21)

可移动式双箱吊具的结构形式与一般双箱吊具基本相同,只是在其基础上增加了一套中间吊点装置的平移机构。该平移机构在吊箱或不吊箱情况下均可平移;对液压系统作了相应的改进,电气上增加了可移动式双箱吊具控制器等。它既能装卸单个集装箱,又能装卸2个在一定间距中变动的20ft集装箱。

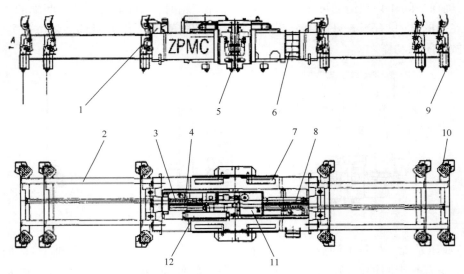

图1-21 可移动式双箱吊具

1-底梁主结构;2-伸缩梁结构;3-输缆装置1;4-双箱移动机构;5-中间吊点装置;6-梯子;7-输缆装置2;8-伸缩驱动机构;9-转销驱动;10-导板机构;11-液压系统;12-电气系统

以下仅介绍其与普通双箱吊具的不同之处。

(1)机械部分。可移动式双箱吊具是一个全焊接的结构装配件,一对伸缩梁被嵌套在中部底梁内,并可在特制的抗磨块上滑动。为了减小带载伸缩摩擦力,在伸缩梁的末上部装有支承滚轮,在吊具的主梁滑道上装有4个中间移动架,且每个中间移动架内装有一套可上下运动的中间转销箱,每个中间转销箱均与一个液压升降油缸相连。当中间转销箱处于上升位置时,可进行单箱作业;当中间转销箱处于下降位置时,则可进行双箱作业。一对强力液压油缸分别与左右两个下推杆相连,而该两个下推杆又通过连接板与左右两对中间转销箱分别相连。在液压油缸的推动下,中间转销箱即可作向外和向内的相对运动,这样吊具就能装卸在设计范围内的任意位置的两个20ft集装箱,同时也实现了带载的平移运动。

当吊具在做正常的伸缩运动时,上下推杆锁定钩脱钩,即上下推杆处于脱离状态。液压马达驱动减速器及链轮链条,与上推杆相连接的链条推动伸缩梁做伸缩运动。当吊具在做带载的双箱伸缩运动时,其运动机理如下:驾驶员将吊具转至双箱作业状态,吊具上的双箱控制器自动将伸缩梁定位至40 ft位置,然后控制两个伸缩油缸将中部的移动架置于40 ft标准位置,这时上下推杆对位限位发出信号,允许锁钩油缸动作进行锁钩,然后允许中间升降油缸动作,放下4个中间转销箱装置,以便进行双箱作业。驾驶员将吊具转至单箱作业状态时,则做相反顺序的动作;当吊具在做带载的双箱伸缩运动时,双箱控制器逻辑自动将液压系统由正常压力转至高压。两个强力推力油缸推或拉中间移动架做双箱平移运动,同时正常伸缩驱动系统中的液压马达通过一个装在其上的旁路阀来实现空转;当移动至 45 ft 或 40 ft 零位位置时,双箱控制器逻辑自动切断液压油缸的压力回路,使之停止移动。

另外,在正常的伸缩系统中均装有定位编码器装置,因此在 40~45 ft 范围内任意的位置双箱控制器均能控制并记忆其位置。移动式双箱吊具中共设有 3 个任意位置的记忆功能,这样驾驶员就能对两个非标准放置的 20 ft 集装箱位置进行记忆,当再次对该位置进行作业时,吊具就能自动伸缩到该位置,实现自动定位功能,提高效率。

(2)电气部分。可移动式双箱吊具控制系统,主要由可移动式双箱吊具控制器和伸缩控制器两部分组成。系统总的输入输出端口接近 128 个。

该吊具控制系统以可移动式双箱吊具控制器为中心,它是一套专用的计算机控制系统。可移动式双箱吊具在单箱工作状态和双箱工作状态切换过程中有一套复杂的机械动作,并有一套完整的连锁要求。

可移动式双箱吊具控制器的控制输出和传感器的输入信息是交互工作的。当起吊两只 20 ft 集装箱时,吊具需要使伸缩梁和中间移动架同时频繁联动,以适应不同的装箱位置和卸箱位置。可移动式双箱吊具位置控制采用伸缩控制器来完成。作业时先有一个位置记忆的过程,当驾驶员手动操作移动吊具到某一个需要记忆的位置时,按下某一位置记忆按钮,该位置被记忆。依次记忆第二、第三个位置后,驾驶员只需要按动自动定位按钮就可以精确地定位,而无需每次都采用手动来改变吊具的伸缩位置。

可移动式双箱吊具控制器自动完成单箱作业状况和双箱作业状况之间的切换,驾驶员仅需要按动"进入双箱"或"进入单箱"按钮即可。

控制器接收到"进入双箱"信号后,首先判断吊具是否处于单箱工作状态。如果是,它接着检查四角是否全部开锁,然后控制器把伸缩梁移动到 40 ft 位置,到位后再将中间移动架移动到 40 ft 标准位置。两个到位信号传至控制器后,控制器开始实施上下推杆锁定钩的锁钩动作,锁钩完成后会有传感信号反馈给控制器。最后控制器将中部转销箱放下,进入双箱作业状态操作。

控制器接收到"进入单箱"信号后,首先判断吊具是否处于双箱工作状态。如果是,它接着检查 8 个锁位是否全部开锁,可移动式双箱吊具借助伸缩控制器把吊具伸缩到 40ft 位置。这次伸缩与进入双箱工作状况时不同,它使用的是中间推力油缸而非液压马达。接着控制器提升中间转销箱,脱开上下推杆的锁定钩,并将中间移动架置于 40ft 零位位置,进入单箱作业状态操作。

可移动式双箱吊具控制器的内部计算机程序分监控程序和逻辑控制程序两大部分,逻辑控制程序部分类似 PLC 程序,它能很方便地调阅,也能很迅速地修改。这进一步扩大了本控制器的适应性。

(3)液压部分。与普通双箱吊具相比,可移动式双箱吊具液压系统有如下特点:

第一,动力源采用一个恒功率变量柱塞泵。这种泵在低压时输出大流量,高压时则输出小流量。这就适应了可移动式双箱吊具的特殊工况:当吊具空载时,推力油缸负载小,工作压力较低而流量大,使移动速度加快;满载时,工作压力升高,流量减小,使移动速度减慢。

第二,在该种吊具上设有用电磁阀切换的二级控制压力。低压系统为锁销油缸、导板摆动油缸、伸缩油马达、中间提升油缸、上下推杆锁钩油缸提供动力;高压系统则单独驱动两个中间推力油缸,以克服带载移动时的摩擦力。

第三,当吊具不做任何动作时,油泵压力通过其上的卸荷阀减小至2MPa并以零排量工作。这样就减小系统发热且节约能源,实现低压待命控制。

第四,可移动式双箱吊具上采用了一个流量分配马达,其内部机械连接的两个齿轮保证了输入两个油缸的液压油流量相等,且这种马达的分流精度很高,从而使两对中间移动架实现向内或向外的精确同步移动。在伸缩液压马达上装有一个平衡溢流阀,其压力设定值可调。当吊具做平移运动时,链轮驱动液压马达旋转,使液压马达过载卸荷,液压油流回油箱。这种方法具有最佳的控制过载效果。

二、吊具上架装置

(一) 吊具上架(图1-22)

为了方便吊具的维修和保养,集装箱岸桥一般采用一个吊具上架与吊具相连接。上架和吊具的连接既可以用4个锁销,也可以用2个插销或4个插销。通过吊具上架可实现吊具的快速更换和前后倾运动,以及设置起重机的松绳保护。

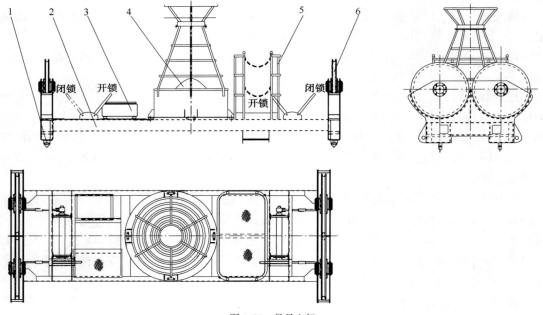

图1-22 吊具上架
1-锁销机构;2-上架结构;3-电气系统;4-储缆框;5-护栏;6-滑轮装置

吊具上架一般由结构件、滑轮组、储缆框和锁销机构等组成。起升钢丝绳通过小车上的滑轮与吊具上架上的4个滑轮相连。该4个滑轮上装有滑轮罩以防钢丝绳出槽。上架上的储缆框用于吊具电缆的收放与存储,储缆框内装有一个玻璃钢制锥形导向体,它使吊具电缆按单一方向有规则的盘绕。在储缆框的入框处一般有一个尼龙导向圈,以减小电缆的出入框阻力。吊具上架上有两套手动旋锁机构,通过锁销与吊具相连(也可采用插销)。吊具上架的锁销通过锁销螺母支承在一个座套上,在该座套上平面开有润滑油槽,以保证支承面能得到良好的润滑。座套由青铜制成,能承受较大的轴向冲击力。固定式护套用于保护旋锁和起导向作用。在锁销机构的手柄上安装有两个限位开关,它与电控系统一起组成了安全保护信号,确保只有当完全开锁或完全闭锁时,才能做起升动作。吊具上架的主梁采用工字形梁,使整个上架结构具有足够的强度和抗扭刚度。

(二)吊具电缆动力张紧装置

由于集装箱岸桥的起升速度不断地提高,以往所采用的在吊具上架上装电缆储缆框的方法已很难适用。大量实践证明,当起升速度超过一定值时,就会出现电缆反转和出框的情况,严重地影响起重机的性能和正常工作。因此在岸桥上用吊具电缆动力张紧装置来替代电缆储缆框。吊具电缆动力张紧装置主要由动力部分、减速传动部分、集电器、电缆卷筒、吊具电缆固定装置组成。

1.动力部分

动力部分一般有力矩电机、磁滞联轴器和直接力矩控制器(DTC)等几种形式。

(1)力矩电动机式电缆卷筒

力矩电机式电缆卷筒是利用力矩电机的堵转特性来驱动的。图 1-23 为一般电机和力矩电机的机械特性比较图,其中曲线 1 为一般电机的机械特性曲线,曲线 2 为力矩电机的机械特性曲线。N_0 表示电机的同步转速,N_m 表示对应于最大转矩时的转速。从 N_0 到 N_m 的这一段曲线称为可稳定运转部分,而从 0 到 N_m 这一段曲线称为不稳定运转部分。即如果由于外界的某些影响使电机速度稍有一些下降,此时电机的输出转矩就小于负载转矩而被降速至零。由此可见,一般电动机的转速可变化范围仅局限在 N_m 到 N_0 这一段狭窄的区域内,即其可稳定运行范围较窄。

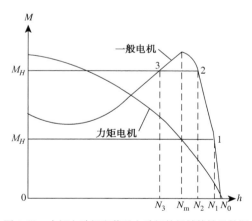

图 1-23 力矩电动机和普通电动机的机械特性比较图

力矩电机是三相异步电动机的一个特殊品种,具有独特的机械特性。力矩电机的最大转矩发生在堵转附近,其稳定运转的范围比较大,从同步转速一直到堵转都能稳定运转。当负载增加时,电动机的转速能自动降低。它采用了特殊的转子结构,其转子有较大的阻抗,能有效地限制堵转电流。同时力矩电机一般带有强迫风冷,因此允许长期地运行于低转速区或在规定时间内处于堵转状态。

收缆时,力矩电机运行于电动机状态,驱动卷筒收缆;放缆时,力矩电机运行于被倒拖状态,靠外力将电缆从卷筒上拉出来。而此时力矩电机的力矩则起阻尼作用,使吊具在下降时电缆不会松弛而始终保持张紧状态。

由于力矩电机利用了电机的堵转特性,当吊具下降时,电缆倒拖电机,此时电机的旋转方向和其输出力矩方向是相反的。这样,力矩电机产生很大的热量,影响其使用寿命。所以力矩电机式电缆卷筒一般只能用于起升速度较小,电缆较轻的吊具电缆张紧装置上。由于种种原因,制动器的制动力常常发生变化,从而导致制动力矩变化而影响正常工作,因此建议不用。

(2)磁滞联轴器(图 1-24)

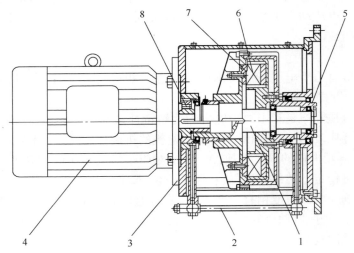

图 1-24 磁滞联轴器
1-输入轴;2-润滑油管;3-壳体;4-电动机;5-超越离合器;6-感应盘;7-磁盘;8-输出轴

磁滞联轴器是一种具有综合优良性能的传动装置。电动机带动一个用永磁材料制成的感应盘,感应盘正对着一个与减速机的输入轴相连的磁盘。该磁盘由数块块状的永久磁铁用环氧树脂浇注固定在铝制外壳内,然后与感应盘装配好后一起充磁,从而形成了一个闭合磁路。磁盘上的每块磁铁都有一个强大的磁场,它们会在感应盘上的对应位置上感应出相应的 S-N 极。在感应盘和磁盘之间没有刚性连接而仅有一点空气隙,一旦此 2 个盘之间有一个相对速度滑差,感应盘即变化磁性以保持和磁盘有一个同步转动的趋势,从而产生一个阻力矩。试验表明,该阻力矩基本上独立于滑差速度,所以这种磁滞联轴器在运动或静止状态都能传递力矩。一经调整好,它的输出力矩就能在很宽的范围内基本保持恒定。

当吊具起升时,感应盘和磁盘的运动方向一致。当吊具下降时,电动机失电停转,而磁滞联轴器中的一个超越离合器阻止了电动机的反转,只要负载力矩超过磁滞联轴器的调定磁滞力矩时,感应盘与磁盘之间就产生滑差。这时电缆卷筒反转,允许吊具电缆下降,磁滞联轴器的磁滞力矩则做负功起阻尼作用。因此,这种形式的电缆卷盘可以正转、反转或停转且能始终产生一个拉紧电缆的力。而当起重机停机时,超越离合器则阻止了感应盘反转所造成的电缆下坠,使电缆始终能保持张紧状态。

磁滞联轴器的外壳采用具有良好的热传导性能的铝合金制成,且在该外壳上有大面积的散热片,使工作中切割磁力线所产生的热量能迅速散去,保护轴承等零件不受热量的影响。实践证明,对于一般速度的电缆卷筒,此结构在-15°~40°的环境中能长期连续工作。

对于起升速度较高的岸桥,当吊具快速下降时,感应盘相对于磁盘高速转动并切割磁力线,产生大量的涡流热量。靠自然通风冷却的磁滞联轴器由于散热能力不足,致使温度急剧上升,缩短了其使用寿命,严重时会烧坏轴承等零件。因此,为了改善用于较高起升速度的吊具电缆动力张紧装置中的磁滞联轴器的散热条件,在磁滞联轴器上加装了一台离心式风机进行强迫冷却。为了防止轴承烧坏,将轴承安装在远离感应盘的地方,并加装了润滑油嘴,在使用中由润滑油嘴定期注入润滑脂,使轴承、花键等零件等得到良好的润滑。

与其他联轴器相比,磁滞联轴器传动结构简单。因为是非接触式,无磨损现象,体积小、重量轻,因而惯性小。它允许采用普通的三相鼠笼式电机或气动马达作为动力。对于不同规格的电缆、卷绕长度和机型,只要增加或减少驱动动力头的数量即可,每只磁滞联轴器的输出扭矩还可以调节,所以它机动灵活、适用性强。由于通用化、标准化程度高,可以减少备件及维修保养费用。但磁滞联轴器存在制造难度较高的问题。

磁滞联轴器的异常稳定和独立于外界参数的力矩特性,使之能非常好地适用于吊具电缆的张紧。这种形式的吊具电缆动力张紧装置允许全天候和连续工作,而且整个装置中除了卷筒外只有极少数零件在旋转,因此总体上保证了安全可靠。该联轴器作为一个力矩限制器,防止了电缆的过分拉伸。磁滞联轴器采用了柔性的传动方式,工作时电缆卷筒无突然跳动现象,从而保证了电缆有较长的工作寿命。在断电的情况下,磁滞联轴器的磁滞力矩依然存在,不需要设专门的停车制动器,也不需要单独的电气控制系统。由于它有这些优点,因此是目前一种比较理想的动力张紧方式。

新一代的吊具电缆卷筒采用变频技术来控制电机的转速。以变频电机取代原普通电机,使电机转速随卷盘转速的变化而相应变化,即两磁盘间只保持很小的滑差,这样就可大大地减少发热量,同时又不影响磁滞联轴器其他性能的发挥。

(3)直接力矩控制装置(DTC)

直接力矩控制式电缆卷筒采用力矩控制器(交流变频器或可控硅整流器),根据吊具电缆各种实际变化着的参数如吊具的瞬时加减速度、吊具所处的位置和电缆的单位重量,对标准鼠笼式电机实现精确的速度和力矩控制,从而达到张紧吊具电缆的动力收放装置。

这种类型电缆卷筒的动力部分一般由直接力矩控制驱动器、尾部带电磁制动器的标准三相鼠笼式电机等组成。在直接力矩控制式电缆卷筒中,控制驱动器根据卷筒卷绕时各种变化着参数,如电缆的单位重量、电缆在卷筒上的卷绕量、吊具的加速度和减速度及停止的位置等,并比较设定的参考信号值,计算出电机最佳的输出扭矩和速度值,并同时给出信号打开电机尾部的制动器。由于电机的驱动力矩可以从0~100%无级调节且是一个连续值,因此这种系统既无起升机构突然启动时所产生的冲击现象,也无起升机构减速时所产生的电缆过度松弛现象。当断电或停机时,则由制动器制动住电机以防止电缆下坠,从而使电缆始终能保持张紧状态。对应于不同的起升高度,控制驱动器采用0~10 V的模拟信号来加以连续记录,这样系统就可以对电缆的张力进行不断修正。因此直接力矩驱动式电缆卷筒允许一个几乎是恒定的拉力作用在电缆上且使电缆上的拉力最小,从而延长了电缆的寿命,且便整个电缆卷绕系统的可靠性得到了提高。

2. 集电器（图 1-25）

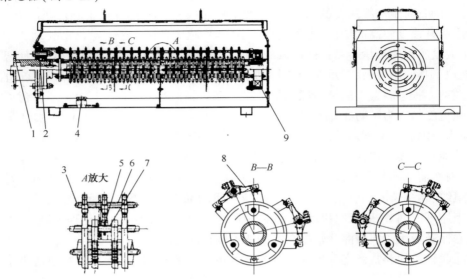

图 1-25　集电器
1-连接法兰；2-轴承；3-固定杆；4-电缆进口；5-滑环；6、7-绝缘套；8-碳刷；9-轴承

电缆卷筒要做旋转运动，电缆必须经过卷筒滑环箱才能被引到有关的用电设备中。电缆卷筒滑环箱一般安装在室外，要考虑集装箱岸桥长期工作在海边盐雾空气环境中，操作时起重机不可避免地要发生振动和冲击，所以电缆卷筒在结构上应采取防水、防振、密封等严格的工艺措施。

滑环有动力滑环和通信控制滑环等几种。各滑环的电容量要满足其对工作电流的要求，各环之间的绝缘距离和漏电距离也应符合有关特殊要求；使用的绝缘材料应有足够的电气机械性能和介电强度，应使用适当的碳刷弹簧，其压力与所选碳刷材料的允许压力相适应；滑环导电表面应有足够的光洁度，碳刷与滑环表面装配前应该经过研磨，以保证两者之间有良好的接触。集电器应转动灵活，并要进行耐压试验后，才能装机使用。

3. 卷筒

电缆卷筒有单列多层螺旋缠绕式卷筒和单层多列缠绕式卷筒两种。

在单层多列缠绕式卷筒上，为保证电缆正确地卷绕在卷筒上而不发生重叠现象，在卷筒上面有光滑的导向螺旋槽。为了减轻电缆的拖拉力，当吊具在最低点时卷筒上还存留有 3 圈固定圈的电缆余量；当吊具处于最高点时，在卷筒的端面与最后一圈电缆之间至少留有一个电缆直径的余量。

为保证电缆正确地卷绕在卷筒上而不会发生电缆互相挤压或与卷筒相摩擦的现象，卷筒的宽度在内圈一般要大于电缆外径的 10%（但最多大于电缆直径 4mm）；在最外圈应大于电缆外径 2~3mm。

卷筒结构件有足够的强度和刚度，一般采用不锈钢材料制造或采用对普通钢材热浸锌工艺制造，以保证其在海边盐雾空气中不会发生锈蚀现象。所有接触电缆的地方都已修磨，不会有任何尖刺棱角等容易损伤电缆的缺陷存在。在电缆的出口处装有牢固的电缆固定装置；在电缆进入滑环处装有密封填料函以保证该处的密封性。

4.电缆连接附件(图1-26)

为了减缓吊具电缆动力张紧装置启动时对电缆的突加拖拉力,保护电缆不致因突加载荷而被拉坏,延长其使用寿命,在吊具或吊具上架上装有电缆固紧装置。其原理如下:在电缆外加套一个特制的电缆网套,网套尾部有环与两个卸扣相连。吊具或吊具上架的两个吊耳也与另两个卸扣相连。在该4个卸扣之间分别装有两根两端带悬铃的松紧绳,一旦有一载荷突然施加于电缆上时,松紧绳即会被拉长,从而保证电缆所受拉力始终小于其许用值。而在正常工作状况下,该电缆固紧装置则起固定电缆的作用。

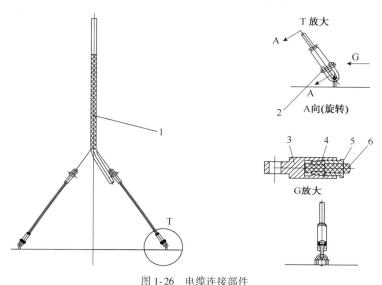

图 1-26 电缆连接部件

1-电缆网袋;2-卸扣;3-悬铃;4-锥套;5-销套;6-松紧绳

上述内容均是针对吊具电缆所采取的各种措施,前者电缆框常发生电缆不入框被拉断,后者增加了一电缆卷筒,结构复杂,增加维修量。

三、吊具自动定位系统及吊具防摇装置

(一)吊具自动定位系统

随着现代科学技术的迅速发展,以及对集装箱装卸效率越来越高的要求,目前世界上出现了智能型吊具。所谓智能吊具,即在吊具上安装专门的PLC装置,来控制吊具的运动及对整个吊具进行在线动态监控。

对于一般的吊具,如吊具的伸缩梁位置发生了偏移,起重机驾驶员需用手动操作的方式重新予以定位。而吊具自动定位系统则专门用于吊具伸缩梁的准确定位,且可在吊具受强烈外力冲击伸缩梁位置偏移的情况下,自动地调节吊具的长度,使伸缩梁回到原来的位置,从而保持驾驶员所选的吊具伸缩长度值。

自动定位系统由一个伸缩控制器和一个绝对位置编码器组成。绝对位置编码器通过联轴器直接安装在从动链轮轴上,用来检测从动链轮轴的旋转角度,并将此角度值信号不断地传输给伸缩控制器。伸缩控制器一般安装在吊具的主电气接线箱内。伸缩控制器中有必要

的程序逻辑来控制吊具的伸缩动作和伸缩长度。它接受发自于驾驶员的吊具伸缩位置信号并控制液压阀上的伸或缩电磁线圈，从而实现吊具的伸缩运动。伸缩控制器的精确定位操作始终贯穿在集装箱装卸的全过程中，也即是能始终保持伸缩梁的正确位置。由于绝对位置编码器检测信号的精度高，而且是完全自动调节，所以驾驶员不必担心吊具伸缩位置的偏离问题，这样集装箱装卸作业效率可明显提高。

伸缩控制器的操作具有快速模仿人工操作的特点，它根据预先设定伸缩位置和伸缩梁现行位置首先决定运动方向，并开通电磁阀驱动伸缩梁运动，然后根据机械惯性在接近目标位置时用点动操作方式使伸缩梁迅速达到目标位置。其中，程序中的提前量、点动时间、间隔时间均可在伸缩控制器中预先设定，无需操作人员的干预。

为了使伸缩控制器能准确定位吊具伸缩梁，必须给出一个参考点。因此所有其他伸缩位置都相对于 20 ft 位置而定。在调校过程中，代表 20 ft 至机械限位块距离的脉冲数储存到伸缩控制器的 EEPROM 中。以后校正可用手动操作。

正确的伸缩位置是需要预先告诉伸缩控制器的。智能吊具一般预先设置 20ft、40ft 和 45ft 3 个伸缩位置。位置命令可用接触选择开关或接触按钮传送给伸缩控制器，这个过程就是调校整定过程。在下列情况时必须校正自动定位系统：

（1）吊具初次投入使用；

（2）由于吊具受损坏而造成 20 ft 和机械定位块之间的距离改变；

（3）当改变自动定位系统的程序时；

（4）当张紧或更换伸缩链条时；

（5）当发现吊具的伸缩位置不准确时。

（二）吊具防摇装置

带着提升载荷（空吊具或空吊具+满载集装箱）的主小车在运行到预定位置时，依靠减摇装置使悬吊着的提升载荷围绕悬吊点的摇摆幅度，在规定的时间内或规定的摇摆周期内，减到规定的数值内。这个功能称为吊具的防摇功能。

防摇装置主要分为机械式（包括机械液压式）和电子式两大类。目前在新型岸桥中普遍采用了电子式防摇技术。

电子式防摇装置如图 1-27 所示

电子式防摇装置是模仿"跟钩"动作的自动控制过程。当起制动时，吊具和悬吊重物发生摇摆而偏离中心位置时，电子防摇系统根据此时的加速度值的大小和方向，通过电脑的快速运算，使小车进行第二次起（制）动，以达到跟钩动作，保证当制动吊具向前摇到重心最高位置时，小车第二次起（制）动也同时到该位置，这样动能就转化为货物提高的势能使势能下降，从而使摇动逐渐停止。电子式防摇因为小车架上的滑轮组不需分离，故机械布置最为简单；尺寸最小，重量最轻。

四、吊具液压系统

岸桥吊具液压系统须 24h 连续工作，对防止发热、防振动要求也很高。下面着重介绍几个常用的吊具液压系统。

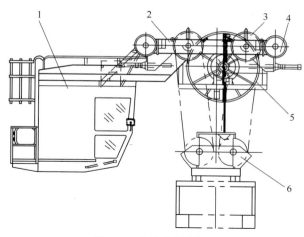

图 1-27 电子式防摇装置
1-驾驶室;2-小车架;3-车固定滑轮组;4-车轮;5-吊具电缆卷筒;6-吊具上架

（一）岸桥标准型吊具

岸桥标准型吊具如图 1-28 所示。

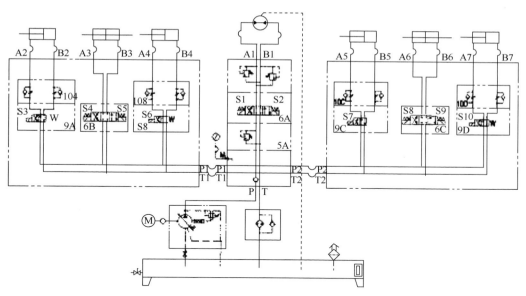

图 1-28 岸桥标准型吊具液压系统

1. 液压动力站

岸桥的液压动力站多采用压力控制轴向柱塞变量泵。该泵性能好、效率高、噪声低。当吊具不动作时，系统压力为油泵调定压力（10MPa），而油泵的流量输出接近于 0，所以，电动机处于空载运转状态；当某一个执行元件（如油缸或油马达）开始工作时，油泵才输出流量。

2. 伸缩功能

在岸桥标准型吊具液压系统中，吊具的伸缩动作是由一台齿轮油马达通过减速器驱动链轮链条来实现的。20 ft、40 ft、45 ft 3 种规格的定位由限位开关或编码器控制。

吊具的伸或缩由一个3位4通电磁换向阀6A控制。当需从20 ft伸到40 ft时，电磁铁S1通电，吊具就开始伸出，到达40 ft时，限位开关或编码器发出信号，S1断电，电磁阀回到中位。由于中位机能为0型，所以，油马达进出油口的液压油被完全封闭，吊具被牢牢地固定在40 ft工位上。此时操纵台将亮起40 ft指示灯，驾驶员可以开始作业。从40 ft缩回到20 ft时，由电磁铁S2工作，原理相同。

3. 旋锁功能

标准型吊具应包含伸缩、旋锁、导板动作3大功能。标准吊具的4个旋锁，由两个双出杆油缸驱动，分别设置在两端梁箱体内。旋锁油缸由2个2位4通电磁阀6B和6C控制。闭锁工况时，电磁阀选用弹簧作用这个位来工作，因为它不会产生误动作，并可以保证旋锁完全转到90°。当空吊具工况时，电磁铁(S4、S7)通电，使旋锁转0°位置。

4. 导板功能

岸桥吊具上有4个导板，驾驶员可以利用它们来协助对准集装箱，提高生产效率，驾驶员可根据箱子堆放情况使4个导板同时工作，也可以海侧两个或陆侧两个分别工作。导板的上下翻动是用摆动油缸直接驱动或用直线油缸通过扇形齿轮转化为圆周运动来实行的，油缸是采用4个2位4通电磁阀(9A~9C)来控制的，电磁铁S3、S5、S6、S8通电时，导板向下协助对箱；反之，电磁铁断电弹簧复位时，导板向上收起。

（二）双箱吊具

双箱吊具(图1-29)可以同时装卸两个20 ft标准箱，为此，必须在吊具基架的中间部位增加4个旋锁，分别由4个单活塞杆油缸驱动(15A~15D)，由1个3位4通电磁阀9B来控制。电磁阀9C控制两端梁上的两个双出杆油缸，以驱动另4个旋锁。所以当吊装双箱时，电磁阀9B与9C必须同时控制8个旋锁动作。

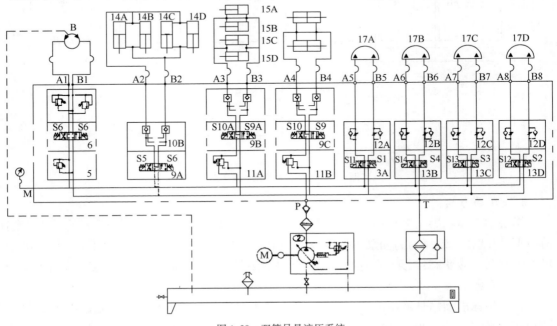

图1-29 双箱吊具液压系统

中间的4个旋锁分别安装在可上下升降的方形箱体内,在不吊装双箱时,这4个箱体必须向上提起,以免与集装箱上平面相碰撞;当驾驶员需要吊装双箱时,才将这4个旋锁活动箱体放下来。这4个箱体的上下分别由4个升降油缸(14A~14D)来驱动,由3位4通电磁阀9A进行控制。叠加在电磁阀下面的液压锁保证4个箱体不会因内泄漏而下滑。

通常系统压力为10MPa,而驱动8个旋锁时只需5MPa,为此,增设了减压阀11A和11B。合理的压力选择有利于旋锁传动系统的使用寿命。

双箱吊具的导板由摆动油缸(17A~17D)驱动。动力站和伸缩部分与标准吊具相同。

(三) 吊具的倾转液压系统

船上的集装箱常常会出现以下3种情况:

(1)方向与水平面有一定倾斜。

(2)平面有一定倾斜。

(3)剖面母线与码头轨道不平行。

以上3种情况,将给岸桥驾驶员在作业时对箱带来极大的困难,因此,岸桥必须具备使吊具实现左右倾、前后倾、水平回转这3大功能。

(1)吊具左右倾±5°及前后倾±5°的液压系统。吊具左右倾±5°及前后倾±5°的液压系统如图1-30所示。

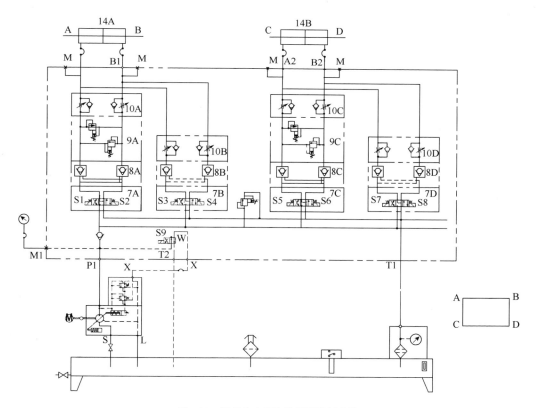

图1-30 吊具左右倾和前后倾液压系统

吊具上A、B、C、D 4根起升钢丝绳的一端分别系在油缸14A、14B及活塞杆的两端,另一端固定在卷筒上。当两个油缸的活塞处于中位时,吊具上4根钢丝绳的长度相等,吊具处于"正位";当两个活塞同时向左运动时,吊具的A、C点被提起,B、D点被放下,吊具产生"右倾",反之为"左倾"。如果14A活塞左移,14B活塞右移,吊具的C、B点被提起,A、D点被放下,就产生"前倾";反之为"后倾"。

(2)液压系统工作原理

采用PVQ32压力控制轴向柱塞变量泵,带压力补偿器C14(2~14MPa)和负载传感器(1~1.7MPa),液压系统为恒压卸荷系统。在非工作状态时,油泵在低压(1.1MPa)和接近0排量下运转,效率极高。在作倾转动作时,系统工作压力为12MPa。两个油缸的速度同步是保证该系统良好性能的基本条件。由于左右倾±5°要求速度快一些,所以将流量阀10A和10C的流量调得大一些,使左右倾±5°全程在5s内完成。而前后倾的速度要求慢一些,所以将流量阀10B和10D的流量调得小一些。使前后倾±5°在10s内完成。

阀9A和9C是油缸的安全阀,调定值为12MPa。

液控单向阀8A~8D保证无泄漏,使吊具倾转定位正确。

电磁阀7A和7C控制左右倾,7B和7D控制前后倾。

(3)故障及排除方法

只要液压油保持清洁,该系统的故障率较低。常见的故障是由于油液中的杂质卡在泵的压力补偿器内或安全阀9内或溢流阀6内,导致系统压力不正常。若遇到压力建立不起来的情况,应检查以上3处,并彻底清洗,或更换液压油。

项目二　岸边集装箱装卸桥构造与维保

任务一　岸桥分类、结构和参数认知

一、岸桥的分类

岸桥是在码头前沿进行集装箱装卸作业的装卸设备,有各种不同的结构形式。

(一)按主梁的结构形式分类

主梁是岸桥金属结构的主要构件,不论采用何种形式,主梁结构必须保证足够的强度和刚度,主梁的长度应满足集装箱装卸作业的对象即集装箱船最大外伸距和后伸距的要求。

1.单箱形梁结构主梁

单箱形梁结构主梁只有一根箱形梁,所配置的多是将起升机构置于小车上的载重小车,它悬挂在主梁轨道上运行。单箱形梁的截面有矩形和梯形两种形式。

通常矩形断面的主梁,小车运行轨道设置在主梁上部;梯形断面的主梁,小车运行轨道设在主梁的下部。

单箱形梁结构的前主梁其支承多采用单拉杆,这种形式的主梁结构简单、自重轻,主梁具有良好的抗扭性能。由于梁下具有足够的空间,适合于将起重小车做成自行式载重小车。

2.双箱形梁结构主梁

双箱形梁结构主梁由两根箱形梁组成(图 2-1),两根箱形梁之间用横梁连接。为了加强结构的刚度,有时在横梁和主梁之间增加平面桁架。

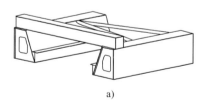 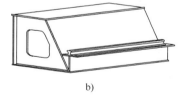

a)　　　　　　　　　　　　　　　　b)

图 2-1　双箱梁截面形式

双箱形结构主梁的整体截面有梯形、矩形和由矩形和梯形组合的复合形。梯形断面的双箱形结构主梁的承轨梁可以方便使用轧制的 T 形钢,为小车车轮布置提供了较大空间。

双箱形矩形断面结构的承轨梁布置通常采用两种形式(图 2-2):一种是插入矩形梁中(图 2-2a)),另一种是采用焊接组合承轨梁(图 2-2b))。这种结构要求承轨梁面板与腹板间的焊缝要保证足够的强度和刚度,要求焊缝要平滑,避免在车轮反复辗压下发生疲劳裂纹。

双箱形结构主梁有以下优点:

(1)与单箱形结构主梁比较,由于起重小车在双主梁中间,可以减小侧向迎风面积。

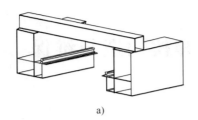 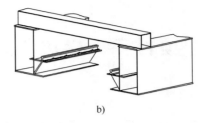

图 2-2　双箱形矩形断面承轨梁的布置形式

(2) 在相同起升高度情况下，由于起重小车置于两箱形梁之间，起重机总高度比单箱梁要小。一般可低 3m 左右。

(3) 采用牵引式和自行式小车时，驱动动力距小车重心距离相对较小，起制动时，惯性力矩影响小。

(4) 双箱梁结构的主梁可以方便地使用主梁水平放置时的工作铰点和主梁俯仰的铰点分开的双铰点结构，使铰点处的轨道接头能采用 Z 形或斜接，以使小车运行通过轨道接头时平稳、无冲击。

(5) 双箱形结构的主梁有两根前拉杆，对承受集装箱的偏心载荷较好。

由于双箱形结构主梁具有上述优点，因此在超巴拿马型岸桥中得到广泛应用，特别在大型超巴拿马型的岸桥中，是使用最多的一种形式。

3. 板梁与桁架组合结构主梁

这种结构形式的典型结构是两边采用两根焊接组合工字梁，上下水平平面内布置平面桁架，垂直平面内布置桁架或框架。

板梁结构主梁小车轨道敷设有三种形式：

(1) 轨道设置在板梁侧面。

(2) 轨道设置在工字梁的上面。

(3) 轨道设在工字梁的下翼缘上。

三种不同的结构形式各有优缺点：第一种形式需要设置承轨梁，且小车架悬吊长度小，具有较好的刚性；第二种形式将轨道直接设置在工字梁上，无需增设承轨梁，小车架悬吊长度大，小车的刚性较差。

4. 桁架结构主梁

这种结构形式主梁断面有三角形、矩形和梯形三种形式。三角形断面桁架结构主梁重量轻，但结构尺寸大，制造工艺复杂，维修保养工作量大，一般在码头承载能力不大的情况下或一些需要改造的老码头上采用。适用于外伸距不大，要求自重轻、许用轮压低的岸桥。

(二) 按起重小车形式分类

按起重小车运行方式可分为自行起重小车式、全绳索牵引小车式、自行非起重式等几种形式。

1. 自行式起重小车

这种形式的起重小车是将运行小车的驱动机构和主起升机构均装在起重小车上。它没有一整套绳索牵引装置，起升绳长度短，钢丝绳使用寿命长，结构紧凑，吊具易于对箱，但小车自重较大（通常可达 60~95 t），小车轮压也较大，驱动功率大。

2.绳索牵引小车

这种形式小车的运行驱动机构和主起升机构均设置在小车上,并安装在机器房中。起升和小车牵引钢丝绳经过一套卷绕系统以达到牵引小车运行和起升下降。

牵引式小车的最大优点是大大减轻了起重小车重量,小车轮压大大降低,结构简单,从而减小小车驱动功率。由于起重小车运行驱动是由牵引绳来实现的,在起制动时不受车轮轨道之间的黏着力的影响而产生打滑现象,起制动性能好。这种小车的岸桥相对载重式小车的岸桥,重量轻、轮压小。但这种形式小车增加了一套钢丝绳缠绕装置和牵引绳的张紧装置,卷绕系统较复杂,钢丝绳用量大,增加了钢丝绳和滑轮的维修工作量。在港口设备上大多数岸桥小车运行都采用绳索牵引方式。

3.自行式非起重小车

这种形式小车的运行驱动设置在小车上,主起升机构设置在机器房内,起升绳从机器房中引出,经过主梁后部滑轮及小车上的滑轮,绕入吊具上架滑轮至前主梁的端部固定。它介于自行式起重小车和全绳索牵引式两者之间,因此自重介于两者之间;无需设置一套牵引绳卷绕系统和张紧装置,滑轮和钢丝绳用量比全绳索牵引式小车要少。

4.差动减速器驱动机构小车

差动减速箱是 3000 型岸桥起升与小车驱动机构的主要装置。集装箱的起升、下降运动和小车运动就是靠差动减速箱来叠力完成的。3000 型岸桥采用的 CXC244.4343 型差动减速箱。

(三) 按可限制岸桥高度分类

有些码头周围、飞机场附近,对岸桥高度有一定限制,因此岸桥的前主梁可做成限制高度的俯仰式、伸缩式、弯折式和主梁升降式等形式。

1.俯仰式主梁

在工作情况,主梁可放至 0°作业;亦可仰起 45°,使主梁下的净空能安全避开船的上层建筑,主梁的顶部高度就不会影响航线;一旦在非工作情况,主梁仰至 80°、挂好钩锁固(图 2-3)。

2.弯折式主梁(鹅颈式)

这种形式主梁是将前主梁做成可弯折的形式,装卸作业时,主梁呈水平位置,仰起呈弯折形式,可保证起重机最高点不超过允许的净空高度,因其形状像鹅颈,俗称鹅颈式主梁(图 2-4)。

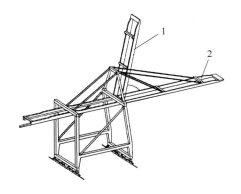
图 2-3 俯仰式主梁
1-非工作状态;2-工作状态

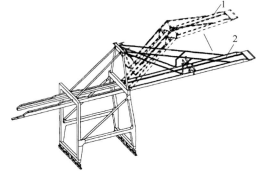
图 2-4 弯折式主梁
1-非工作状态;2-工作状态

3.伸缩式主梁

这种形式的前主梁可通过一套驱动机构进行伸缩,作业时,前主梁向海侧方向伸出,非工作时,可将前主梁滑移收缩到陆侧框架内。这种岸桥主要适用于对净空高度要求较严的场所。这种形式的前主梁是悬臂梁,受的弯矩大,因此主梁断面尺寸大,重量大,通常采用桁架结构,以减轻主梁重量(图2-5)。

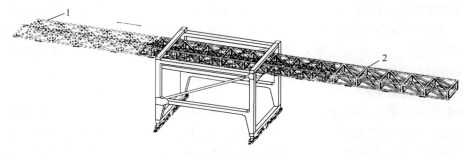

图2-5 伸缩式主梁
1-非工作状态;2-工作状态

4.主梁升降式岸桥

岸桥的大型化、高速化对驾驶员操作提出了更高的要求。在这种情况下,提出了一种主梁升降式的岸桥构想。起重机的主梁以上部分可根据装卸作业需要进行升降,装卸高位箱时,主梁升起;装卸低位箱或小船时,主梁可下降至较低的作业位置。

这种岸桥主要结构件与普通的岸桥基本相同,其特点是在海陆侧门框的4个立柱上设置导轨及主梁升降装置,以便实现上部结构沿着导轨作垂直升降运动,且在任何高度位置均设有锁定装置。目前这种主梁升降式的岸桥尚在设计方案阶段。

(四)按供电方式分类

岸桥采用电力驱动,供电方式有两种,一是使用外接电源,即直接从电网获得动力;另一种方式,是采用配置在起重机上的柴油发电机组供电。

1.外接电源供电

这种供电方式具有经济、简单、清洁、维修量少、减少环境噪声污染等许多优点,是广泛采用的一种供电方式。按照受电形式不同,有滑触线供电和软电缆供电两种形式。

(1)滑触线供电

沿着岸桥大车运行轨道的全程长敷设裸导线(滑线),岸桥上装有集电器(滑接器),集电器沿裸导线(滑线)滑动或滚动,将电流引上岸桥。这种市电供电方式在岸桥上无需装价格昂贵的电缆卷筒装置和几百米长的昂贵电缆。

(2)电缆供电

电缆供电的岸桥是目前使用外接电源的岸桥中最为普遍的。它克服了滑触线中接触不良的缺点,占用码头空间小,并能与通信光电缆组合在一起,虽价格较贵,但它具有无可比拟的优点,因而得到广泛应用。其最典型形式是电缆卷筒式。

电缆卷筒式供电是在岸桥相应的海侧门框或陆侧门框处配置一电缆卷筒装置。电缆长度根据码头需要配置,一端与电缆卷筒的集电滑环授电器连接,另一端盘绕在卷筒上,并从卷筒拉出经导缆器与码头的电缆接线箱连接,将外接电源送到起重机。

岸桥向着接线箱方向运行时,岸桥上的电缆卷筒装置能有效地将电缆卷起,岸桥向离开接线箱方向运行时,电缆卷筒装置能有效地将电缆放出,电缆卷筒始终使电缆保持着必要的张力,保证电缆被拉直,平放在码头的槽内(或码头面上),以免电缆在码头上搁放混乱和被过往车辆压断。

2.柴油发电机组供电的岸桥

由柴油发电机组供电有两种形式,一种形式是柴油发电机组装在岸桥上。另一种是柴油发电机组装在码头上,与外拉电源组合使用,一旦外电中断,可由柴油发电机组供电。

柴油发电机组装在岸桥上,不需要配置电缆卷筒装置、高压柜、变压器等。柴油机发电机组和燃油供给系统直接配置在机上,其机械成本要比电缆卷筒供电高。

柴油机发电机组可设置在海陆门框横梁处,也可设在后大梁上。

二、岸桥的金属结构

岸桥除了四大工作机构外,还必须有金属结构才能组成一台完整的设备。

(一)金属结构的作用

金属结构的作用有:

(1)作为机械设备的基础,承托起整个设备;

(2)作为结构件,承载因机构运行而产生的各种力量;

(3)作为附属构件,完善设备的性能。

(二)金属结构的基本组成

岸桥起重机金属结构主要由以下几个部分组成:

(1)门框系统。门框是岸边集装箱起重机的主要构件,它分为海侧门框和陆侧门框两部分。海侧门框系统包括海侧门框立柱、上横梁、下横梁;陆侧门框系统包括陆侧门框立柱、上横梁、下横梁。

(2)梯形架。包括海侧梯形架、陆侧梯形架,有的情况下没有陆侧梯形架。

(3)大梁。包括前大梁、后大梁,两者之间用铰点连接。

(4)拉杆系统。包括前第一排拉杆、前第二排拉杆、后拉杆。

(5)门框连接系统。包括门框连接横梁、门框连接斜撑、门框上部水平撑杆。

为了增加整个结构的刚性和便于整机运输,目前国际上已趋向于将门框系统、梯形架、门框连接系统及后中拉杆等之间的连接采用刚性焊连接处理。因此,我们也常将该整个组件通称为门架系统。这样,岸桥金属结构组成可以归纳为由门架系统、大梁、拉杆系统三大部分组成。常见的岸桥结构如图2-6所示。

(三)结构形式及结构特点

1.门架

岸桥的门架有A型、H型和AH型3种结构形式,早期门架结构形式多为A型,随后又出现H型门架和AH型门架。

图2-7a)是典型的A型门架,图2-7b)是典型的H型门架,图2-7c)是典型的AH型门架。

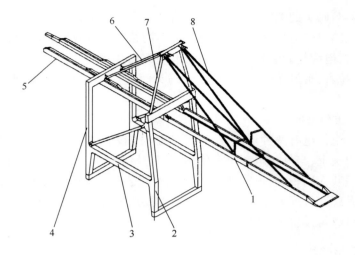

图 2-6　岸桥金属结构组成

1-前大梁；2-海侧门框系统；3-门框连接横梁；4-陆侧门框系统；5-后大梁；6-后拉杆；7-梯形架；8-前拉杆

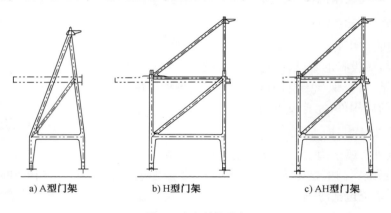

a) A 型门架　　　　b) H 型门架　　　　c) AH 型门架

图 2-7　门架结构形式

A 型门架结构紧凑，其特点是海侧门架向陆侧门架倾斜，因而使前后大梁铰点可缩到码头岸线以内，可防止与船舶上层建筑相碰。

H 型门架结构受轨距大小变化影响不大，其特点是海侧门框垂直。H 型门架多用于海侧轨道与码头前沿的距离足够大的码头。

AH 型门架是在 H 型门架的基础上，吸收了 A 型门架可防止大梁铰点与船舶上层建筑相碰的优点。虽然它和 H 型门架相比，制造工艺相对复杂些，但由于目前国际航运中起重机和船舶日益大型化，要求船与起重机有更大的相对净空，而又不过大地加大海侧轨道与码头前沿的距离，因此目前广泛使用 AH 型门架。

2. 大梁结构

就总体结构而言，大梁主要有桁架式、板梁式、双箱梁式和单箱梁式等几种形式。

图 2-8a) 为典型的桁架式大梁。它的特点是大梁自重轻，风力影响小，对整机稳定性有利，码头轮压小；但其制造复杂，且杆件相互之间的节点是疲劳源，若处理不好将会影响整机的寿命。图 2-8b) 为典型的板梁式结构。板梁式大梁的自重相对于单、双箱梁式结构重量

轻,制造较桁架式简单。图 2-8c)为典型的双箱梁式。图 2-8d)为典型的单箱梁式。2-8e)为另一种比较特殊的单箱梁形式。

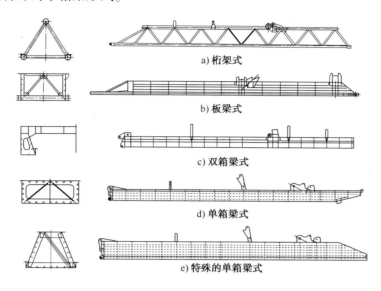

图 2-8 大梁的结构形式

3. 拉杆

起重机有前后拉杆之分。后拉杆为固定的,而前拉杆为适应前大梁的俯仰,是铰接可折叠的。后拉杆的形式有各种各样。后拉杆有管结构、箱梁结构、H 形结构、单板结构和桥梁钢缆结构。前拉杆多为单板或 H 形结构也有采用箱梁结构。

图 2-9a)为箱形结构拉杆;图 2-9b)为 H 形结构拉杆。

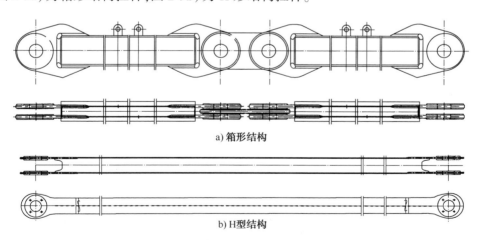

图 2-9 拉杆结构

(四) 大梁双铰点结构

前后大梁的铰点分单铰点和双铰点两种。

单铰点是指前后大梁铰接只有一个铰点。该铰点既是工作铰点,又是大梁俯仰铰点。

通常该铰点布置在紧靠小车轨道接头的下面位置,为避免干涉,轨道接头的接缝,沿高度方向斜切。当小车运行到大梁海侧时,大梁要绕该单铰点转动,使小车轨道在接头处的间隙发生变化。因此轨道在接头处势必保留较大的间隙。这样,小车在运行经过该铰点时,必定会产生冲击。另外,单铰点的维修也很困难。一旦铰点处的轴承或轴需要维修更换,则需要采用大的辅助设备,将前大梁作用力释放。

双铰点的形式通常是指前后大梁铰接分别在两个不同标高处布置一个相互独立的铰点。根据其位置的高低,分别称为上铰点和下铰点。下铰点的布置高度非常接近轨道接头,上铰点的高度则远离轨道接头。大梁水平工作时,小车运行到大梁海测,大梁绕下铰点转动,而上铰点此时自由,使小车轨道在接头处的间隙变化最小。当大梁俯仰时,大梁则绕上铰点转动,下铰点放开。由于上铰点远离轨道接头,并且在轨道接头之上,所以轨道接头的形式可以多种多样,不会出现单铰点经常发生干涉的问题。

另外,由于上下铰点功能明确,所以双铰点的维修是很方便的。一旦上铰点处的轴承或轴需要维修更换,则将大梁置水平即可维修;若下铰点的轴要维修,则将大梁仰起即可。所有维修不需要大的辅助设备。双铰点的结构如图2-10所示。

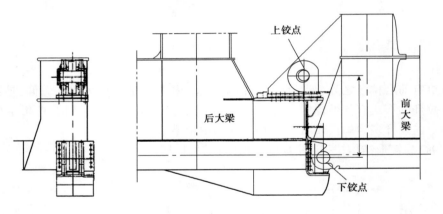

图2-10 双铰点的典型示意图

（五）65T-65M 岸桥金属结构

以青岛前湾港三期集装箱码头的65T-65M岸边集装箱起重机为例,简单说明岸桥的金属结构。

前后大梁均为双梯形箱形梁结构,承轨梁为进口的"T"形钢,焊接在箱形梁的内侧。在前大梁尾部靠近铰点的一段,为确保前大梁的水平刚性,增设了一片由钢管组成的水平桁架。前大梁的二组（四根）斜拉杆,其截面为"H"形,在与前大梁的铰点处,四根拉杆中有三根设置了偏心轴套,目的是用来调整前大梁左右两根梁及其左右拉杆使受力均匀。

海侧梯形架为箱形结构,与海侧门框上横梁刚性连接。梯形架上横梁有安全钩和俯仰滑轮组,在前大梁仰起80°时,安全钩将前大梁钩住。后大梁直接与海陆侧门框上横梁刚性连接,因机器房支承在陆侧门框后方的后大梁上,为减小后大梁后段的弯矩,又增设了一根"H"型截面的后拉杆。

前后大梁的铰接点采用了双铰点结构,即在大梁上部设置一只俯仰铰,下面还设置了一只工作铰点。在工作状态下即大梁水平状态时,前后大梁之间力是通过工作铰轴来传递的。上面的俯仰铰处于浮动状态,只有在前大梁仰起工况时,前后大梁之间的力才通过俯仰铰轴传递。

海、陆侧门框均为矩形箱形梁结构,由上横梁、立柱、下横梁三部分组成,门框上、下横梁与二根立柱之间用高强度螺栓连接,两根立柱之间的净宽度有18.3m,45ft集装箱及大型舱盖板可以自由通过。海陆门框的联系横梁也为箱形结构,其底面离码头面的净空大于14m,集装箱跨运车可以自由通行。门框斜撑杆及梯形架后拉杆全为螺旋管结构,后拉杆设置了抗风拉索,以防止圆管结构在风作用下的振动。

小车轨道铺设在前后大梁内侧的承轨梁上面,轨道形式为德国进口的A75矮轨,在轨道与承轨梁之间加设了缓冲橡胶垫,轨道的接头为阶梯状的接头,接头两侧为短轨,其余均为焊接长轨。轨道通过压板螺栓固定在承轨梁上面。

整机钢结构设计与制造是严格按照有关规定规范来进行的,主要材料为16Mn,具有足够的强度和刚度,整个构件线条流畅,受力明确,外形美观。其中前大梁、后大梁、梯形架为密封箱体。在门框的下方设置了了顶升点,顶升点的位置符合码头要求。

三、岸桥的基本参数

岸桥的基本参数描述了岸桥的特征、能力和主要技术性能。基本参数主要包括几何尺寸、起重量、速度等。

(一) 几何尺寸参数

几何尺寸参数是表示岸桥作业范围、外形尺寸大小及限制空间的技术数据,主要有以下8个参数:

外伸	R_0	轨上/轨下起升高度	H_u/H_d
轨距	S	联系横梁下净空高度	C_{hp}
后伸距	R_b	门框内净宽	C_{wp}
基距	B	岸桥(大车缓冲器端部之间)总宽	M_b

此外,还有门框下横梁上表面离地高度 h_s、门框外档宽度 W_p、前大梁宽度 B_b 或小车总宽 B_t、梯形架顶点高度 H_0、仰起后岸桥总高 H_s、前大梁前端点离海侧轨道中心线的水平面距离 L_0、后大梁尾端离陆侧轨道中心线的水平面距离 L_b、前大梁下表面离地高 H_b、缓冲器安装高 S_b、岸桥与船干涉限制尺寸 S_f、S_h、α,以及岸桥与码头固定设施或流动设备干涉的限制尺寸 C_1、C_2、C_3、C_4、C_5 等等。尺寸参数示意图如图2-11所示。

1. 外伸距 R_0

小车带载向着海侧运行到前终点位置时,吊具中心线离码头海侧轨道中心线之间的水平距离,称为外伸距,用 R_0 表示。图2-12为岸桥外伸距示意图。

外伸距是表示岸桥可以装卸船舶大小的主要参数。它受到船宽(甲板上集装箱排数)和层高,船的横倾角 α、船舶吃水、码头前沿(岸壁至海侧轨中心线之间)的距离 F、码头防碰靠垫(也称护舷)的厚度 f 以及预留小车制动的安全距离等因素的影响。

2. 后伸距 R_b

小车带载向着陆侧运行到后终点位置时，吊具中心线离码头陆侧轨道中心线之间的水平距离，称为后伸距，用 R_b 表示（图 2-11）。

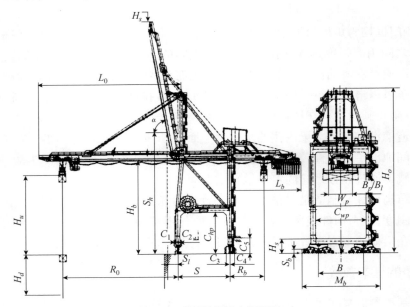

图 2-11 岸桥几何尺寸参数图

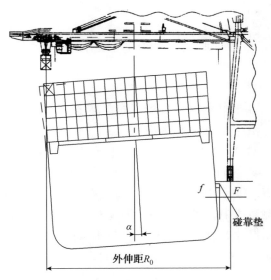

图 2-12 岸桥外伸距示意

后伸距是按搬运和存放集装箱船的舱盖板，以及特殊情况下作为接卸车辆的一条通道或临时堆放集装箱的要求来确定的。

3. 轨距 S

轨距是码头上海侧与陆侧两轨道中心线之间的水平距离。轨距越大，对起重机的稳定性越有利,轮压也可以降低。必须指出,在多数情况下,轨距大,起重机自重并不加大,因而并不增加造价,但加大了码头前沿区域的面积从而增加了投资。

4. 起升高度 H

起升高度 H 包括轨面以上起升高度 H_u 和轨面以下起升高度 H_d;前者是指吊具被提升到最高工作终点位置时,吊具转锁箱下平面离码头海侧轨顶面的垂直距离。前者是指吊具被下降到正常终点位置时,吊具转锁箱下平面离海侧轨顶面的垂直距离。需要注意的是,个别情况 H_u 规定为吊具导板放下时导板下边缘至轨顶面的垂直距离。

5. 联系横梁下的净空高度

海陆侧门框联系横梁下平面与码头面的距离称为联系横梁下的净空高度。联系横梁下的净空高度是为了使岸桥门框之间可以通过流动搬运设备,如火车、集卡,特别是跨运车等。

6. 门框的净空宽度 C_{wp}

进入驾驶室平台以下的海(陆)侧门框左右门框内侧之间的水平距离,称为门腿之间的净宽,记为 C_{wp}。门框净宽主要是为保证船舶的舱盖板和超长集装箱通过门腿之间。

7. 基距 B

门框下横梁上与左右两侧大车行走机构大平衡梁支点之间的中心距离,称为岸桥基距,用符号 B 来表示。

基距越小,岸桥在侧向风力或对角方向风力作用下的轮压越大,侧向稳定性也越差。因此,只要岸桥总宽 M_b 允许,基距 B 应尽可能布置得大一些,行走支点越靠近门框立柱中心越好。

8. 岸桥总宽 M_b

岸桥总宽是指岸桥同一侧行走轨道上的左右两组行走台车外侧缓冲器端部之间,在自由状态下的距离,用 M_b 表示。为了多台岸桥同时作业,M_b 值应尽量小,一般取为 26~27m,这时 2 台起重机就能中间隔着一个 40ft 箱位而同时作业。

9. 门框下横梁上表面离地高度 h_s

为了提高装卸速度,吊具带着集装箱经过门框上横梁上表面的起升高度越低越好。因此,门框下横梁上平面离地高度 h_s(图 2-11)有一定的限制,一般要求 5 m 以下。

10. 门框外档宽度 W_p

门框外档宽度 W_p 是指门腿左右立柱截面外侧翼缘表面之间的水平距离,主要由门框两立柱内档净空尺寸、大车总宽度,以及两台岸桥紧靠在一起时相互之间不能产生干涉为前提来决定。

11. 梯形架顶点高度 H_0 和仰起后岸桥总高 H_s

(1)岸桥在作业状态的总高(梯形架顶点高度),是指前大梁放平时梯形架的最高点离开海侧轨道顶面的垂直距离 H_0,它是岸桥整机在作业状态下的总高度。

(2)岸桥仰起后的总高 H_s 是指岸桥在非工作状态下前大梁处于仰起挂钩位置,前大梁的最高端点至海侧轨道顶面的垂直距离。

(3)决定梯形架顶点高 H_0 和仰起后岸桥总高 H_s 的主要因素,是所处的码头上方有航空障碍高度限制。

(二)速度参数

1.起升(下降)速度

集装箱吊具提升或下降的线速度称为起升或下降速度。

(1)额定起升(下降)速度

吊具吊着额定起重量(通常称满载),在起升卷筒牵引下集装箱的提升或下降的线速度,称为额定起升(下降)速度。

(2)空吊具起升(下降)速度

空吊具在起重卷筒牵引下,起升或下降的线速度,称为空吊具起升(下降)速度。通常以额定速度作为基速,按照恒功率控制的原则及电机的极限转速等条件决定。

2.小车额定运行速度

小车在规定的作业工况下,带着额定起升载荷逆风运行时的最高稳定线速度,称为小车额定运行速度。

通常,小车运行的调速方式是基速下的调压调速,只与给定电压有关,而与额定值以下的负载大小无关。特别是从机构角度看,垂直载荷引起的滚动摩擦阻力矩与风阻力矩和水平惯性力矩相比,占很少一部分。因此,起重小车带载与不带载运行速度是基本相同的。

3.大车运行速度

岸桥整机在规定的作业工况下,小车带着额定起升载荷,起重机逆风水平运行的最高稳定线速度称为大车运行速度。

(1)满载和空载的大车运行速度

由于大车运行机构是非工作性机构,大车运行功率主要是克服风阻力和启/制动惯性阻力。因此,大车运行速度在满载和空载时是同一个速度。

(2)不同风速时的大车运行速度

风阻力是大车移动需克服的主要阻力。在通常作业工况下,规定岸桥大车在50%工作风速下,能在规定的加速时间内达到额定运行速度;在100%工作风速下能达到70%的额定速度;在110%超工作风速下大车能迎风移动到锚定位置,而移动速度和加速度无要求。这时电机处于短时过载状。运行距离长时可分段运行。

(3)地面操作的大车运行速度和慢速控制

大车运行可由驾驶员在驾驶室内操作,也可在行走台车的地面操作站上操作。在地面操作站上操作时,随着大车移动,操作者要走动,为确保操作者的安全,应有慢速挡。因此,地面操作站上一般有快慢档开关供操作者选择。快挡可以接近全速,慢挡约为全速的1/3。

需要将岸桥移到锚定位置时,为使岸桥上的锚定插销或插板准确地对准码头面上的锚定孔,防风系固杆对准码头面上的防风系固座,大车移动控制应设点动(寸动)功能。

4.前大梁俯仰时间

前大梁的俯仰时间,是指前大梁从水平位置运动到仰起的挂钩位置的时间,或者从仰起的挂钩位置运动到水平位置所需的时间(min)。确切地说,前大梁俯仰速度应用前大梁俯仰单程时间来表示,一般取5~6.5min。

5.应急机构速度

为了保证安全生产,当码头高压断电或出现紧急情况时,可将岸电临时转换到交流控制的应急拖动系统的驱动机构作业,使得吊具前大梁和吊具(连同负荷)运行小车回到安全工作位置。该驱动机构称为应急机构。因为应急机构是为应急设置的非工作性机构,其速度可以低一些。

6.吊具倾转的角度范围和速度

吊具倾转是吊具左右倾、前后倾和平面回转的总称。前后倾(或称横倾)的角度范围理论上一般不超过上±5°,左右倾(或称纵倾)不超过±3°。全倾转行程要求在10~30s完成。

(三)电气参数

1.供电电源的形式,电压和频率

(1)电源形式

电源有柴油发电机供电,高压交流电供电两种类型。

(2)电压

①用柴油发电机组供电时,电压通常为440~480V;超大功率时,少数用575 V。

②用高压交流电供电时,差别很大。常见的有3.3kV、4.16kV、6kV、6.3kV、10kV、11kV、12kV、13.2kV、15kV等。

(3)频率

交流电,不管是高压交流电还是发电机组,只有50Hz和60Hz两种。

2.设备总功率和装机容量

(1)设备总功率

设备总功率是指岸桥所有电气设备额定功率的总和,是表示岸桥所装备的用电设备额定总容量的值,是静态值,一般小于装机容量。

(2)装机容量

装机容量是指岸桥上同时使用的用电设备瞬时(启/制动)消耗的最大功率,是动态值的极限。装机容量值用来确定变压器容量或柴油发电机组容量的大小,是码头输配电设计施工的重要参数。

3.码头面作业区域的照度

码头面上岸桥作业区域,是指沿岸桥纵向中心线宽为12 m,长为海侧门框内侧至后伸距的矩形区域。

码头面作业区域的照度,一般是以上述区域中任一点的最小照度值作为该区域的照度值的;也可以该作业区域中的平均照度和均匀度两项指标来表示。通常平均照度值高于最小照度值。

(四)其他总体参数

1.自重、轮压和腿压

(1)自重

岸桥自重是指岸桥在吊具无负荷状态下的最大重量,即除自重外,还包括配重、吊具、燃料、润滑油、油漆、供电卷筒上的满卷电缆等附料的重量。

(2)轮压和腿压

①轮压。一个车轮对码头行走轨道的压力称为轮压,单位为kN或t。轮压分为工作状

态轮压和非工作状态轮压。

②腿压。每个门腿下车轮轮压之和称为腿压,单位为 kN 或 t。腿压通常指四腿中最大的腿压。

(3)自重和轮压对码头结构承载能力的影响

在相同的轨距、基距、伸距、吊重、风载等设计条件下,岸桥的轮压不仅取决于自重,还取决于重量分布即重心位置。在轮压允许的条件下,自重大些有利于改善岸桥刚性,使之振动小、稳定性好。

(4)码头轨道单位长度许用轮压

通常,码头轨道的轮压是一个规定的值,称为许用轮压。岸桥的最大轮压不得超过许用轮压。

现代大多数采用单位长度轨道许用轮压来表示码头结构的承载能力。所谓单位长度许用轮压,是指码头结构单位轨道长度内允许的最大承压值,单位通常为 kN/m 或 t/m。

2.行走距离

(1)集装箱码头的长度

集装箱码头一般设 2 个泊位,大型专业化集装箱码头设置 3 个泊位。1 个泊位长 300~350m,2 个泊位长 600~650m,三个泊位长约 1000m。

(2)岸桥行走距离

岸桥行走距离依据码头长度及计划,在一定长度内由码头的起重机台数来确定。

(3)高压供电电缆的长度和高压接线箱的布置

为了使岸桥供电电缆卷筒上的高压电缆长度最短,码头上的高压接线箱应设在岸桥行走长度的中央。这时,高压供电电缆收放部分的长度最大值等于行走距离的 1/2(这是理论值)。

(4)高压供电电缆卷筒的形式和卷绕长度

高压供电电缆卷筒按电缆在卷筒上的排列形式,分单列多层式和单层多列式。

单列多层式电缆卷筒的卷绕长度一般≤300 m,极限 550 m。单层多列式电缆卷筒的卷绕长度一般≤300 m,极限为 1050 m。

3.岸桥和码头面噪声

(1)码头对噪声的限制

为了降低甚至避免噪声的危害,世界集装箱码头对岸桥造成的噪声限制越来越严。例如,美国迈阿密要求距离柴油发电机组 1m 处的声压级≤115dB(A),机房内≤112dB(A),电控室≤80dB(A),驾驶室内≤70dB(A);新加坡港要求机房内的声压级≤95dB(A),电控室≤85dB(A),驾驶室≤70dB(A)。

岸桥在码头面产生噪声的原因有二:一是岸桥机械运转时的振动产生的声音;二是岸桥吊具着箱时与集装箱的撞击发出的声音。其中机械运转振动产生的噪声是连续暴露的,吊具的撞击声是间歇的脉冲噪声。

(2)推荐的岸桥噪声和码头面噪声限制指标

考虑对环境要求不断提高和码头一般远离住宅区(一般港口 500m 以内无住宅区),且码头办公场所装备了良好隔音、隔热设施,推荐如下噪声指标:

驾驶室内(门窗关闭时)一般为 70~75 dB(A);
电控室内(门窗关闭时)≤90dB(A);
机房内(门窗关闭时)一般≤100dB(A)。

4.65T-65M 岸桥的主要技术参数

(1) 主要技术参数

自海侧轨中心始的最大前伸距	65m
(以不接触缓冲器为极限)	
自陆侧轨中心始的最大后伸距	18m
(以不接触缓冲器为极限)	
轨距	35m
海侧轨中心至码头边距离	3m
海侧轨面至起重机前臂下平面高度	43.5m
海侧轨面至吊具底面最大提升高度	38m
海侧轨面至吊具底面最大下降高度	20m
海侧轨面至下横梁上表面高度	6m
两腿间净距	18.3m
海陆门框联系横梁离码头面净空高	>14m
起重机宽度(大车缓冲器之间的距离)	27m
大车轮子的轴距	1.2m
基距	20.3m
大车轨道型号	QU120

(2) 主要运行参数

起重量(吊具上架下)	80t
额定起重量(双箱吊具下) 前伸距<60m	65t
前伸距>60m	40.5t
(吊钩梁下)	75t
集装箱型号(国际标准集装箱)	20ft,40ft/45ft
起升速度　仅带吊具时	150m/min
带吊具满载时	60m/min
带吊具 40.5t 载荷时	90m/min
小车速度　仅带吊具时	240m/min
带吊具满载时	240m/min
大车行走速度	45m/min
前臂架俯仰循环时间	12min(双程)
工作状态时最大轮压	70t
非工作状态时最大轮压	85t
吊具前后倾	±5°
吊具左右倾	±3°

吊具平面回转 ±5°
（3）供电电源
三相 AC 10kV ±10%　　　　　　　　　　　50 ±1Hz
（4）减振和减噪方法
对振源进行隔离。小车轨道下加橡胶垫；驾驶室与小车固定点加吸振垫；减速箱下设刚性强的整体公用底座。

任务二　岸桥的机构、装置认知

岸边集装箱起重机的工作机构由起升机构、俯仰机构、大车运行机构、小车运行机构组成。这里以 65T-65M 岸桥为例进行简单的认知。

一、起升机构

（一）概述及性能

1．概述

岸桥起升机构的作用是实现集装箱或吊具吊梁升降运动，它是岸桥最主要的工作机构。

起升机构除了采用专用集装箱吊具起吊集装箱外，还可以通过吊钩梁对重件、件杂货进行装卸作业。

由于岸桥通常用 4 根钢丝绳并通过吊具滑轮形成 8 根独立的钢丝绳承受外载荷。为便于更换绳，通常将两根卷扬钢丝绳的 4 个绳头分别固定在卷筒上。

起升机构为了便于维护保养，要留有足够的维修保养空间和通道，一般人行通道宽度≥0.7m。

2．性能

起升机构装置设在机器房内。

两组由交流电源驱动的交流电机，通过两只梅花形联轴器的传递，经一只减速箱的减速并增大转矩，驱动二只钢丝绳卷筒转动。两根卷扬用钢丝绳的四个端点均固定在卷筒上，钢丝绳绕过后伸臂端的起升滑轮组，转向180°，绕过分离小车起升滑轮组、吊具上架滑轮组，到达前伸臂顶端的端部倾转装置。待调整了吊具上架的水平度后，在端部倾转装置平台上，通过钢丝绳夹板将钢丝绳固定。钢丝绳通过卷筒的卷绕并根据电气控制，在不同的负载下的不同的速度起升或下降集装箱。

（二）起升机构的组成

起升机构由驱动机构、钢丝绳卷绕系统、吊具和安全保护装置等组成。驱动机构包括电动机、联轴器、制动器、减速器、卷筒、支承等部件。安全保护装置除了高、低速级配备制动器外，还有各种行程限位开关、超速开关以及超负荷保护装置等。

1．电机

电机具有良好的散热性能。因起升机构接近连续工作，必须强制通风。

由 ABB 电机厂生产的交流电机，型号为：M2BA400LK4，功率为 400kW，转速为 800/

2000r/min。

2.制动器

为了保证岸桥高速、高效和安全可靠地工作,制动器必须具备以下性能:

第一,起升机构应采用常闭式制动器,制动器的安全系数应不小于1.75。若安装两个以上制动器,则每个制动器的安全系数应大于1.25。

第二,制动器应有磨损自动补偿装置和备有手动释放装置,以作释放松闸用。

起升机构的高速轴上装有两只各自独立的盘式制动器。每个制动器的力矩大于额定外载力矩的150%。另外,在卷筒的一侧装有一个大的应急盘式制动器。当电动液力推杆不通电时,由弹簧力的作用将制动盘夹紧。当通电后,由推杆的作用打开夹钳,释放制动盘。所以,当出现停电或其他原因不通电时,就能迅速将制动盘夹紧。在卷筒的一端设有一个低速盘式制动器,制动器夹钳通过液压系统驱动控制打开,靠弹簧力夹紧。当起升卷筒已由高速轴端的制动器制动后,它将延时夹紧。当起升运动一旦出现失控超速,此制动器将立即工作,夹紧制动盘,停止起升运动,起到双重保护作用。

型号:SB28s-800X30-301/8bb,制动盘直径:$\phi 800$,制动力矩:$16500 \times 2 \mathrm{N \cdot m}$

3.减速器

起升减速器通常采用卧式减速器,型号为:FH1610026.C1B-00;通常采用平行轴式、水平剖分、底座安装的形式,箱体为钢板焊接,齿轮全部为渗碳淬火硬齿面并磨齿。

箱体应有足够的刚度,以保证受载后产生的变形不影响齿轮啮合。

良好的润滑和散热条件,保证在持续工作下的温升不超过规定的温度,一般不超过70℃。

4.联轴器

起升机构的电机轴与减速箱高速轴之间通过梅花型联轴节连接,减速箱低速轴与卷筒装有可润滑的卷筒鼓形齿式联轴节连接。联轴节的安全系数均大于2,工作可靠。

5.钢丝绳

在岸边集装箱起重机中,起升钢丝绳通常选用线接触钢丝绳。在岸桥中,由于吊具上钢丝绳相互距离较大,钢丝绳受力后不会造成绳索相互缠绕的现象,所以也可将两根起升钢丝绳选为同一旋向(左旋或右旋)钢丝绳。一般不指明要求时均是右旋。

6.安全限位开关和超负荷限制器

(1)凸轮式行程限位开关或脉冲编码器和离心式超速开关,一般直接连接到卷筒出轴上,或安装在减速器低速轴端,提供起升卷筒速度控制、减速和停止信号,以及行程的上限和下限保护和超速保护,并连续提供起升高度位置信号。近年来有的岸桥在电机尾端轴上装有脉冲编码器,使机构更为紧凑,反应更加灵敏。

(2)在起升卷绕系统中,还设置超负荷限制器。通常采用压力传感器,大多情况下是设置在前大梁头部或尾部的倾转装置的钢丝绳接头或导向滑轮上,也有放置在小车架起升滑轮轴或支承上的。

(3)为防止货物落地后起升绳过度松弛,必须设有起升松绳限位装置。

(三)起升机构的典型布置形式

起升机构的布置形式为:一台减速器居中,两侧布置电机和卷筒如图2-13所示。

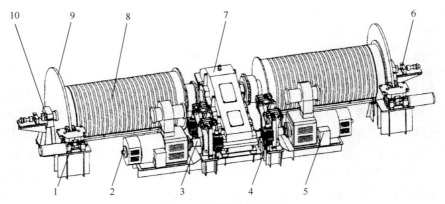

图 2-13 起升机构典型布置

1-低速级制动器;2-测速开关;3-制动器联轴器;4-高速级制动器;5-电机;6-凸轮限位开关/超速开关;7-减速箱;8-卷筒;9-低速制动器;10-卷筒支座

该布置形式结构紧凑,占机器房空间小,也有利于减小钢丝绳对卷筒的偏角,但减速器体积和重量较大,需配备大起重量的维修起重设备。采用这种布置形式,要考虑方便电机的接线盒部位的维修,位于卷筒和电机之间的制动器应注意留有安装和调整空间。

(四)起升钢丝绳卷绕系统

1.钢丝绳卷绕系统布置(图 2-14)

牵引小车式岸桥起升钢丝绳卷绕系统。牵引小车式岸桥起升钢丝绳卷绕系统一般由尾部滑轮组、小车滑轮组、头部滑轮组、吊具上架滑轮组以及钢丝绳挡块、抗磨块、托辊、调整接头等组成。

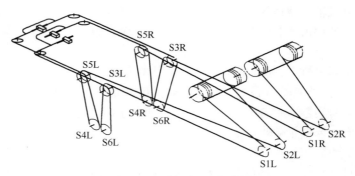

图 2-14 起升钢丝绳卷绕系统

设在机器房的起升卷筒上四根钢丝绳,穿过机器房后壁出绳罩,直达后大梁尾部的改向滑轮(S1R,S1L,S2R,S2L),绕入运行小车车架一侧的起升滑轮组(S3R,S3L,S5R,S5L)和吊具上架滑轮组(S4R,S4L,S6R,S6L),再抵达前大梁端部倾转装置滑轮组后固接在螺杆上。当调整好吊具的水平位置后,将钢丝绳夹紧,固定在前大梁端部倾转装置螺杆头部。

2.钢丝绳卷绕系统与倾转功能的关系(图 2-15)

为了有利于岸桥在不同工况下的集装箱装卸作业,通常岸桥吊具应具有前后倾转、左右倾转和平面回转 3 个运动,统称为吊具的倾转运动,前后倾和回转角度一般为 ±5°,左右倾转±3°。

倾转装置设在前大梁头部,由三套螺杆传动装置、滑轮组、称重传感器及托辊装置构成。螺杆传动装置由带锥盘式制动器的电机、减速器、螺杆等组成。

通过三套螺杆不同方向的运动可实现吊具的前后倾、左右倾和水平旋转动作。倾转功能通过驾驶员在驾驶员室内操作按钮执行。

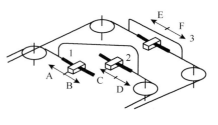

图 2-15　倾转示意图

倾转动作是为了方便驾驶员操作吊具与船上的集装箱或码头上集卡上的集装箱对位。当需要吊具前、后倾斜时,选择前后倾选择开关,则1、2、3螺杆分别向 A、C、F 方向和 B、D、E 方向运动。每根螺杆行程至终点时(终点限位开关作用),会自动停止。

当需要吊具左、右倾斜时,选择前后左右倾选择开关,则1、2、3 螺杆分别向 A、C、E 方向和 B、D、F 运动。每根螺杆行程至终点时(终点限位开关作用),会自动停止。

当需要吊具在平面内回转一定的角度时,按左、右旋转选择开关,则1、2、3 螺杆分别向 A、D 和 B、C 方向相反的运动。每根螺杆行程至终点时(终点限位开关作用),会自动停止。

按动复位开关使原倾转的位置还原。中位限位开关作用,指示灯亮。

二、俯仰机构

（一）概述

在岸桥上,实现前大梁绕大梁铰点作俯仰运动的机构称之为俯仰机构。

电机通过联轴器,经减速器等传动装置驱动钢丝绳卷筒进行卷绕动作实现前大梁的俯仰运动。

俯仰钢丝绳从卷筒,经过人字架顶部滑轮组和前伸臂架滑轮组之间的卷绕系统,通过卷扬机构来实现臂架的俯仰动作。

俯仰机构速度比起升机构速度低,是非经常性工作机构。俯仰机构的低速轴必须装设可靠的制动器,以备前大梁下降发生超速时紧急制动。

俯仰机构一般应设置安全钩,当前大梁仰起到极限位置时可将大梁钩住,以增加安全裕度。

（二）俯仰机构的构造及性能

前伸臂俯仰装置设在机器房内,它能将前伸臂提取后用液力推杆插销式安全钩固定;又能放开挂钩,将前伸臂回到水平位置。通过交流电源驱动交流电动机,经梅花形联轴器带动减速箱,在减速箱内增大扭矩后,直接驱动俯仰卷筒。在俯仰卷筒的两侧用钢丝绳夹具将钢丝绳的一头固定住,俯仰卷筒的转动后,就可将钢丝绳缠绕在卷筒上。俯仰装置的操作是在设于海侧门框上部的操作室内或在小车驾驶室内进行的。当前大梁只需俯仰 0°~60°,以避开船舶上层建筑时,也可在小车操纵室内操作。

俯仰机构由驱动机构、钢丝绳卷绕系统、安全钩装置及安全保护装置等组成。俯仰机构驱动装置由电动机、联轴器、制动器、减速器、卷筒及支承等组成。钢丝绳卷绕系统包括钢丝绳、动滑轮、平衡滑轮均衡装置以及钢丝绳接头等装置。安全钩装置包括钩体、电动液力推杆、配重、支承座、限位开关等部件。安全保护装置除高低速级制动器外，还配有凸轮或行程开关、超速/测速开关、松绳限位开关等多种安全保护限位装置。

1. 电动机

岸桥的俯仰机构是非工作性机构，因此电机是间歇工作的，一般选用 30min 工作制。考虑到岸桥俯仰机构的工作特点，电机要求有较大的过载能力，一般为静态所需力矩的 1.8~2 倍。

电机是由 ABB 电机厂生产的交流电机。型号为：M2BA355 S4，功率：250kW，转速为：1500r/min。

2. 制动器

为了保证岸桥俯仰动作的安全，必须配置有高速级制动和低速级制动双重保护。高速级制动器通常采用电力液压推杆盘式制动器，低速级制动器通常采用电动液压驱动夹钳式盘式制动器。同时制动器要求配置有手动释放装置、磨损自动补偿装置。

在低速制动器开释情况下，应能独立地实现紧急制动，将前大梁停在任意位置上。

在减速箱输出轴与电机轴之间，设盘式制动器。当电动液力推杆不通电时，因弹簧力的作用将制动盘夹紧。当通电后，因推杆的作用打开夹钳，释放制动盘。所以，当出现停电或其他原因不通电时，就能迅速将制动盘夹紧。在卷筒轴承座端设低速轴盘式制动器，制动器夹钳通过液压系统驱动、控制打开，靠弹簧力夹紧。当俯仰卷筒已由高速轴端制动器停止后，它才延时夹紧。当俯仰运动时，一旦出现失控超速，此制动器将立即工作，夹紧制动盘，停止俯仰运动，起到双重保险作用。

3. 减速器

俯仰机构减速器，选用卧式、平行轴、三级减速圆柱斜齿轮减速箱。箱体结构为水平剖分式焊接结构，由箱体和箱盖组成。箱体底部有润滑油池，第一、二、三级的大齿轮的一部分被浸泡在油里。

4. 联轴器

在俯仰驱动机构中，电机轴与减速箱通过梅花形弹性联轴器连接。减速箱低速轴与卷筒之间通过鼓形齿式联轴器连接。

(三) 俯仰机构的驱动装置布置形式

机构驱动装置的布置形式为电机与卷筒位于减速器两侧，如图 2-16 所示。

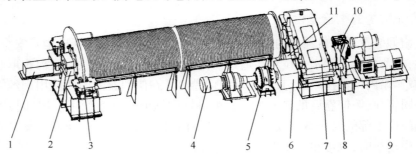

图 2-16 俯仰机构驱动装置形式

1-凸轮限位器；2-卷筒支座；3-低速级液压盘式制动器；4-应急电机；5-应急减速器；6-应急换挡器；7-减速器；8-高速级联轴器；9-电机；10-高速级制动器；11-测速超速开关

(四)俯仰钢丝绳卷绕系统

1.俯仰钢丝绳卷绕系统布置

俯仰钢丝绳为一根钢丝绳,通过均衡滑轮连接过渡。前大梁上滑轮组前后布置,前侧为主滑轮组,后侧为辅助滑轮组,如图2-17所示。

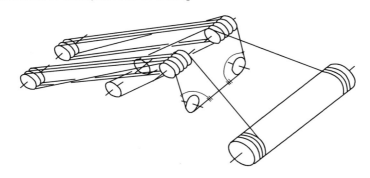

图2-17 钢丝绳卷绕系统

机器房前部的俯仰卷筒上一根钢丝绳,穿过前壁出绳罩,再穿过梯形架顶部平台长孔,然后绕入顶部的滑轮组,再绕过前大梁中部俯仰滑轮组和梯形架顶部平衡滑轮,最后返回到机器房俯仰卷筒的另一端固定,当调整好钢丝绳的合适长度后,将其定位、拧紧、完成了俯仰滑轮组的缠绕。

2.钢丝绳绕组的均衡装置

为了换绳方便,俯仰机构常用一根钢丝绳绕过均衡滑轮和设置在绳上的特殊保护装置,使其成为独立的受载钢丝绳,可起到均衡作用。且还可以起到对一边的断绳保护作用。

三、运行小车系统

(一)概述及构造和性能

在岸桥上,使集装箱或吊具和上架作水平往复运动的机构总成称为运行小车系统。它包括运行小车总成、运行小车驱动机构、小车钢丝绳卷绕和安全保护装置。

小车总成装置采用在小车架结构两端连接小车牵引钢丝绳进行小车运行的钢丝绳牵引系统。

在小车架四角结构上,各装有一个行走车轮及水平轮。为了让轮子能承受较大的负荷,同时又能顺利地传动,均采用了调心滚动轴承。

主小车采用电子防摇来达到减摇目的。小车的移动范围:最大前伸65m,最大后伸18m,总行程118m。

小车的小车架结构下部,装有一个吊具提升极限限位用的重锤式限位开关。

驾驶室装在小车架结构的陆侧面,通过螺栓与小车架相联,随小车同时移动,驾驶员能看清吊具的动作。在驾驶室背部设置一个平台,作为驾驶员出入驾驶室的通道,并通过平台上的直梯到达小车架结构平面。当集装箱装卸作业结束后,小车移动到停机位置,该平台与陆侧门框立柱上外伸平台相连通,驾驶员可以通过这些平台到达电梯出入口或垂直扶梯处。

平台上设有与小车运行连锁的安全门,门向内开动。

(二)绳索牵引式小车

1.小车的组成

牵引式小车的运行驱动机构设置在机器房上。而不是直接装设在小车架上,通过钢丝绳牵引系统驱动小车运行。

2.布置形式

牵引式运行小车双箱梁结构型牵引试运行小车如图2-18所示。

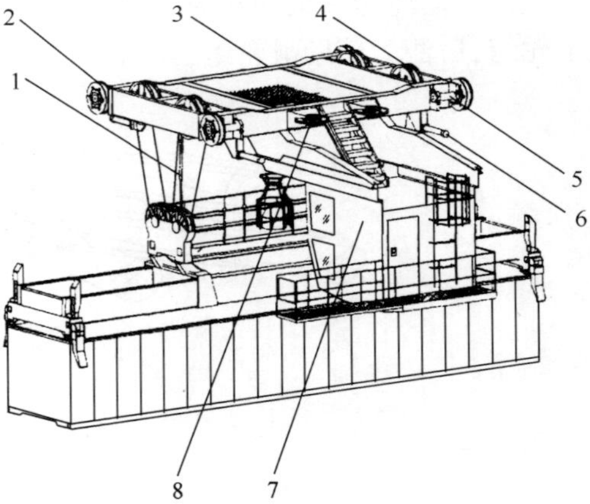

(三)小车运行驱动机构

1.驱动机构的形式

牵引式驱动机构由电机、联轴器、制动器、减速器、卷筒、支承及安全限位开关等组成。电动机经减速器驱动卷筒,再经过小车钢丝绳缠绕系统,由卷筒来牵引小车沿着大梁轨道作平移运动。

其典型的布置形式如图2-19所示。

图 2-18 双箱梁结构型牵引小车

1-安全限位开关;2-小车车轮组;3-小车架;4-起升滑轮组;5-钢丝绳托辊;6-缓冲器;7-操纵室;8-小车滑轮组

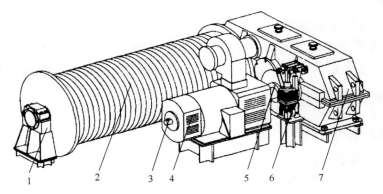

图 2-19 牵引式小车驱动机构

1-卷筒支座;2-卷筒;3-脉冲编码器;4-电机;5-高速级联轴器;6-高速级制动器;7-减速箱

2.驱动机构的部件

(1)电机

考虑到小车运行机构电机的工作环境和工作特点,对电机一般为连续工作制,必须配置风机强制通风。电机为ABB生产的交流电机,型号:M2BA355 S4 强迫通风,功率:250kW,转速:1500r/min。

(2)减速器

驱动机构的减速器,一般为水平剖分底座安装的平行轴减速器。本机为卧式、平行轴、二级减速圆柱斜齿轮减速箱。箱体结构为水平剖分式焊接结构,由箱体和箱盖组成。箱体底部有润滑油池,第一、二级的大齿轮的一部分被浸泡在油里。

(3)联轴器

小车运行机构的电机轴与减速箱高速轴之间通过梅花形弹性联轴器连接。减速箱低速轴与卷筒之间通过鼓形齿式联轴器连接。

(4)制动器

在减速器输入轴和电机轴之间梅花形联轴器上设有一制动器。当电动液力推杆盘式制动器失电时,因弹簧的作用将制动盘夹紧。当通电后因电动液力推杆的作用打开夹钳,释放制动器。所以,当出现停电或其他原因不通电时,就能迅速将制动盘夹紧。制动器上还装有检测制动器是否完全打开的开关,只有全松开限位开关才作用,电机才能通电运行。

(四)运行小车典型零部件结构

1. 防坠和顶升结构。

图 2-20 为防坠和顶升的结构略图。

2. 极限限位置重锤式限位装置的构造

上极限限位置重锤式限位装置的构造如图 2-21 所示。

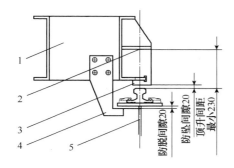

图 2-20 防坠和顶升结构

1-小车结构梁;2-顶升座;3-防坠结构板;4-防脱板;5-承轨梁

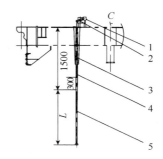

图 2-21 重锤限位装置构造(尺寸单位:mm)

1-限位开关动臂;2-限位开关;3-固定导管;4-连接钢丝绳;5-重块

(五)牵引式运行小车钢丝绳卷绕系统

1. 钢丝绳卷绕系统的布置

张紧油缸位于后大梁尾部的小车钢丝绳组,如图 2-22 所示。

设在机器房中部的小车牵引卷筒绕外侧的一根钢丝绳,穿过机器房底盘出绳口,经过前大梁端部滑轮,经改向后,穿过运行小车上海侧的均衡滑轮,转向180°后,按相反缠绕路径回到卷筒上固定。卷筒内侧的另一根钢丝绳,穿过机房底盘出绳口,直通后大梁尾部的张紧装置,经改向后,绕入运行小车陆侧的均衡滑轮,转向180°后,按相反缠绕路径回到卷筒上固定。

全部完成缠绕后,要调节陆侧方向的钢丝绳的长度使张紧油缸的行程位置基本一致。视情况将小车位置调整后,将钢丝绳夹紧,固定小车。

2. 钢丝绳张紧装置

在牵引式运行小车钢丝绳卷绕系统和托架小车钢丝绳卷绕系统中,设有钢丝绳张紧装置,其作用是使钢丝绳始终处于张紧状态,以减少起制动时小车的弹动和急剧起制动时产生的抖动。此外,在大梁俯仰过程中,它还能起到补偿钢丝绳的绳长变化的作用。

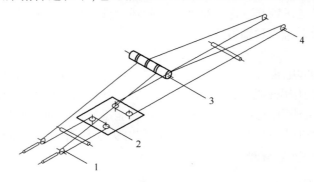

图 2-22　牵引钢丝绳卷绕系统
1-尾部张紧油缸滑轮;2-小车均衡滑轮;3-小车卷筒;4-头部动滑轮

钢丝绳张紧装置一般为液压式,在托架小车钢丝绳卷绕系统中,使用机械式的较少。

(1)牵引钢丝绳张紧装置的分类和典型布置

张紧装置按其用途分类,可分为牵引小车钢丝绳张紧装置和托架小车钢丝绳张紧装置;按其驱动形式分类,可分为液压式张紧装置和机械式张紧装置。

液压式张紧装置有立式和卧式两种安装形式。

立式安装的液压式张紧装置,一般布置在海侧上横梁的陆侧边,其构造如图 2-23 所示。

卧式安装的液压式张紧装置,一般布置在后大梁的尾部,其布置形式如图 2-24 所示。

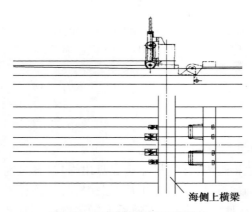

图 2-23　立式安装的液压张紧机构

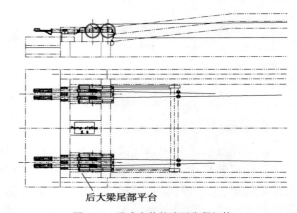

图 2-24　卧式安装的液压张紧机构

(2)液压式张紧装置的组成和构造

立式安装的张紧装置包括定滑轮组、动滑轮组、油缸接头、油缸活动铰轴座、油缸支架、油缸和安全限位开关等,其构造如图 2-25 所示。

卧式安装的张紧装置包括滑轮组、油缸接头、油缸活动铰轴座、油缸支架体、油缸支架行走轮及安全限位开关等,其构造如图 2-26 示。

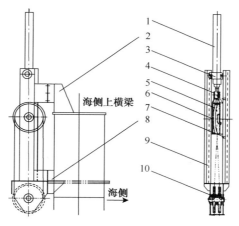

图 2-25 立式安装的张紧装置

1-张紧油缸;2-上支座;3-油缸十字铰轴;4-油缸接头;5-活动滑轮组;6-活动滑轮架;7-限位开关;8-下支座;9-固定支座;10-固定滑轮组

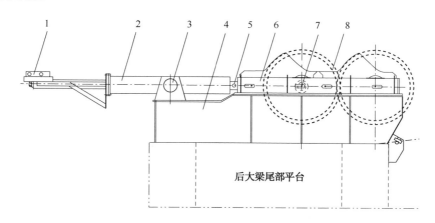

图 2-26 卧式安装的张紧装置

1-限位开关;2-张紧油缸;3-油缸铰轴座;4-固定支座;5-油缸接头;6-滑轮导向架;7-滑轮导向装置;8-滑轮组

四、大车行走机构

(一) 概述

在岸桥上,大车运行机构的作用是实现整机沿着码头前沿轨道作水平运动。

大车行走机构由设在门框下的 4 组行走台车组成。为使每个行走轮受力均匀,装有两个车轮的行走台车通过中间平衡梁、大平衡梁再与门框下横梁铰接。整个岸桥的重量通过 4 个支座法兰或铰轴耳板传给太平衡梁,再通过中平衡梁,使重量均布到行走台车上。

每台行走装置都配有 50% 的驱动机构,从交流电机输出的转矩,经减速箱增大,驱动 10 轮行走装置中的 5 个车轮。海、陆侧行走装置两端设有液压缓冲器。

大车行走机构一般要求:

(1) 主动轮数必须保证车轮总数的一半,否则应进行起制动时车轮的打滑验算。

(2)由于岸桥在室外工作,工作环境恶劣,因此对电机有较高的防护等级要求。

(3)由于岸桥自重大,起制动惯性大,特别在时制动时要求先减速,起制动时间一般控制在6~10s。

(4)具有性能良好的防止相邻两台岸桥碰撞的措施。

(5)有可靠的安全保护装置,包括减速和终点限位开关、端部缓冲器、防爬器、断轴保护等。

(6)安全可靠的防台风锚定和防台风钢索固紧装置或其他安全可靠的防风措施。

(二)大车行走机构的主要零部件

1. 电机

大车行走机构用 ABB 电机厂生产的卧式带有制动器的电机,型号为 BU10 180 L4,功率为18.7kW,转速为1750r/min,制动力矩为200N·m,安装方式有底座安装。由于大车行走有间歇工做的特点,一般电机不配置风机,但要求良好的启动性能和大的过载能力,必须适应于户外环境和高温环境。

2. 制动器

大车运行机构制动器应能使起重机的工作状态适应最大风力的作用;风从任何方向吹来,起重机大车满速运行时能在规定的时间内停止,其制动力矩应不小于2~2.5倍电机的额定力矩。

3. 减速器

减速器的结构形式为立式安装的平行轴、三级圆柱斜齿轮减速器,齿轮采用合金钢材料。轴承采用米制尺寸、调心滚子轴承。型号为G790P-5-00,传动比为96.162。

4. 车轮轴

车轮轴支承整个起重机的重量,50%的车轮为驱动轮,车轮轴承使用能承受重负荷的自动调心滚动轴承。

5. 缓冲器

为保证岸桥运行的安全性和可靠性,除了在行走机构上配置减速停车限位等安全装置外,在岸桥的小车和大车两端还必须配置缓冲器。

缓冲器的作用是吸收(消耗)冲击能量。

在行走装置端部装有液压缓冲器,如果激烈碰到设置在基础上的车挡,虽然能吸收掉一部分冲撞能量,但给起重机各部分结构和部件还会带来很大的冲击。为了避免起重机碰撞相邻起重机,在两个起重机之间装有机械防撞装置,当起重机之间的距离到达规定的值时,起重机将减速、停车。

缓冲器应满足如下要求:

(1)起重机切断电源,在任一运行方向按70%的额定速度满载运行时,应具有吸收(消耗)起重机的能量的能力。

(2)缓冲器安装得当,碰撞时应使螺栓不直接承受剪切。

(三)大车行走机构的运行支承装置和行走台车车轮布置

1. 车轮布置形式

岸桥门框下的每套行走台车组的车轮数量为10。按照台车平衡梁的构造形式和车轮数量,其典型布置形式如图 2-27 所示。

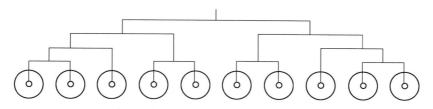

图 2-27　10 轮台车布置形式

2.驱动形式布置

大车的驱动形式多样,下面为通用的几种形式。

(1)卧式驱动如图 2-28 所示。

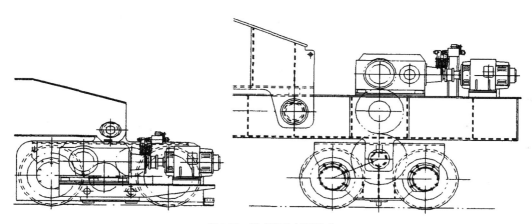

图 2-28　卧式驱动布置形式

(2)平行轴减速器驱动如图 2-29 所示。

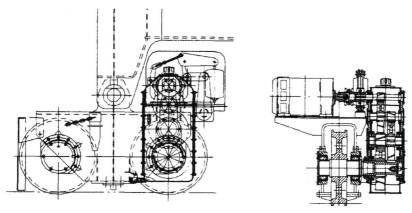

图 2-29　平行轴减速器驱动

(3)全轮制动的驱动形式如图2-30所示。

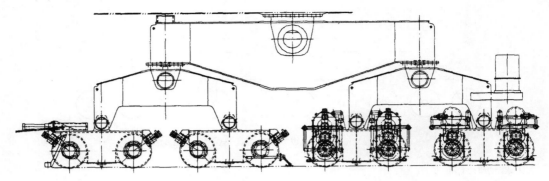

图 2-30　全轮制动的驱动形式

(四)大车行走机构的典型局部构造

1. 大平衡梁支座及铰轴结构、抗剪块结构

大平衡梁支座铰轴结构如图2-31所示。

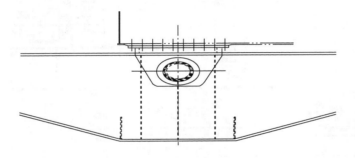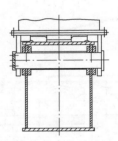

图 2-31　大干衡梁支座铰轴结构

2. 中平衡梁转向支座及铰轴结构

中平衡梁转向支座铰轴结构如图2-32所示。

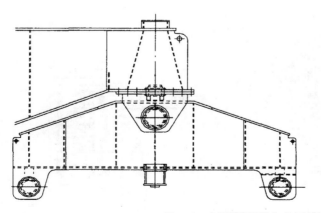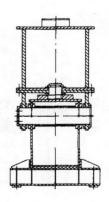

图 2-32　中间平衡梁转向支座铰轴结构

3.清扫器及断轴保护结构

清扫器及断轴保护结构如图 2-33 所示。

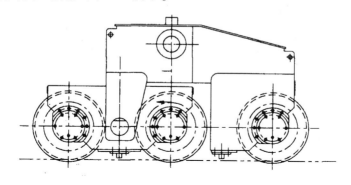

图 2-33　清扫器及断轴保护结构

4.防倾支承板

在大车全速行走且紧急制动或遇大风吹动滑行被轨道车挡止动时,因岸桥重心很高会发生整机倾覆。这时的倾覆支点为门框和下横梁的铰接点,为提高防倾倒的安全裕度,可以在其端部设置防倾支承板,如图 2-34 所示。将倾覆支点外移,可以加大平衡力矩。

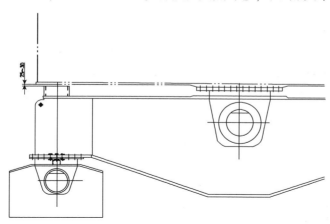

图 2-34　防倾支承板

五、应急机构

(一) 概述

当码头高压断电,或电控系统出现故障而利用码头备用交流电源时,通过手动的连接方式将应急机构连接到原有的驱动机构上,以较慢的速度使它脱离作业位置,回到停机安全位置或设定的安全位置或将负荷安全卸下。

应急机构一般有俯仰应急机构、起升应急机构、小车应急机构。

为了安全起见,应急机构的操作一般均设置在相应的工作机构旁,应急机构和主机构之间通过人工进行连接。在连接环节处,设置有安全限位和联锁限位开关,以确保应急机构的运行安全可靠,万无一失。

(二)应急机构的构成和布置形式

1.固定式应急机构

固定式应急机构一般固定在主驱动机构的减速器高速轴端,不需移动,只能驱动一个机构。它包括交流电机、减速器、联轴器或手动换挡器,以及安全联锁限位开关等部件。应急机构平面布置形式如图2-35所示。

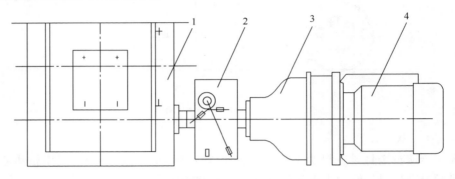

图2-35 固定式应急机构平面布置图
1-主减速器;2-换挡器;3-应急减速器;4-应急电机

2.移动式应急机构

移动式应急机构可以用于驱动不同的机构,当需要驱动某个主机构时,将应急机构吊至该机构减速器高速级轴端处,通过齿轮、链轮或其他有效方式进行连接。它包括交流电机、联轴器、减速器、机械连接传动装置和安全联锁限位开关等,其典型的平面布置形式如图2-36所示。

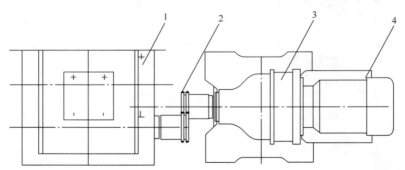

图2-36 移动式应急机构平面布置图
1-主减速器;2-应急机构连接装置;3-应急减速器;4-应急电机

六、安全钩装置

(一)安全钩装置的功能

当大梁仰起至80°左右位置时,在海侧梯形架顶部横梁上设有保持前伸臂仰起状态下的安全定位的挂钩式安全装置。设置若干个限位开关来自动控制大梁钩区减速、钩区停止、极限位置停止以及安全钩的抬钩和落钩动作。

（二）安全钩装置的组成和构造

1. 电动推杆式安全钩

电动推杆式安全钩由电动推杆、钩头体、配重、支座和限位开关等组成，其构造如图2-37所示。

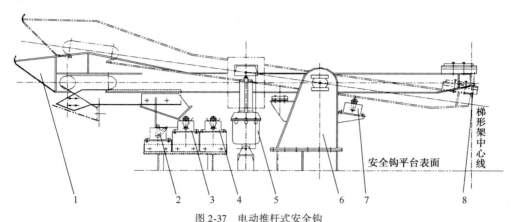

图2-37　电动推杆式安全钩

1-钩体；2-钩区限位减速开关；3-钩区终点限位开关；4-钩区极限限位开关；5-液力电动推杆；6-安全钩支座；7-抬举钩限位开关；8-安全配重

这种形式结构简单，可自动控制，配重调整方便，使用最为广泛；但结构尺寸较大，布置占空间较大，若布置在海侧梯形架顶部，要考虑维修空间。

2. 电动推杆插销装置

电动推杆插销装置的构造如图2-38所示。这种形式结构紧凑，占用空间小，安全可靠，能自动控制。插销的拉出和插入靠电动推杆实现。

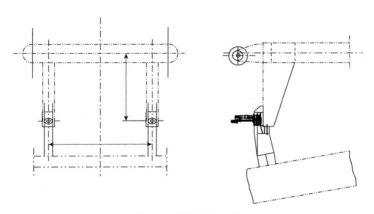

图2-38　插销式安全钩

七、托绳装置

（一）概述

随着岸桥的大型化，岸桥伸距越来越大。伸距的增大，运行小车行程的加长，使得大梁两端部钢丝绳的悬挂长度加大,钢丝绳的下挠度也随之增大。在运动中钢丝绳会产生较大的弹跳,从而影响起吊物品运行平稳,增加了起吊物品的摇摆。因此,在大伸距岸桥上配置了托架小车和多辊式托辊托绳装置。

托架小车一般有两台,分别位于运行小车的海侧和陆侧端,其位置始终位于大梁端部起升改向滑轮和主运行小车之间的中间部位。其功能是:通过布置在海、陆侧托架小车上的钢丝绳托辊,有效托起钢丝绳,缩短钢丝绳的悬挂长度,减少钢丝绳的下挠度,减缓钢丝绳的弹跳,从而削弱因钢丝绳的弹跳对吊具的影响。

(二)托架小车的布置形式

托架小车的运行由运行小车架自身牵引。托架小车和运行小车架之间由一组有一定相互关系的钢丝绳绕组相连,托架小车随着运行小车的运行而运行。而且钢丝绳绕组的倍率保证了托架小车始终以小车速度的一半运行,海陆侧托架小车的位置由主运行小车的位置来决定。其钢丝绳绕组的布置形式如图2-39所示。

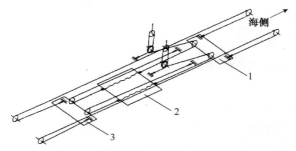

图2-39 托架小车钢丝绳绕组的布置形式
1-海侧托辊小车;2-主小车;3-陆侧托辊小车

托绳小车由四个车轮支承在小车轨道上,并设有反滚轮,托绳小车上设有托辊、滑轮、支架等装置。

托架小车钢丝绳绕组的布置:在前大梁铰点处的联系梁上系两根钢丝绳,经过陆侧托架小车滑轮到达小车上,在小车上固定,不要剪断再通过海侧托架小车滑轮,经转向后到达前大梁铰点处的联系梁上固定。

另一根钢丝绳,两端点分别系固在海侧托架小车上,绕过前大梁端部的滑轮,经改向后到达后大梁尾部张紧油缸滑轮,经改向后到达陆侧托架小车上固定。

八、机器房和附属设备

(一)机器房的组成和功能

机器房的作用是保证室外作业的岸桥的工作机构能在一个全天候的、防尘、防雨、防晒、防热的,空气流通良好的环境下工作。各机构之间应留有空间和巡回检视通道,以方便检测、维修、吊装、更换工作机构部件。在机器房内有时根据需要做出隔间,设有全密封的并带有空调系统的电控室。

机器房四壁及天花板要求为双层结构,以便隔热,所有材料能防火。岸桥的主要工作机构及其辅助设备均安装在机器房内。电控设备安装在与机房一起的电气室内。

机器房包括房体结构、门窗、电控室、通风系统、吊装孔、保护栏杆,以及机房辅助设备如维修行车、空压器、灭火装置、钳工台、换绳装置、备品柜、更衣箱等。

(二)机器房的布置形式

牵引小车式岸桥机器房的布置如图2-40所示。

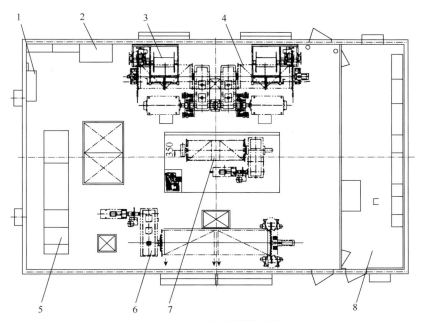

图2-40 牵引小车式岸桥机房布置

1-空压机;2-钳工台;3-换绳装置;4-起升机构;5-变幅机构;6-俯仰机构;7-小车牵引机构;8-电气控制室

(三)机器房的构造要求

机器房由底盘和围蓬两部分构成。机器房(包括电控室)的构造有以下3方面最基本要求:

(1)底盘应有足够的刚性,以防止各机构受力后产生变形,减少联轴器的磨损。在底架上各机构本身的底座刚度要强,以提高其抗变形能力。

(2)围蓬必须具有良好的通风性能,以散发机房内工作机构产生的热量。应能承受任何方向的最大风力对它的作用;同时,其骨架能支承维修用行车作用下的最大载荷,还要具有良好的防漏、防晒、防火性能。

(3)机器房的构造必须保证能充分的通风,应配置通风口和排气系统,以确保机器房内空气的流通。

(四)机器房的附属设备

1.通风设备

通风和空气滤清装置一般要求每小时最少换气30次,以满足良好的通风要求。滤清装置应设置在易于更换滤清器的位置。

对码头附近有煤场或其他粉尘污染严重的场所,机器房防尘最好的办法是使用正压机房,空气经过滤清后通过鼓风机来加压进入机房。

2. 换绳装置

要求在机器房内设置钢丝绳换绳装置,以便利用该装置更换机房内主起升、俯仰、小车等工作机构或托架小车的钢丝绳。

换绳装置一般采用电机驱动,也可采用其他方式;应备有手动绳剪,以方便换绳时使用。

3. 空气压缩机

机房内应配置电驱动的空压机、自动电气控制、压力控制和卸载装置。压缩空气可供润滑使用或喷丸清洁以及小的辅助装置或工具的操作。空压机应配有接收器和一个自动压力开关、压力表、溢流表和排放阀。空气压缩接收器应安装过滤器和油水分离器和足够长度(可到达机器房的任何一位置)的软管式卷筒,手枪式(握式)吹风枪。

4. 维修起重设备

在机器房内一般要求配置双速电机驱动的维修起重机,起重量一般为7t。吊钩的起升高度应满足在机房内能吊起任何一个容易拆开的单件设备,并能方便地将其吊移至吊装口,吊到码头面上,应能服务到机房内各设备处。

5. 钳工工作台

在机房内要求配置一标准尺寸(一般要求为宽0.8m×高1.5m)的金属框架木质台面的钳工工作台。台上附有虎钳和存放小工具的抽屉和锁。

6. 工具和设备柜

在机房内应安装两套标准的工业用金属柜,用于储放工具和备件,每个柜的尺寸大约为宽1200mm、高1800mm、深400mm。柜子必须与底盘固定。

7. 灭火器

机房内至少应安装两套灭火器,并放在入口内侧醒目易拿处。此外,还至少应在驾驶室、理货室、码头水平面靠近通道梯子处、小车上各设置灭火器。

有的要求机器房设置一套火警系统。它由一个烟雾探测器起动,当有烟雾时,发出火警信号并通过联锁装置切断通风扇。在机器房内还应装有声音报警装置。

8. 吊装孔、盖、护栏

在机器房平台上,应有一足够尺寸的开口,使维修起重机能将机房内的大件设备吊至地面。开口的位置应能使起吊的部件从开孔无阻碍地直通码头。孔口一般配有带滚子的盖子,并有控制它的开、关和固定于开、关位置的设施,孔周边应设活动横杆。

此外,机房底盘上还应另设两个小的有盖开口,以便利用维修行车的吊钩起吊小车车轮和其他构件。

9. 门窗

进出机房要求配置两个构造坚固并能防雨的船用型门。门上应有防雨眉,门的手柄和锁须是不锈钢的。若用平开门应有重型自动关门器和挂钩,以维持门始终处于关闭状态;若用移动门,应有特殊构造斜面,以始终保持门能自动恢复到关闭状态。

机器房也可以配置窗户。窗户应能满足防雨和安全的要求,一般不作开放式。

(五)电气控制室

电气控制室的构造要求:

(1)电气控制室应设置有一开口,使电控柜可以吊入,吊入后将开口密闭。

(2)电气控制室的四壁和天花板镶有隔音、隔热、防火材料。

(3)应设置有灭火器和烟雾报警装置。

(4)为防止粉尘,在电控室内一般装有通风设备,不开通大气的窗户。

(5)地板必须是阻燃地板,禁止用木板。地板走道的表面应覆盖至少6mm厚的绝缘橡胶垫,其表面防滑。

(6)设有隔音玻璃窗,工作人员在电控室内可以观察到机房内各机构的工作情况。

(7)电控室的门必须是带锁的钢制门,门上装有钢化玻璃窗及自动关门器。

(8)根据内部电气设备的发热量,合理配置空调和备用空调。

九、户外载人电梯

(一)户外载人电梯的功能

载人电梯一般装于户外,也有装于门框内部的。在岸桥人行登梯的门框侧面立柱旁配置的载人电梯,可以将驾驶员、维修人员及其随身携带的设备工具从地面停层安全可靠地运送到各个停靠层。

按照实际需求,载人电梯一般设置有3~4个停层,第一层为地面层。设置在接近地面处;第二层设置在门框横梁处,主要用于到达电缆卷筒处(此层亦可不设);第三层设置在小车操作室平台处,供驾驶员进出小车操作室;第四层设置在近机器房门平面处,供工作人员进出机器房或其他更高的地方。

每个停层均有招呼箱,工作人员操作招呼箱中相应的按钮便能使电梯运行至需要的停层。电梯到达各需要的停层时,能自动平层。每层站台均有护防栏杆。电梯顶部设置有紧急出口,电梯轿厢在任何位置,人均可安全离开电梯轿厢。电梯轿厢内配有手摇报警器和灭火器,以保证乘电梯人员的安全。

(二)户外载人电梯的构造特点和安全保护装置

户外载人电梯除了本体以外,还包括底架、上架、连接板等,它是外购的专门按照岸桥要求所设计制造的产品。电梯底架固定于门框立柱的最下部,用于支撑电梯的地基缓冲设备;上架位于门框立柱的最上部,为井字构造,用于支撑电梯的供电设备或牵引式驱动设备;连接板焊于门框立柱上,用于连接电梯的导向柱。

电梯的基本组成包括地基缓冲设备、驱动框架、驱动机构、轿厢、安全停止门、电控设备、电缆导向设备、人工释放设备,以及安全保护装置等。

在载人电梯上,配置有各种安全保护设备,有限速器、安全钳,当电梯超过额定速度1~3倍时,限速器动作,使安全钳卡在导轨上,并断电,电梯稳稳停住。此外还有紧急停止装置、自锁装置、人工下降装置、紧急梯和安全栓、带联锁限位开关的手动门。上下限位开关等,保证安全运行。

(三)使用载人电梯的注意事项

(1)载人电梯是安全要求特别高的设备,因此设计制造和使用载人电梯,均应符合当地有关法规和规范要求。

(2)在使用过程中,要经常维护保养。运转部位要按时加油,检查连接螺栓是否松动。要经常对电梯进行安全检查,特别是对安全限位开关和门连锁的可靠性进行检查。

(3)对超过6级风的状态,电梯的载人轿厢应停放在最低一层。风过后,应对电梯进行全面检查,特别是电缆是否在防护罩内,各导轨是否有扭曲等,井道内是否因风暴而带进障碍物。层门和保护栏杆应能承受无风工作状态下的负荷。

十、理货室及俯仰机构操作室

(一)理货室

岸桥上配置供码头操作和管理人员使用的理货室。理货室设置在门框海陆侧立柱联系横梁上。理货室为金属框架结构,墙壁和天花板应由隔热隔音防火材料进行装饰。框架配置有视野开阔的前窗和侧窗。在背面配置有牢固的工业型金属门,门上配置有采光的安全玻璃。门窗的构造要牢固并能防风雨。

理货室内配置有写字台、座椅以及照明设备、用电插座(220V,10A)和空调等。

(二)俯仰操作室

1. 俯仰操作室的作用

在岸桥门框的海侧上横梁处,设置有供操作人员操作俯仰和挂钩动作的控制室,并设有顶窗。俯仰操作室的构造应能隔音、隔热、防火、防雨,能保证操作人员全天候工作,能清晰观察到大梁与安全钩的挂钩动作。

2. 俯仰操作室的组成和构造

(1)俯仰操作室的构造

操作室为金属框架,内壁和天花板用隔音隔热的防火材料进行装饰。前部和天花板斜面上,固定有视野开阔采光佳的安全玻璃,后面为牢固的工业型金属门。门的构造和要求应和机器房门相一致。门窗均应有特殊的防风雨措施。

(2)俯仰操作室的组成和设施

在俯仰操作室内应设有如下设备:

①俯仰控制系统。

②照明和通信设备。

③控制设备按钮。

④大梁挂钩显示。

⑤大梁脱钩显示。

⑥俯仰机构上升、停、下降选择开关。

⑦复位开关。

⑧安全钩动作选择开关。

⑨急停按钮。

⑩其他要求的操作和安全按钮装置。

当正常俯仰停机位置和俯仰维修位置要求不一致时,还应增加停机位置-维修位置选择开关。

十一、码头附属设备

码头附属设备包括车挡、防风锚定装置、高压配电箱和大车轨道。

（一）车挡

集装箱码头岸桥轨道终端配有车挡结构,以承受岸桥运行至轨道终端正常停车和非正常停车所产生的冲击载荷,阻止岸桥的进一步运行。车挡为金属构件,通过预埋螺栓预埋在码头地基上,其构造如图2-41所示。

车挡高度尺寸必须和岸桥大车缓冲器相匹配。

（二）防风设备

在集装箱前沿码头,为保证岸桥在各种环境气候条件下的安全,设置相应防风设备。

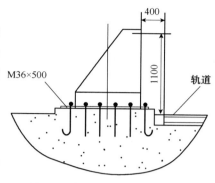

图2-41 车挡构造(尺寸单位:mm)

防风锚定装置有防止水平力的锚定插板和防倾倒的防风拉索装置。防风拉索装置又包括钢丝绳拉索式和刚性螺杆式。

1.锚定装置的构造和组成

锚定装置由锚定板、手柄、锚定座、配重、限位开关等组成,其构造如图2-42所示。采用锚定装置时,在码头上必须设置相应的锚定坑。

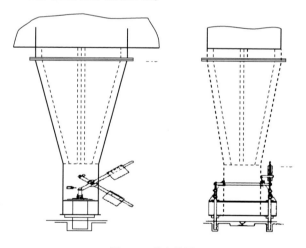

图2-42 锚定装置

锚定的作用是防止岸桥被风吹运行。锚定装置与岸桥行走机构之间设有联锁,以确保只有当锚定销全部拔出锚定坑后行走机构才能通电启动。

2.钢丝绳式防风拉索

钢丝绳式防风拉索装置由钢丝绳、钢丝绳接头、钢丝绳调节螺杆、钢丝绳拉板支座等组成,其构造如图2-43所示。

拉索装置可以斜拉,也可以垂直向下拉,其形式根据码头拉索锚定坑位置而定:主要是防起重机原地倾覆。

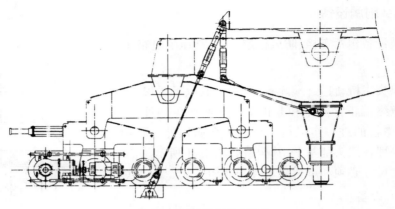

图 2-43 钢丝绳防风拉索装置

3. 刚性螺杆式防风拉杆装置

刚性螺杆式防风拉杆装置由调节螺杆、刚性拉杆、接头、拉板支座等组成,其构造如图2-44所示。

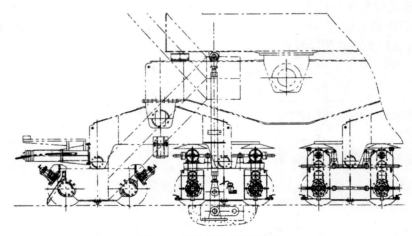

图 2-44 刚性螺杆式防风装置

刚性螺杆式防风拉杆装置一般是垂直向下安装的,以防起重机原地倾覆。

(三)码头高压供电设备

集装箱码头岸桥动力电源是通过码头专用供电设备和岸桥专用取电设备来实现的。码头向岸桥的供电,一般有两种方式:一种是通过码头供电坑内供电箱,由高压电缆和电缆卷筒将高压电源送上岸桥;另一种是通过码头前沿平行轨道布置的高压供电坑内导线集电系统,由取电器和电缆滑车将高压电送上岸桥,其详细内容见第二章。

(四)岸桥车轮用钢轨

钢轨是用来支承移动岸桥车轮载荷,供岸桥走轮在其上滚动。通常在以下各处设置有轨道:

(1)用于整机大车行走的大车轨道,布置在码头承轨梁上。

(2)用于主小车行走的小车轨道,布置在岸桥的前后大梁的承轨梁上。

(3)用于机房维修用起重机的轨道。

(4)电缆拖令小车运行的轨道,通常用20号工字钢或20号H型钢。

(5)室外手动葫芦悬挂的移动用轨道,通常用工字钢。

任务三　岸桥液压系统认知

一、概述

岸桥上采用的液压系统通常包括以下6个系统:吊具液压系统、吊具倾转液压系统、挂舱保护液压系统、小车及托架张紧液压系统、俯仰及起升低速轴紧急制动液压系统、顶轨器(夹轮器)液压系统。(吊具及吊具倾转液压系统见第一章第四节)

对液压系统设计必须考虑到下列要求:

(1)满足功能要求。

(2)减少热量产生和有利于散热。

(3)保证液压系统和油的清洁度。

(4)无泄漏和尽可能降低噪声。

(5)防锈蚀,耐振动,外形美观。

二、小车及托架张紧液压系统

(一)对张紧工况的选择

当小车的运行机构采用钢丝绳牵引方式时,从小车经滑轮组到卷筒是一个封闭的钢丝绳缠绕系统,以使小车平稳运行。然而在何种情况下保持多大的张紧力等方面,有两种不同的要求。

1.Ⅰ型

大多数要求在装卸作业过程中钢丝绳牵引缠绕系统始终保持着一定的张紧力,不考虑小车起动或制动或行走等工况的区别。

2.Ⅱ型

少数要求小车起动和制动时张紧油缸闭死,使钢丝绳卷绕系统具有相当的"刚度",以利于小车迅速起动和减小驾驶室的晃动。在这种情况下,钢丝绳在短时间内承受较大的惯性力。

3.两种张紧系统的比较

Ⅰ型基本能满足要求,其特点是钢丝绳张紧力变化值很小,但由于这个力的大小是按小车惯性力设定的,无论小车处于何种状态,钢丝绳始终受到这一张力的作用,因此,会影响钢丝绳的使用寿命。Ⅱ型在小车起、制动时晃动较小,钢丝绳仅在短时内承受小车起动惯性力,当小车趋于匀速运动时,张紧油缸自动以较小的力张紧钢丝绳,因此有利于延长钢丝绳寿命。

(二) Ⅰ型小车张紧液压系统

Ⅰ型小车张紧液压系统如图 2-45 所示。

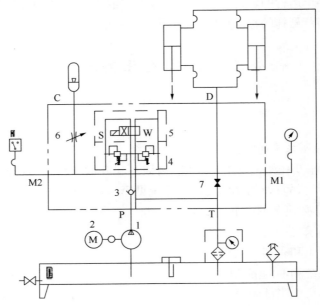

图 2-45　Ⅰ型小车张紧液压系统

两个张紧油缸分别拉紧两根小车牵引钢丝绳，油泵 1 是一台排量很小的齿轮泵，油泵起动后，边向两个油缸充油，使钢丝绳开始张紧，压力超过压力开关 H 调定值的上限时，油泵停止运转，系统保持自动张紧状态；当钢丝绳受冲击力作用，对油缸活塞杆的拉力增大时，有杆腔内的油液被部分排出，由蓄压器吸收，使冲击力得到缓冲；当钢丝绳由于小车晃动而松弛时，活塞杆拉力减小，蓄压器将自动向油缸"充油"，使钢丝绳始终保持一定的张紧力。

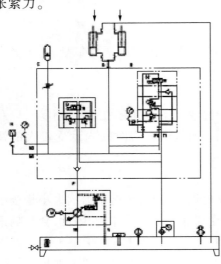

图 2-46　Ⅱ型小车张紧液压系统

当因内泄漏导致系统内压力降低时，就会减小钢丝绳张紧力。当压力降低至压力开关 H 调定值的下限时，油泵将重新向系统供油直至压力达到压力开关 H 的上限值才自动停止运转。

当驾驶员作前大梁俯仰动作时，电磁阀 5 得电，将油路切换到 B 口，由溢流阀 4 的低调定值来减小钢丝绳的张力。前大梁拉起时，活塞杆将被拉出一定行程，以补偿钢丝绳的长度不足；反之，前大梁放下过程中，释放出的钢丝绳将及时地被油缸收紧，因此，在俯仰过程中牵引钢丝绳是在低压、小张力的情况下工作，这样对钢丝绳的延长使用寿命非常有利。

(三) Ⅱ型小车张紧液压系统

Ⅱ型小车张紧液压系统如图 2-46 所示。两根牵引钢丝绳是在活塞杆推力作用下张紧的。它与Ⅰ型不同之处是小车启、制动时电磁阀 S2 把油缸内油液锁住,即把钢丝绳的一端固定住。而小车运行中电磁阀 S2 复位,使油缸内油液重新与系统连通,当钢丝绳的张力过大时,由蓄能器缓冲;当钢丝绳较松弛时,由减压阀供给压力油,使其保持一定的张力。然而这就使系统略显复杂。其他的工作原理与Ⅰ型张紧系统相同。

(四)小车及托架张紧液压系统

小车及托架张紧液压系统如图 2-47 所示。

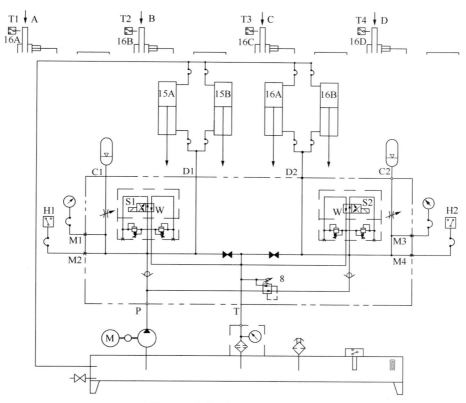

图 2-47　小车及托架张紧液压系统

15A、15B 为小车张紧油缸,16A、16B 为托架张紧油缸。托架张紧系统同样要求有两个张紧力,一个是装卸作业时的张紧力,另一个为前大梁俯仰时用的较小的张紧力,其工况与小车张紧系统完全相同。把小车张紧与托架张紧两个系统组合在一起显得非常合理。紧凑、高效且美观,它们共用一个油泵,在托架张紧的压力油路上串联一个减压阀 8,建立起托架张紧系统的工作压力。

三、俯仰及起升机构低速轴紧急制动器液压系统

(一)概述

俯仰和主起升机构除了在减速器的高速轴上配置高速制动器外,还在低速轴上设置有

紧急盘式制动器。当由于某种突发原因,前大梁或集装箱下降出现超速时,或者驾驶员按下"急停"按钮时,该液压系统将自动紧急制动。起升机构或俯仰机构的低速轴制动器立即进行制动,它们的液压系统是同一个动力站系统。

(二)起升机构紧急制动器

图 2-48 中 17A 和 17B 为两个起升低速轴盘式制动器油缸。启动油泵,电磁阀 S1 和 S2 通电,压力油将克服弹簧力打开制动器,完全打开后,限位开关 24A 和 24B 发出信号,驾驶室绿灯亮,驾驶员可以开始起升作业。当系统压力达到压力开关 H 的设定值时发出信号,油泵自动停止运转。由蓄压器 16 对系统进行保压。如果因保压时间过长或内泄漏引起制动间隙变小,导致两个限位开关(或其中的某一个)失去信号,这时,起升动作将不允许继续运转,同时油泵自动重新向系统供油,直至制动器达到正常工作状态。然而这种情况是极少发生的。

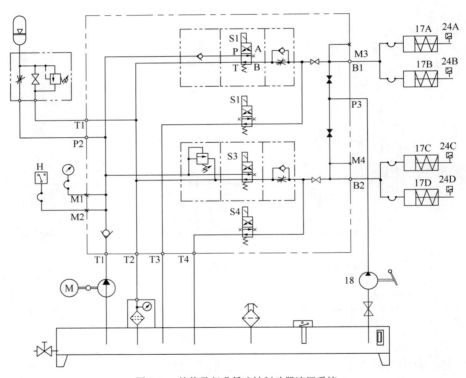

图 2-48　俯仰及起升低速轴制动器液压系统

正常制动时,S1 先断电、S2 滞后断电,让油液通过节流阀 SA 流回油箱,这样可以使制动缓和一些。在紧急制动时,S1 和 S2 同时断电,迅速回油,很快制动,效果甚佳。

(三)俯仰机构紧急制动部分

图 2-48 中 17C 和 17D 为 2 个俯仰低速轴盘式制动器油缸,俯仰的工作时间很短。俯仰紧急制动器只有在作俯仰动作时才处于打开状态,以备紧急制动,确保安全。而俯仰不工作时,制动器处于闭合状态,其压力控制方法与起升制动器部分完全相同。

当液压系统发生故障,一时又无法排除时,可以用手动泵 18 打开俯仰和起升的制动器,临时作业。

四、顶轨器(夹轮器)液压系统

(一)常闭式顶轨器(夹轮器)的优点

大车行走机构采用常闭式顶轨器或夹轮器时,在装卸作业期间,顶轨器或夹轮器始终处于制动状态,只有在大车行走时才打开。这样即使在装卸中突然遇到大风也比较安全。

(二)液压系统工作原理

如图2-49所示,电磁阀S在弹簧复位时,两个顶轨器19.1和19.2(或数个夹轮器)处于制动状态,大车不能行走。当驾驶员按下"松轨"按钮时,油泵2起动,电磁阀S通电换向,由油泵和蓄能器向顶轨器供压力油,推动活塞压缩蝶形弹簧开始"松轨"。当到达正常松轨位置时,限位开关T1和T2发出信号,驾驶室"松轨"绿灯亮,允许大车行走。大车行走结束后,延滞5~10 min,电磁阀S断电复位,使顶轨器或夹轮器重新制动。当系统压力达到压力开关13设定的上限值时,油泵停止运转,系统处于自动保压状态;当系统压力低于其下限值时,油泵将重新启动向系统充油,直至达到上限值。安全阀9是用于保护油泵的,其调定值必须大于压力开关的上限值。手动泵3用于应急,在系统出现故障或突然断电的情况下,可使用手动泵将顶轨器打开,这时必须打开截止阀5.1,并关闭截止阀6,顶轨时,只需将截止阀6打开。

需要拆检蓄能器时,必须先打开截止阀5.2,将压力油放回油箱,否则是危险的。

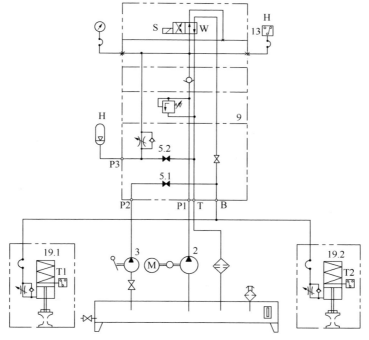

图2-49 顶轨器液压系统

任务四 岸桥的电气设备及控制认知

一、驱动形式和电动机

（一）岸桥的负载特点

岸桥的负载有以下特点：

（1）起升机构是一个位能性负载，当箱重一定时，在任何转速下负载转矩总是保持恒定，而且负载转矩的方向也不随电机转速方向的改变而改变。

（2）集装箱起重机的载荷有效率是50%，即有一半时间是空吊具运行的。即使是在带箱的时候，也不都是满箱起吊额定负荷。

（3）起升机构和小车行走机构都是间隔短时重复连续工作制，即对箱、吊箱、运行、对箱，周期性的起停或加减速，间隔很短。

（4）起升机构下放重物的过程是一个能量转换的过程，此时的电动机处于发电状态。如何吸收这部分机械能量，是岸边集装箱起重机电气控制必须解决的问题。

（二）直流驱动

1. 直流驱动特点

针对岸桥负载的特点，直至20世纪80年代，岸桥中几乎都是采用直流驱动。这是因为：

（1）直流驱动的调速性能好，很容易实现基速下的恒磁场改变电枢电压的调压调速，以及基速上的弱磁恒功率调速。

（2）启动转矩大，动态响应好，有很好的起制动特性。这对于驾驶员对箱有很好的帮助。

（3）重物下放时的机械能很容易转换成电能反馈给电网，系统效率高，节省了能源。

但是，直流驱动也存在着缺点：

（1）与交流电动机相比，直流电机结构复杂，价格高，维护工作量大。

（2）为改善换向器的换向条件，要求直流电动机电枢漏感小，电机转子短粗，因而造成飞轮力矩大，限制了其速度响应时间和最高弱磁转速。

（3）谐波分量大，功率因数较低，在高要求场合要增加谐波吸收及功率因数补偿装置。

2. 直流驱动的基本形式

（1）G-M系统

直流发电机-电动机系统，是第一代岸边集装箱起重机所采用的驱动形式。从1956年集装箱运输创世开始一直到20世纪80年代前期，这种驱动系统被广泛采用。

（2）三相可控硅整流供电系统

三相可控硅整流供电系统是用可控硅整流把三相交流电转换成直流电后驱动直流电动机的调速方案，是一个替代庞大的交流电动机-直流发电机组的理想的调速方案，20世纪80年代以来在岸桥上得到广泛应用。

（三）交流驱动

随着微处理器和半导体技术的发展，交流变频调速理论不断发展，大功率变频器的性能和可靠性的不断提高,岸桥控制上越来越多地使用了交流变频技术。

1. 交流控制系统具有许多优点

(1)交流电机无需整流子和调换电刷,减少了维护工作量、防护等级高,节省了大量维修费用和维护时间。

(2)变频器加装直流电抗器以后,整体装置的功率因素高于0.9;如采用正弦波滤波器,功率因素接近于1。

(3)考虑到维护的费用,交流系统有一定的价格优势,且随大容量主电路元件的开发运用,变频驱动的价格尚有较大的下降空间。

与直流电机相比,交流电机具有许多优点:

(1)无炭刷,无整流子,维护保养性非常好。

(2)转子的转动惯量较小,因此电动机的速度响应好,最高速度比直流电机高。

(3)电机可制成全封闭型(外扇冷却型),耐恶劣环境性能好。

2. 交流驱动的原理

交流驱动的执行机构是交流异步电机。交流异步电机在设计制造完成以后,其基本特性已经确定,即其输出转矩只与滑差转速有关,空载时电机转速与同步转速相同,带载时随着负载大小的变化,电机转速较同步转速有一个相应的微小差异。有以下关系式:

电机实际转速=同步转速-滑差转速式中滑差

转速与负载有关,所以,只要改变同步转速,就能改变电机转子的实际转速。而同步转速 n_0 满足下式:

$$n_0 = 120\frac{f}{P}$$

式中:P——电机级数,为常数。

所以,只要改变电机输入端的频率,就能改变电机的同步转速,进而改变电机转子的实际输出转速。

3. 交流驱动的控制方式

交流驱动的控制方式主要有以下几种:V/F 控制、电压矢量控制、速度闭环矢量控制和直接转矩控制等。起升及小车运行机构使用闭环矢量控制,大车运行及俯仰机构使用 V/F 控制。

4. 岸桥对交流驱动的特殊要求

对起升机构而言,恒功率控制是一个特殊的问题。即在额定负载时,电机转速为额定转速;当负载减小时,电机速度相应提高。适合起升专用的变频器能自动检测负载的转矩,并根据测得的负载转矩变化情况,保持恒功率输出。轻载时电机运转速度成倍提高,以提高工作效率。

起升及俯仰机构的另一个特殊要求,是当电机处于发电机运行状态时的能量处理。常规的处理方法是采用制动电阻将能量消耗掉,但这样会浪费宝贵的能源;较先进的方法是使用能量反馈单元,将能量直接送回电网。现在已有将整流桥和能量反馈单元整合在一起,能实现能量的双向流动;同时保证电流波形与电网电压波形同相的正弦波。

(四）岸桥用电动机的基本特点

岸桥各工作机构的特点是频繁的起、制动，重复的正反向运行，在整个运行过程中的机械冲击振动和电气冲击对电控系统的影响较大。

电动机应具备如下性能：

（1）快速响应性好，尽量减少起制动时间以减少起制动期间加减速过程中的能量损耗，提高生产效率。

（2）结构设计和制造工艺上要保证其有足够的高转速时的机械强度和抗电流冲击的能力。

（3）有较好的抗恶劣环境的能力，对潮气、盐雾等都有较好的防护作用。

（4）有较强的短期过载能力和散热能力，以适应各种工况的短时冲击和持续工作条件下的温升。

（5）有较好的防锈蚀涂装。

（6）在同等功率条件下，要求尽量减小转子的转动惯量和自重。

另外，对于直流电动机，由于要考虑直流励磁绕组发热对电机温升的影响，所以，除了S1工作制带强迫通风的情况下可以近似地进行接电持续率之间的折算外，其余情况下一般不允许进行直接折算。

（五）岸桥的通信

这里主要介绍岸桥和码头管理系统之间的通信联系通常采取的几种模式。

1. 一般通信电缆方式

采用这种方式，当要求线芯数量较少时（6~8芯），可以在特殊订购高压供电电缆时要求将通信线芯包含在高压供电电缆内部，在高压电缆卷筒滑环箱上附带一通信电缆卷筒滑环装置。这种方式仅能实现一些通信和少量联锁保护的简单功能。

在这个系统中，电话通信线可以用单独的线芯，而监控和数据交换则必须根据专门的通信协议采用通信传送方式。因此，在起重机PLC的输出部分设有专用模块（调制器），而在码头控制中心接收端也有解调器模块。

2. 光纤通信方式

这是目前应用较广泛的一种方式。由于光纤的抗干扰能力强，传送速度快，载波量大，所以，这是几种方法中可靠性较高的一种方式。

这种方式要求起重机的PLC上设有光端机（光调制器）并由一根6芯光纤电缆先连接到起重机的电缆卷筒滑环箱，滑环箱内要增加光缆耦合器，通过该耦合器将光信号由机上传输到码头。中控室接收端也设有解调器（光端机），解出传输信号用于监控和统计等。

同理，在码头高压电缆接电坑内，要设置一个光纤电缆接头箱，使码头中控室到接电坑的电缆与高压电缆内带的光纤电缆在这个接头箱内连接。接头箱的防护等级至少要求达到IP55。

采用这种方法的关键点是光纤接头的制作，其衰减系数必须达到标准。因为起重机上从电气房PLC到码头中控室之间要经过几次接头插接。如果接头制作质量不过关，将影响通信的可靠性，常常会造成信号丢失。所以，这种接头必须由专业人员制作，并经专门仪器测试通过。

3. 无线电通信以太网(RF Ethernet)

这种通信方式正在日益推广应用,其信号的调制过程跟前两种方式是相似的。起重机上的输出信号调制成相应的无线电信号后,是通过机上的发射无线装置发送到空中,经由无线电通信以太网(RF Ethernet)传送到码头中控的接收天线,再经过解调后成为监控和数据信号。

4. 微波通信(Settled Microwave Guide System,SMG 系统)

这种方式限于在码头高压供电采用地沟滑触线方式的场合。

由于在码头滑线地沟内设有微波导向滑槽,起重机上经调制的微波信号,经插入式微波导向滑架传送到滑槽,将微波信号传送到码头中控室。

二、岸桥的电气设备及机构控制

下面就以集装箱码头的 65T-65M 岸桥为例,简单介绍一下有关电气方面的知识及各机构电气控制相关知识。

(一) 电源

本机由三相交流 10kV 电源供电:通过一个 1600kVA 动力变压器,供起升、大车、俯仰、小车驱动电源用;另有一个 160kVA 辅助变压器供辅助机构、控制和照明用,如图 2-50 所示。

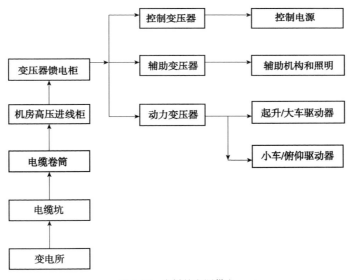

图 2-50 岸桥的电源供电

1. 电压等级和类别

主电源:三相 10kV,交流,50Hz;
起升/大车、俯仰/小车驱动器电源:525V,交流;
辅助动力电源:380/220V,交流,三相,50Hz。
控制电源:220V,交流,单相,50Hz;24V,直流;
维修照明电源:380/220V,交流,50Hz。

2. 供电方式

码头接线箱提供 10kV 电源,通过缠绕在机上电缆卷筒上的柔性高压电缆、滑环箱与固定敷设高压电缆,接至机器房内的高压进线柜,并由变压器馈电柜供电给变压器。

小车上的动力与控制电源是通过后大梁接线箱、拖令电缆、驾驶室顶部接线箱与电气房控制柜相连。

吊具电缆缠绕在小车上的吊具电缆卷筒卷盘上,卷筒有变频柜控制。吊具电缆为56芯专用电缆,通过三伏快速插头插座分别与滑环箱、上架接线箱、吊具相连。

应急岸电电源(380V,50Hz),通过海侧门腿上的应急电源箱接到电气房内的低压柜EHS.11,供机构应急运行和PLC、照明、维修用电。

(二)主要电气设备

1.电动机

起升、人车、俯仰、小车电动机均采用ARB公司提供、适用于变频调速的专用鼠笼式交流异步电动机。

2.变压器

主变压器:整机变频驱动电源采用1600kVA,10kV/525V,△/Yn0连接,缠绕纤维三相干式变压器。

辅助变压器:上海ABB变压器公司提供,三相干式变压器,200kVA,10kV/400V,三相四线制,提供整机辅助机构、控制和照明电源。

照明变压器:容量为10kVA,提供驾驶室的照明、加热器以及插座电源。

控制变压器:380/220V,容量为3kVA的变压器两个,分别提供电气房和驾驶室的控制电源。

3.控制屏、柜

(1)高压进线柜(+MHH.3-4)

包括高压进线端子,主隔离开关,电流电压互感器,监测仪表,低压保护功能等。柜面板上安装有电压表、电流表及电源指示灯。柜内安装电度表,显示驱动机构耗电量。

(2)主变压器高压开关柜(+MHH.2)

包括操作联锁机构,带保险丝的负荷开关,电流互感器,跳闸按钮。

(3)辅助变压器高压开关柜(+MHH.1)

包括操作联锁机构,带熔断器的负荷开关,电流互感器,跳闸按钮。

(4)IGBT电源柜(+EHS.1)

包括辅助控制柜(ACU)、进线柜(ICU)、电抗柜(FIU)以及整流柜(ISU)等部分。

(5)辅助控制柜(+EHS.11,+EHS.12,+EHS.13)

包含有岸电切换开关;电焊机插座开关,拖令电源开关,以及各辅助电机控制保护开关:机器房风机、俯仰应急电机小车应急电机、起升应急电机各推杆制动器、俯仰安全钩电机、倾转电机大车电缆卷筒电机、液压站油泵电机起升风机、换绳电机。还包含有各控制电源开关,各限位输入点等。

(6)控制柜+EHS.12门板上的仪表和操作按钮

按钮:急停、控制关断、故障复位、走道灯控制、指示灯测试。

带灯按钮;控制合、前大梁投光灯控制、中后梁投光灯控制、联系梁及行走投光灯控制、机房投光灯控制。

选择开关:起升驱动器选择、大车驱动器选择机房排风扇操作选择

其他:故障蜂鸣器、电气房空调上电指示。

(7)起升、大车驱动柜(+EHS.2—3)

额定功率930kVA,额定电流1073A,额定电压500V,提供起升和大车电机变频电源,还包括驱动器散热风机电机编码器入接口等。

(8)小车、俯仰驱动柜(+EHS.4)

额定功率400kW,额定电流565A额定电压500V,提供小车和俯仰电机变频电源,还包括驱动器散热风机电机编码器入接口等。

(9)切换柜(+EHS.10)

分为小车/俯仰切换柜以及两个起升/大车切换柜共三部分,提供电机连线铜排,负责电机电源的切换。

(10)PLC控制柜(+EHC.1)

包含AC410PLC控制器、AC80PLC控制器、户外模块通信光缆接口、电子防摇接口、CMS通信接口等。

(11)电气房照明配电柜(+EHS.21)

包含除驾驶室部分外的其他各处的投光灯、走道灯、室内照明、加热器以及单相维修插座等的配电保护开关。

(12)吊具控制柜(+CAA.1)

包含吊具控制电源开关、吊具油泵开关及吊具控制用继电器等。

(13)驾驶室配电屏(+CAS.1)

包含驾驶室的各种配电开关,例如:空调、灯、雨刮器、24V直流电源等。

(14)户外模块箱

共有三个户外模块箱,分别为前大梁模块箱(+BOA.1),行走海侧模块箱(+WS A.1),行走陆侧模块箱(LSA.1),分别用于接收各处当地的限位输入信号。其中前大梁模块箱还可以进行吊具回旋动作的本地操作,可以选中三个倾转电机中的任意一个进行操作。

4.操作台

(1)左操作台(+CAO.1.1)

按钮:导板上、导板下、小车浮点控制、电笛控制、总旁路。

带灯按钮:吊具归零、倾转角度设定、小车停车位置、起升陆侧减速设定、吊具20/40/45英尺选择、中锁上升、中锁下降、中锁位置记忆等。

操作杆:可动作的导板选择、倾转动作。

选择开关:吊具回旋。

操作手柄:小车主令操作手柄。

(2)右操作台(+CAO.1.2)

按钮:急停、控制关断、故障复位、开锁、闭锁、起升浮点控制。

带灯按钮:控制合、顶/轨夹轮、松轨/松轮。

选择开关:喷淋/雨刮器、电子防摇、电子防摇校正、中锁伸缩。

操作杆:大车点动。

指示灯:大车锚定。
操作手柄:起升/大车主令操作手柄。

5.俯仰操作箱(+BCO.1)
按钮:急停、控制关断、故障复位、俯仰停止、指示灯测试。
选择开关:俯仰快速/慢速、俯仰手动/自动。
指示灯:俯仰水平、安全钩进钩、俯仰应急制动器释放、急停动作、故障指示。
带灯按钮:控制合、俯仰上升、俯仰下降、安全钩抬钩、钩区投光灯控制。

6.地面操作箱(+LSO.1)
按钮:急停、控制关断、故障复位、指示灯测试、总旁路、大车右行、大车左行、大车右行点动、大车左行点动、走道灯控制。
钥匙选择开关:大车制动器与电缆卷筒旁路、电缆卷筒限位旁路。
带灯按钮:控制合、顶轨/夹轮、松轨/松轮、各投光灯控制。
指示灯:故障显示。

7.其他
机房操作站(+MHO.1):急停、站选择、控制合、控制关、故障复位、故障显示、试灯、总旁路、起升上升、起升下降、小车向前、小车向后、俯仰上升/下降、步道灯按钮、前大梁投光灯、中后大梁投光灯、联系横梁投光灯、小车投光灯、应急驱动选择、应急驱动下降(向前)/上升(向后)、换绳选择、换绳正向、换绳反向、换绳停止。

(三)整机控制

本机起升、大车、俯仰、小车四大机构均采用交流变频方式驱动。其中起升和大车共用两个变频驱动器ACA610-0935-5,俯仰和小车共用一个变频驱动器ACA610-0495-5。变频方式为交-直-交变频,电源供应为525V,交流。采用两套IGBT整流单元ACA635-1760-5提供变频驱动器直流电源。

1.控制系统

本机的控制系统采用AC410系列PLC,现场控制I/O模块,一台CMM计算机,以及二个ACA635-1760-5整流柜、二个ACA610-0935-5变频柜和一个ACA610-0495-5变频器组成。另有AC70用于驾驶室状态显示器,AC80用于电子防摇以及PLC与驱动器之间通信。整机通信采用Advant Fieldbus 100。

现场控制模块用来采集I/O点。分别有:
DO810:数字量24VDC输出模块。
DO820:数字量24-230VAC交流输出模块,继电器式输出。
DI810:数字量24VDC输入模块。
DI821:数字量220VAC交流输入模块。
AI810:模拟量输入,4~20mA,2~10V。
AI830:模拟量输入,专用于Pt100等温度传感器输入。
AO810:模拟量输出,4~20mA。
CMM System作为本地桥吊维修模式系统(Crane Maintanence Module System)具有故障显示、监控、维修等功能。

2.高压送电

本机的高压引自码头海侧的高压坑,通过导缆架,高压电缆卷筒后,进入到机器房内的高压进线柜,再送至主变压器高压开关柜和辅助变压器高压开关柜。高压进线柜和这两个开关柜都设有高压感应电容指示灯,如果指示灯闪烁,表明已经通上了高压电。使用高压柜专用手柄,首先接通高压进线柜,然后接通辅助变压器高压开关柜和主变压器高压开关柜,在变压器通电以后,再接通电气房内开关。

3.控制合

在进行然后操作之前,必须首先合上控制。本机可以在电气房辅助操作站、前大梁端部模块箱、俯仰室操作站、地面行走操作站和驾驶室合上控制。每个地方都有"控制合"以及"控制关断"按钮。任何时刻,系统只允许在一个地方合上控制。如果需要转到另一个地方合控制,必须先在已合上控制的地方关断控制。需要满足下列条件,才可以合上控制:

(1)电气房和驾驶室的控制电源的主开关合闸。
(2)所有的急停按钮已释放。
(3)所有的"控制关断"按钮已接通。
(4)所有的超速开关正常接通。
(5)所有的极限限位正常接通。
(6)PLC 控制系统正常。
(7)变频器与 PLC 系统通信正常。

4.整机状态显示

本机可以通过以下几种方式查看报警信号、故障情况或运行许可等条件。

(1)故障指示灯

在驾驶室和电气房各有一个"故障指示灯",用来表明本机是否有故障存在。有故障发生时,两个故障指示灯都被点亮。如果故障指示灯闪烁,表明有了一个新的故障。操作人员可以通过"故障复位"按钮来消除故障,如果按过"故障复位"按钮后,"故障指示灯"没熄灭,就应该通知维修人员。

(2)桥吊检测和维修系统(CMMS)

本机配有 CMMS 系统,该系统为维修人员排除故障提供帮助。故障发生时,CMMS 系统在故障显示窗口提供有关该故障的具体原因,在故障排除之前,显示一直保持。排除故障后,按一下"故障复位"按钮,显示消失。CMMS 系统在报警显示窗口中,随时提供报警信号以及其相关原因。

每个机构的运行都必须满足一定的条件,CMMS 系统在相关的窗口中列出机构运行的许可条件。可以通过查看该列表来判断是否所有的运行条件都满足。

5.起升机构

起升机构由 2 台 450kW 的交流电动机驱动,2 台电机受 ACA610-0935-5 交流变频驱动器控制。每台电机的额定电压为 500V,电流为 660A,额定转速为 800/2000r/min。空载运行速度为 150m/min,额定负载 65t 时,运行速度为 60m/min。起升驱动器的额定电流为 1073A,额定电压为 500V。

6.小车机构

小车机构由一台 250kW 的交流电机驱动,受 ACS610-0495-5 交流变频驱动器控制。

电动机额定电压为500V,电流为341A,额定转速1519rpm。满载的运行速度为240m/min。小车驱动器额定值为电流565A,电压500V。

7.大车机构

大车机构由16台18.5kW的交流电动机并联驱动。大车与起升共用两个驱动器中的任意一个。正常工作情况下,大车选用一个起升/大车驱动器驱动,与起升采用"先到先服务"原则。电动机额定电压为478V,电流为34A,额定转速为1775r/min,运行速度为45m/min。

8.俯仰机构

俯仰机构由一台250kW的交流电动机驱动,俯仰电动机与小车电动机共用一个驱动器驱动,采用"先到先服务"原则。电动机额定电压500V,电流为341A,额定转速1519r/min。运行一个单程为不低于6min。

(四)系统功能描述

1.驱动器的运行

正常情况下,由操作人员在驾驶室操纵主令手柄来驱动起升小车和大车。俯仰的操纵则可以在驾驶室或俯仰室中来进行,另外地面也可以进行大车的操作。它们启动和停止时所采用的加减速度由驱动器控制,称为线性曲线功能(RAMP FUNCTION)。

除了上述提到的人为控制,某些限位、重量传感器、驱动器的自身保护以及急停开关等都会引起停车。本系统针对各种实际情况,采取下列相应的停车措施:

(1)正常停车

在操作人员正常操作下释放手柄、机构到达正常停车区域等情况下,系统所采用的停车方式。减速时间可根据需要设定,制动器在接近零速度时抱闸,此速度也可以现场设定。

(2)快速停车

起升重量传感器丢失、大车电缆卷筒故障以及挂舱发生时,系统采取快速停车。利用驱动器产生最大的制动转矩来停车。根据制动器抱闸时的速度又分为快速停车#1和#2两种类型。在接近零速时制动器抱闸称为快速停车#1,在速度仍较高时制动器抱闸称为快速停车#2。

(3)紧急停车

急停按钮动作时,系统采用紧急停车。系统在关闭所有驱动器的同时,制动器抱闸,让运行的机构以最短时间制动。

(4)安全停车

类似于紧急停车,但系统只是关闭相应的驱动器,同时制动器抱闸。在减速检测故障、通信故障、极限动作、超速开关动作等情况下,系统采用安全停车。

2.位置检测

(1)概述

增量型编码器安装在电动机的一端,信号直接送到变频器。信号有两种作用,一是作为速度反馈给变频器,二是作为位置检测给PLC用。不断更换的位置检测信号从变频器传送给PLC,可换算为实际的位置信号,存储在寄存器中。从限位发出的同步信号可以清除变频器中的位置值,并赋予一个新值。这个值保存在PLC中,对应的是同步限位的具体机械位置。通常情况下在高压电断电后以及限位故障时,需要作一次同步动作。

(2) 安全检测

为确保安全,系统对位置和速度作安全检查。

在机构每次经过同步限位时,PLC对位置的实际检测值和限位的预设定位置值进行比较,如果两个值的差别超出允许值,系统安全停车并报警。

在机构每次经过减速检查限位时,PLC对实际速度进行比较,如果大于在此位置允许的最大速度,系统安全停车并报警。

(3) 检测限位的安装定位

①同步限位的安装位置应在每个装卸周期都经过的地方。起升同步限位为起升凸轮限位的一副触点,触点动作高度为下横梁上方。小车同步限位为电磁铁限位,安装在轨道的海侧横梁附近。俯仰同步限位为俯仰凸轮限位的一副触点,触点动作高度为俯仰水平附近。

②减速检查限位的安装位置应保证机构在减速失效的情况下,有足够的安全停车距离。安全停车距离通常为紧急制动距离、制动器延时距离以及PLC运行延时距离三者之和。小车海、陆侧减速检查限位安装在离极限位置6m附近,为电磁铁限位。而起升上、下减速检查限位为起升凸轮限位的两付触点,上升触点动作高度大约离地面37m处,下降触点动作高度为轨面下18m附近。

3. 智能减速

本系统采用智能减速,在小车和起升接近行程终点时可以优化操作。智能减速不设定专门的减速段,而是监测机构的位置和实际速度,再把实际速度与允许速度进行比较。如果实际速度低于允许速度,则允许机构继续以此速度运行,直到进入该速度为最大允许的区域,然后实行减速。智能减速可以缩短慢速时的运行时间,从而提高生产效率。

(五) 起升控制

1. 概况

(1) 操作站

起升动作用驾驶室联动台的主令操作手柄来操作,手柄可提供起升需要运行的方向信号以及速度信号。其中速度信号分为基数区和高速区,手柄在基数区范围内只允许起升慢速。而手柄一旦进入高速区,起升速度会迅速拉高。起升和大车共用一个四向主令手柄,前后方向控制起升动作,左右方向控制大车动作。

(2) 起升变频器

起升机构由两台交流电动机驱动,每台电动机分别有一个数字式ACA610系列变频驱动器控制。参与位置控制和速度反馈的增量编码器的数值送给变频器。变频器对起升动作进行基本控制,如速度、转矩以及制动等,它通过高速的多支路串联网与PLC控制系统通信。两个变频器为主-从关系,1号为主,控制1号电机。

起升机构与大车机构共用这两个变频器,,切换柜内接触器根据PLC控制进行切换。当对起升电机供电时,变频柜调用起升动作的有关参数。当对大车电机供电时,变频器调用大车动作的有关参数。起升和大车采用"先到先服务"原则,在一个机构速度完全为零的时候,才允许切换到另一个机构。

2. 起升位置检测限位

控制起升动作的位置限位包括有外部的限位开关(HW)和PLC控制中位置检测系统产

生的内部联锁信号(SW)。

(1)上升极限限位(HW)

为机械重锤限位,安装在小车架上,距地面约40.8m处。限位的常闭触点控制一个中间继电器,继电器的触点被串入安全停车回路。触发限位会引起系统的安全停车。利用电气房控制柜上的"极限旁路"钥匙开关,可以让起升退出极限位置。

(2)上升停止(SW)

为程序内部联锁信号。距离地面约40m处,位置检测系统产生上升停止信号。控制系统得到此信号后正常停车。

(3)上升减速检查限位(HW)

凸轮限位的一副常闭触点,在检查点以下时闭合。在距离地面约39m处,触点打开。控制系统得到此信号后,比较实际速度与最大允许速度,如果实际速度超出最大允许速度,系统安全停车。

(4)上升减速(SW)

为程序内部联锁信号。当起升全速上升时,在距离地面约36m处,位置检测系统产生减速信号。而起升以低于全速上升时,减速信号的产生位置与速度大小有关。速度越小,信号产生的位置离地面越高。上升减速为智能减速,最终速度为10%。

(5)同步限位(HW)

为凸轮限位的一副常开触点,在同步点以下时触点断开,在距离地面约10m处触点闭合。控制系统得到此信号后,对实际位置进行比较判断,如果差值超出允许值,系统安全停车。在同步丢失以后,让起升从下往上经过此限位触点,系统自动完成同步。

(6)横梁处下降减速(SW)

为程序内部联锁信号,用于下横梁的保护。根据起升的下降速度不同,此信号的产生位置也有所不同。此信号的产生和小车的位置也有关系,如果小车不往海侧或陆侧横梁附近,系统不产生此联锁信号。横梁处下降减速为智能减速。

(7)陆侧下降减速(SW)

为程序内部联锁信号。操作人员可以根据操作习惯现场设定陆侧减速的高度。根据操作人员的现场设定和起升下降的速度的不同,此信号的产生位置也有所不同。陆侧下降减速为智能减速,最终速度为10%。

(8)海侧下降减速(SW)

为程序内部联锁信号。当起升全速下降时,在轨道面以下约18m,位置检测系统产生减速信号。而起升以低于全速下降时,减速信号的产生位置根据速度大小变化。下降减速为智能减速,最终速度为10%。

(9)海侧下降减速检查限位(HW)

凸轮限位的一副常闭触点。在轨道面约18m以下,触点打开。控制系统得到此信号后,比较实际速度与最大允许速度,如果实际速度超出最大允许速度,系统安全停车。

(10)海侧下降停止(SW)

为程序内部联锁信号。在轨道面以下约20m,位置检测系统产生下降停止信号。控制系统得到此信号后正常停车。

(11)海侧下降停止限位(HW)

凸轮限位的一副常闭触点。在轨道面约20m以下,触点打开。

3.起升联锁

除了位置限位,另有一些联锁信号参与了起升控制。

(1)超速开关

起升超速开关安装在起升卷筒的一端。开关的常闭触点控制一个中间继电器,继电器的触点被串入安全停车回路。如果起升的实际速度达到最大额定速度的115%,超速开关动作,系统安全停车。

(2)制动器限位

起升制动器包括有两个盘式应急制动器和两个推杆制动器,每个制动器都有释放限位监测它的动作情况,限位信号反馈给PLC系统。限位信号都为常开触。触点在限位动作后闭合。PLC系统控制盘式应急制动器的动作,变频器通过接触器控制推杆制动器的动作,接触器的动作信号再反馈给变频器。如果制动器的释放限位信号或接触器的反馈信号与制动器的实际动作命令不符,系统立即执行安全停车。在制动器限位释放信号回复之前,起升动作被禁止。

(3)电动机过温保护

起升电动机具有温度报警和高温故障两种过温保护。每个电动机装有一个PT100测温传感器,传感器的模拟量输出传送给PLC系统,在CMMS上可以显示电动机当前的温度。根据实际设定,电动机的温度达到某一个值的时候,系统产生温度报警信号,但不中断系统运行。电动机的温度继续上升,达到另一个更高的设定值的时候,系统产生高温故障,中断起升运行。在高温故障消除之前,起升动作被禁止。

(4)电机风机

起升每个电动机都带有自冷风机,风机由PLC系统控制。当"控制合"的时候,系统启动风扇;当"控制关断"的时候,系统关闭风扇。风扇开关动作的反馈信号丢失时,系统中断起升操作。

(5)称重系统

称重系统对起升提供松绳和过载保护,在CMMS和驾驶室仪表盘上提供起升重量数据。在前大梁起升钢丝绳的四个滑轮下,都安装有销轴式重量传感器,分别用于检测四根钢丝上拉力。传感器输出4~20mA的模拟量给PLC系统,经过内部换算,转化为钢丝绳的负载重量。

起升过载保护包括单根钢丝绳上的负载保护、左右两边的偏载保护以及起升两个重量传感器过载的保护。每根钢丝绳所承受的负荷不允许超过设定值,左边两根钢丝绳上的负载与右边两根钢丝绳的负载的偏差不允许超出设定值,四根钢丝绳上的负载总和不允许超出设定值。任何一个值超出设定值,起升上升动作被禁止,只允许起升慢速下降。

由重量传感器发出的起升松绳信号分为左、右松绳。左边或右边两个重量传感器检测到的值小于程序中的设定值,系统发出起升松绳信号。松绳发生时,起升下降动作被禁止。如果需要操作人员可以使用驾驶室的旁路开关继续向下操作起升,但此时的起升速度限制为慢速。

(6)其他

影响起升动作的其他一些因素还包括有前大梁的位置、吊具等。吊具对起升动作的影响,在吊具项中另有详细的描述。只有前大梁在水平位置或安全钩已进钩的情况下,系统才允许起升动作。前大梁的位置信号一旦丢失,系统对起升动作采取安全停车。在信号得到之前,起升动作被禁止。起升在安全钩进钩的情况下,为正常操作速度。

(六)小车控制

1. 概述

(1)操作站

小车动作用驾驶室联动台的主令操作手柄来控制,手柄可提供小车需要运行的方向信号以及速度信号。其中速度信号分为基数区和高速区,手柄在基数区内只允许慢速起升。而手柄一旦进入高速区,小车速度会迅速拉高。

(2)小车变频器

小车机构由一台交流电动机驱动,数字式 ACA610 系列变频驱动器控制电动机的运行。参与位置控制和速度反馈的增量编码器的数值送给变频器。变频器对小车动作进行基本控制,如速度、转矩以及制动等,它通过高速的多支路串联网与 PLC 控制系统通信。小车机构与俯仰机构共用这个变频柜,切换柜内接触器根据 PLC 控制进行。当对小车电机供电时,变频柜调用小车动作的有关参数。当对俯仰电机供电时,变频器调用俯仰动作的有关参数。小车和俯仰采用"先到先服务"原则,在一个机构速度完全为零的时候,才允许切换到另一个机构。

2. 小车位置检测限位

控制小车动作的位置限位包括有外部的限位开关(HW)和 PLC 控制中位置检测系统产生的内部联锁信号(SW)。限位的位置确定以海侧轨道处为零点,海侧轨道的海侧面为正位置,陆侧面为负位置。

(1)海侧极限限位(HW)

为机械限位,安装在前大梁约 65.3m 处。限位的常闭触点控制一个中间继电器,继电器的触点被串入安全停车回路。

触发限位会引起系统的安全停车。利用电气房控制柜上的"极限旁路"钥匙开关,可以让小车往陆侧退出极限位置。

(2)海侧停止(HW/SW)

为机械限位,安装在前大梁约 65m 处。限位的常闭触点控制一个中间继电器,继电器的触点被串入正常停车回路。

为程序内部联锁信号。在大约 60.1m 处,位置检测系统产生海侧停止信号。控制系统得到此信号后正常停车。

(3)侧减速检查限位(HW)

为电磁铁限位,安装在前大梁约 59m 处。小车在检查点陆侧面时,触点闭合。小车从陆侧往海侧经过该限位时,触点打开。控制系统得到此信号后,比较实际速度与最大允许速度,如果实际速度超出最大允许速度,系统安全停车。

(4)海侧减速(SW)

为程序内部联锁信号。当小车全速向海侧运行时,在大约55m处,位置检测系统产生减速信号。而小车低于全速向海侧运行时,减速信号的产生位置与速度大小有关。海侧减速为智能减速,最终速度为10%。

(5)同步限位(HW)

为电磁铁限位,安装在约-9m处。小车在检查点陆侧面时,触点断开。小车从陆侧经过该限位时,触点闭合。控制系统得到限位动作信号后,对实际位置进行比较判断,如果差值超出允许值,系统安全停车。在同步丢失以后,让小车从陆侧往海侧经过此限位,系统自动完成同步。

(6)横梁减速(SW)

为程序内部联锁信号,用于下横梁的保护。信号的产生和吊具的高度有关,如果吊具高度离地面高于8m,系统不产生该联锁信号。如果吊具高度在8m以下,那么从陆侧往海侧运行时,小车在横梁陆侧面约3m处开始智能减速。而从海侧柱陆侧运行时,小车在横梁海侧面约3m处开始智能减速。

(7)停车限位(HW)

为接近限位。在半自动运行时,停车限位用于控制小车的停车位置。小车在停车位置时,限位触点闭合。

(8)陆侧减速(SW)

为程序内部联锁信号。当小车全速向陆侧运行时,在大约-34m处,位置检测系统产生减速信号。而小车低于全速向陆侧运行时,减速信号的产生位置与速度大小有关。陆侧减速为智能减速,最终速度为10%。

(9)陆侧减速检查限位(HW)

为电磁铁限位,安装在约-47m处。小车在检查点海侧面时,触点闭合。小车从海侧往陆侧经过该限位时,触点打开。控制系统得到此信号后,比较实际速度与最大允许速度,如果实际速度超出最大允许速度,系统安全停车。

(10)陆侧停止(HW/SW)

为机械限位,安装在约-53m处。限位的常闭触点控制一个中间继电器,继电器的触点被串入正常停车回路。

为程序内部联锁信号。在大约-53.1m处,位置检测系统产生海侧停止信号。控制系统得到此信号后正常停车。

(11)陆侧极限限位(HW)

为机械限位,安装在约-53.3m处。限位的常闭触点控制一个中间继电器,继电器的触点被串入安全停车回路。

触发限位会引起系统的安全停车。利用电气房控制柜上的"极限旁路"钥匙开关,可以让小车往海侧运行,退出极限位置。

3.小车联锁

除了位置限位,另有一些联锁信号参与了小车控制。

(1)通道门限位

扶梯上的驾驶员通道和驾驶室的自身通道上,都安装有门限位,用于监测通道门的关闭情况。在通道门关闭的情况下，限位触点闭合。任一扇门打开，系统都将中断小车运行。在门关好之间，小车动作被禁止。

在通道门打开的情况下，操作人员也可以使用驾驶室联动台上的总旁路开关慢速操作小车。

（2）制动器限位

小车电机制动器为一个推杆制动器，制动器设有释放限位监测它的动作情况，限位信号反馈给PLC系统。推杆制动器限位信号为常开触点，触点在限位动作后闭合，变频器通过接触器控制推杆制动器的动作，接触器的动作信号再反馈给变频器。

如果制动器的释放限位信号或接触器的反馈信号与制动器的实际动作命令不符，系统立即持行安全停车。在制动器限位释放信号回复之前，小车动作被禁止。

（3）电动机过温保护

小车电动机具有温度报警和高温故障两种过温保护。

电动机的测温元件为两个 Klixon 系列温度继电器，温度继电器带有常闭触点、触点信号送给PLC控制系统。当电动机的温度达到某一个值的时候，一个温度继电器动作，常闭触点打开，系统得到温度报警信号，但不中断系统运行。电动机的温度继续上升，达到另一个更高值的时候，令一个温度继电器动作，常闭触点打开，系统得到高温故障，中断小车运行。在高温故障消除之前，小车动作被禁止。

（4）小车及托架钢丝绳张紧

后大梁小车和托架钢丝绳张紧装置，用于保证小车运行时，小车和托架钢丝绳的张力。小车钢丝绳和托架钢丝绳都有两个张紧油缸，每个油缸设两个限位开关，分别为过紧和过松限位。正常工作情况下，限位触点闭合。另小车和托架各有一个压力开关，用于检测油缸压力情况。正常工作情况下，压力开关触点闭合。任何一个限位开关或压力开关动作，系统都中断小车的运行。在限位开关或压力开关触点闭合之间，小车动作被禁止。

（5）其他

前大梁的位置信号对小车运行构成内部联锁信号。

只有前大梁在水平位置或安全钩已进钩的情况下，系统才允许小车动作。前大梁的位置信号一旦丢失，系统对小车动作采取安全停车。在信号得到之前，小车动作被禁止。小车在安全钩进钩的情况下，被限制为慢速操作。

（七）大车控制

1．概况

（1）操作站

大车动作可以用驾驶室联动台的主令操作手柄来操作，也可以通过地面大车操作站来控制。驾驶室手柄提供大车需要运行的方向信号以及速度信号，在驾驶室操作大车时，大车速度可以到达全速。而通过地面操作的按钮来控制大车时，大车的最高速度只能达到全速的一半。另外，在驾驶室和地面操作站都有控制大车点动的开关。在驾驶室，大车用一个二位主令手柄，左右方向控制大车动作。

（2）大车变频器

大车机构由16台交流电动机驱动，所有的电动共用一个数字式ACA610系列变频驱动器控制。大车的增量型编码器安装在其中一个电动机上,数值送给变频器,作为速度反馈信号。变频器对大车动作进行基本控制,如速度、转矩以及制动等,它通过高速的多支路串联网与PLC控制系统通信。

大车机构与起升机构共用两个变频器,但在应急工作情况下,只有一个变频器控制大车机构,另外一个下参与控制。操作人员可以通过电气房的选择开关来选择是使用1号驱动器还是2号驱动器来控制大车动作。切换柜内接触器根据PLC控制来接通大车电动机或起升电动机。当对大车电机供电时,变频器调用大车动作的有关参数。当对起升电机供电时,变频柜调用起升动作的有关参数。大车和起升采用"先到先服务"原则,在一个机构速度完全为零的时候,才允许切换到另一个机构。

2.大车联锁

(1)制动器限位

每个大车电机制动器都有一个推杆制动器,制动器设有释放限位监测它的动作情况,限位信号反馈给PLC系统。推杆制动器限位信号为常闭触点,变频器通过接触器控制推杆制动器的动作,接触器的动作信号再反馈给变频器。

如果接触器的反馈信号与实际动作命令不符,系统立即安全停车。如果制动器的释放限位信号与制动器的实际动作命令不符,系统只是给出报警信号,并不中断大车运行。

(2)电动机过温保护

大车电动机具有温度报警和高温故障两种过温保护。

电动机的测温元件为两个Klixon系列温度继电器,温度继电器带有常闭触点,触点信号送给PLC控制系统。当电动机的温度达到某一个值的时候,一个温度继电器动作,常闭触点打开,系统得到温度报警信号,但不中断系统运行。电动机的温度继续上升,达到另一个更高值的时候,令一个温度继电器动作,常闭触点打开,系统得到高温故障,中断大车运行。在高温故障消除之前,大车动作被禁止。

(3)大车锚定装置

大车锚定装置安装在行走的海陆侧,锚定限位用于检测装置的动作情况。在锚定状态,限位触点断开。锚定释放时,限位触点闭合。系统得到锚定限位触点闭合信号,才允许大车运行。在限位信号丢失的情况下,系统中断大车运行。

(4)大车夹轮器和顶轨器

海陆侧大车夹轮器和顶轨器分别由各自的液压站控制,两侧各有八个夹轮装置,每个装置都设有检测限位。在夹轮状态,限位触点断开。松轮时,限位触点闭合。系统得到松轮限位闭合信号,才允许大车运行。在限位信号丢失的情况下,系统中断大车运行。

操作人员可以在驾驶室或地面操作站通过"松轮"与"夹轮"按钮操作夹轮装置,也可以直接利用大车主令手柄来操作。

(5)风速

本机风速仪安装在梯形架上,风速仪的模拟量输出传送给PLC系统,在CMMS上可以显示当前风速。

系统根据风速的大小,对大车运行提供大风报警和大风故障两种保护。根据实际设定,风速达到16m/s的时候,系统产生大风报警信号,启动大风报警喇叭,但不中断大车运行。

在风速低于16m/s后,大风报警信号自动消除。如果风速持续在16m/s以上,但低于20m/s,可以通过故障复位继续大车运行。如果风速达到20m/s,系统将产生大风故障信号,中断大车运行。

系统产生大风故障信号时,如果大车不在锚定位置,操作人员人员可以在驾驶室通过"总旁路"开关来继续慢速操作大车,把大车固定在锚定位置。

(6)大车减速和停止限位

大车海侧行走的左右两边各装有一个减速限位和一个停止限位。减速限位采用了红外线感应限位,停止限位为机械限位,限位触点都为常闭触点。系统在得到某个减速限位触点断开的信号后,限制大车在此方向的速度为最大速度的10%。系统在得到某个停止限位触点断开的信号后,停止大车在此方向的运行。

(7)防撞船

在前大梁设有防撞船装置,防止大车运行当中,前大梁与船上的物件相撞。防撞船装置安装在前大梁,从前大梁端部左右两边各引出一个钢丝绳,钢丝绳一直延伸到大梁铰点附近,压住机械限位开关的撞柄。如果钢丝绳碰上船上的物件,机械限位开关的撞柄就会松开,开关的触点从闭合状态改为断开。限位信号的丢失引起系统安全停车,在得到限位信号之前,大车运行被禁止。

在发生撞船之后,操作人员可以利用电气房的"极限旁路"开关来反向操作大车,退出撞船位置。

(8)大车电缆卷筒

高压电缆通过导缆架引上本机,通过电缆卷筒与滑环箱连接。

导缆架设有大车左向、大车右向、大车左向过紧以及大车右向过紧限位,用于提供给控制系统有关大车的方向信号(高压坑的左边或者右边)和高压电缆所受的张力信号。电缆卷筒设有凸轮限位,两副触点可以提供系统电缆过高压坑和电缆卷空位置信号。

当大车处于高压坑的左侧时,大车左向限位触点闭合,反之大车右向限位触点闭合。系统在丢失大车方向限位的情况下,中断大车运行。在大车经过高压坑时,控制系统在得到电缆卷筒凸轮限位的电缆过高压坑的触点闭合信号后,允许大车左向或大车右向限位触点断开,但大车行走速度被限制为10%。在大车经过高压坑后,控制系统在得到大车左向或大车右向限位触点闭合信号后恢复大车行走的正常速度。

在正常工作情况下,大车左向过紧,大车右向过紧和大车电缆卷空三个限位触点都为闭合状态,系统在丢失某个限位信号时快速停车,此时操作人员可以反向操作大车行走。

(9)其他

前大梁的位置信号对大车运行构成内部联锁信号。

只有前大梁在水平位置或大于60°角的情况下,系统才允许大车动作。前大梁的位置信号一旦丢失,系统停止大车运行。在信号得到之前,大车动作被禁止。

(八)俯仰控制

1.概述

(1)操作站

俯仰动作可以在俯仰操作室进行操作,也可以通过驾驶室的辅助操作站来控制。俯仰室操作站和驾驶室辅助操作站都有"俯仰上升"、"俯仰下降"和"俯仰停止"按钮来自动操作俯仰动作,在俯仰室的操作站可以通过"自动/手动"方式来选择是自动操作俯仰还是手动操作。

在俯仰室操作,前大梁的最大仰起角度为80°,可以让安全钩进钩。在驾驶室操作俯仰,前大梁的最大仰起角度为60°。

(2)俯仰变频器

俯仰机构由一台交流电动机驱动,数字式 ACA610 系列变频驱动器控制电动机的运行。参与位置控制和速度反馈的增量编码器的数值送给变频器。变频器对俯仰动作进行基本控制,如速度、转矩以及制动等,它通过高速的多支路串联网与 PLC 控制系统通信。俯仰机构与小车机构共用这个变频柜,切换柜内接触器根据 PLC 控制进行。当对俯仰电机供电时,变频柜调用俯仰动作的有关参数。当对小车电机供电时,变频器调用小车动作的有关参数。俯仰和小车主采用"先到先服务"原则,在一个机构速度完全为零的时候,才允许切换到另一个机构。

2.俯仰位置检测限位

控制俯仰动作的位置限位包括有外部的限位开关(HW)和 PLC 控制中位置检测系统产生的内部联锁信号(SW),限位的位置确定:前大梁在水平位置时为0°。

(1)上升极限限位(HW)

为机械限位,安装在梯形架上。限位的常闭触点控制一个中间继电器,继电器的触点被串入安全停车回路。

触发限位会引起系统的安全停车。利用电气房控制柜上的"极限旁路"钥匙开关,可以让俯仰往下退出极限位置。

(2)上升停止限位(HW)

为机械限位,安装在梯形架上。前大梁角度在大约80°以下时,限位触点闭合,而前大梁角度达到大约80°时,限位触点断开。在手动操作俯仰情况下,控制系统得到此信号后正常停车。在自动操作俯仰俯仰上升情况下,控制系统得到此信号后,停止大梁上升动作,等安全钩放下后,大梁下降,直至大梁完全进钩后停止动作。在自动操作俯仰俯仰下降情况下,控制系统得到此信号后,停止大梁上升动作,抬起安全钩,大梁下降。

(3)上升减速(HW)

凸轮限位的一副常闭触点,在检查点以下时闭合。前梁在上升至大约78°时,触点打开。控制系统得到此信号后,限制俯仰的上升速度为10%。

(4)60°上升停止限位(HW)

在驾驶室操作俯仰时,前大梁的上升停止限位,为凸轮限位的一副常闭触点,在检查点以下时闭合。前大梁在上升至大约60°时,触点打开。控制系统得到驾驶室操作俯仰的信号和该限位动作信号时,正常停止前大梁的上升动作。

(5)上升全速运行允许(SW)

为程序内部联锁信号。在前大梁上升过程中,当上升到大约5°时,系统允许俯仰全速上升。

(6)下降全速运行允许(SW)

为程序内部联锁信号。在前大梁下降过程中,当下降到大约75°时,系统允许俯仰全速下降。

(7)下降减速(HW)

凸轮限位的一副常闭触点,在检查点以上时闭合。在前大梁下降至约2°时,触点打开。控制系统得到此信号后,限制俯仰的下降速度为10%。

(8)下降停止限位/同步限位(HW)

凸轮限位的一副常闭触点,前大梁在水平位置以上时闭合。前大梁在下降中得到该限位触点闭合信号后,正常停车。

同时该限位触点还被用作俯仰位置同步检测信号。

3.俯仰联锁

除了位置限位,另有一些联锁信号参与了俯仰控制。

(1)超速开关

俯仰超速开关安装在俯仰卷筒的一端。开关的常闭触点控制一个中间继电器,继电器的触点被串入安全停车回路。如果俯仰的实际速度达到最大额定速度的115%。超速开关动作,系统安全停车。

(2)制动器限位

俯仰制动器包括有两个盘式应急制动器和一个推杆制动器,每个制动器都有释放限位监测它的动作情况,限位信号反馈给PLC系统。限位信号都为常开触点,触点在限位动作后闭合。

PLC系统控制盘式应急制动器的动作,变频器通过接触器控制推杆制动器的动作,接触器的动作信号再反馈给变频器。

如果制动器的释放限位信号或接触器的反馈信号与制动器的实际动作命令不符,系统立即执行安全停车。在制动器限位释放信号回复之前,俯仰动作被禁止。

(3)电动机过温保护

电动机的测温元件为两个Klixon系列温度继电器,温度继电器带有常闭触点,触点信号送给PLC控制系统。当电动机的温度达到某一个值的时候,一个温度继电器动作,常闭触点打开,系统得到温度报警信号,但不中断系统运行。电动机的温度继续上升,达到另一个更高值的时候,令一个温度继电器动作,常闭触点打开,系统得到高温故障,中断俯仰运行。在高温故障消除之前,俯仰动作被禁止。

俯仰电动机具有温度报警和高温故障两种过温保护。

(4)小车停车位置

本机只有小车在停车位置时,才允许俯仰操作。小车停车位置信号由安装在小车轨道旁的接近限位提供,限位触点闭合时表明小车在停车位置。系统在丢失该限位信号时,停止俯仰允许。在得到限位信号之前,俯仰动作被禁止。

(5)俯仰松绳

本机梯形架上,安装有两个机械限位,用于检测俯仰钢丝绳的松弛情况。正常情况下,限位触点闭合。当俯仰钢丝绳松弛时,限位触点断开。系统得到任一个限位触点断开信号时,停止俯仰运行。在得到限位信号之前,系统禁止俯仰下降操作,俯仰上升动作被限制为慢速。

(6)安全钩

梯形架上的安全钩由液压推杆带动,每个安全钩设有一个抬钩限位和一个进钩限位。在俯仰自动上升模式下,当前大梁上升到减速高度时,安全钩抬起,抬钩限位触点闭合。此时,如果系统检测不到抬钩信号,就停止俯仰上升动作。在系统得到抬钩信号之前,俯仰上升动作被禁止。前大梁上升到停止位置后,安全钩落下,前大梁下降,直至大梁完全进钩后停止动作,此时进钩限位触点闭合。在俯仰从进钩位置开始下降的情况下,前大梁首先上升至停止位置,安全钩抬起,进钩限位触点断开,抬钩限位触点闭合,然后前大梁开始下降,到下降至大约75°时,安全钩落下,前大梁开始全速下降。

(7)小车及托架钢丝绳张紧系统

在俯仰运行过程中,要求小车和托架钢丝绳松弛。小车和托架的张紧油缸电磁阀得电,钢丝绳松弛。如果控制系统张紧装置的故障信号,将停止俯仰运行。在张紧系统恢复正常之前,俯仰运行被禁止。

(九)吊具

1.概要

本机配有一个双箱吊具。吊具有自动定位功能(APS),自动双箱检测功能(TTDS),它的中锁可以移动且设有中锁记忆功能(MPS)。吊具的功能通过驾驶室联动台的操作装置进行控制。

2.起升操作模式

起升操作有两种模式:吊具模式和吊钩梁模式。当上架锁住吊具,吊具电缆被连接到吊具上时,处于吊具模式。当上架锁住吊钩梁,吊具电缆回插至上架时,处于吊钩梁模式。操作人员可以根据需要,在驾驶室选择使用吊具模式还是吊钩梁模式。

(1)吊钩梁模式

操作人员选择吊钩梁模式时,上架转销限位必须接通,上架上的吊具电缆回插限位也要接通,否则起升无动作。在吊钩梁模式下,起升动作情况如下:最大起升速度限为50%,转销允许被旁路。

(2)吊具模式

操作人员选择吊具模式时,上架转销限位必须接通,吊具电缆回插连接限位也要接通,否则起升无动作。在吊具模式下,所有起升功能正常。根据需要起吊的物件,在吊具模式下,又分为集装箱模式和舱盖板模式。在集装箱模式下,起升动作在陆侧的下降允许高度为2.5m左右,而在舱盖板模式下,为1m左右。

3.吊具操作

(1)吊具泵

在一般操作调节下,吊具泵通过驾驶室辅助操作站的"吊具油泵合"与"吊具油泵关断"按钮来控制。在合上控制以后,点动"吊具油泵合"按钮可以启动吊具泵,点动"吊车油泵关断"按钮来中止油泵运行。吊具泵遇到以下几种情况自动停止运行:

①控制电源断开。

②急停起动。

③吊具电缆断开。

④泵起动开关辅助触点在接到命令后1.5s内不闭合。

⑤上架和吊具的连接限位断开。

只有上述条件都满足后,吊具泵才能运行,当泵停止时,所有控制吊具的输出无效,且所有电磁阀失电。

(2) 导板控制

吊具每个角上都有一导板,共四块。帮助驾驶员对箱。导板的升起和放下,利用驾驶室联动台上的选择开关和操作按钮来控制。如果吊具泵已打开,操作导板下降或上升按钮,那么被选中的导板的下降或上升电磁阀得电,导板动作。

(3) 吊具位置控制

吊具可以处理不同规格的集装箱,包括20/40/45ft。在驾驶室联动台三个按钮开关,分别用来选择吊具20/40/45ft位置。吊具利用编码器来检测吊具的位置,当吊具动作到设定位置时,吊具控制系统发出位置信号。在伸缩吊具时,必须满足以下条件:

①吊具液压泵开。

②吊具转销在开锁位置。

③吊具没有着箱。

④有20/40/45ft中某一个位置信号。

(4) 着箱限位

在吊具四角有四个感应限位,当转销完全伸入集装箱锁孔中时,限位触点闭合,指示吊具已着箱。限位信号被用作转销操作和吊具尺寸改变的联锁条件,在吊具着箱的情况下,系统允许吊具转销,禁止改变吊具尺寸。

(5) 开闭锁操作

转销装在4个角上,用来锁住或放掉集装箱。

①开闭锁操作命令

转销利用驾驶室联动台上的按钮开关来操作。在进行开闭锁操作之间,吊具油泵应已被启动,另外,还要有吊具着箱信号和起升松绳信号,表明4个转销都已进入锁销孔内,否则开闭锁命令无效。

②开闭锁位置指示

每个转销的位置由一个开锁感应限位和闭锁感应限位来检测。转销处于开锁位置时,开锁限位闭合,反之闭锁限位闭合。

③开闭锁位置信号对起升动作的影响

桥吊控制系统在丢失开闭锁限位时,停止起升运行。在得到开闭锁信号之前,起升动作被禁止。操作人员也可以利用驾驶室的"吊具故障旁路"开关来慢速操作起升。

(6) 双箱功能

操作人员在起吊2个20ft的集装箱的情况下,先将吊具伸到40ft,任何使用中锁下降按钮开关,放下中锁,然后可以进行双箱操作了。

每个中锁设有上升位置和下降位置两个感应限位来检测中锁的位置,当中锁处于下降位置的时候,系统允许中锁间距伸缩。在起吊单箱时,吊具系统禁止中锁操作。操作人员还可以根据需要,自行设定两个需要记忆的中锁间距。

(7)前后倾/左右倾/回旋功能

吊具前后/左右倾和回旋功能依靠安装在大梁端部的三根机械丝杆来实现,每根丝杆由一个电动机驱动。每个电动机端部设有一个绝对位置编码器,用来检测丝杆的移动位置。所有丝杆的左右两端都安装了终点限位,用于限制丝杆的行程。正常情况下,丝杆的左右移动停止位置依靠编码器来确定。

本机吊具倾转和回旋的允许角度都为±5°,但左右倾为±3°在CMMS窗口中可以随时读取到吊具所处的角度。

操作人员可以根据需要自行设置一个特定的吊具角度,在需要的时候让吊具自动回到已设定的角度位置。系统还提供了一个按钮开关,操作人员按一下开关,吊具自动回到零位位置。

(十)起重机管理系统(CMMS)说明

计算机 Windows 2000 操作系统下,开机可自动进入 CMMS 系统。CMMS 通过图解和文字,能显示起重机当前状态的众多信息。在 CMMS 主菜单上,简单地点击各类指定项,就能进入下一个子系统,每个系统画面的底部都有一个标准的工具栏,能进行画面之间的切换,并能在当前画面中,通过工具栏图标颜色的变化来监视其他子系统状态正常与否。

功能的简单叙述如下:

(1)主菜单概括了起重机最主要的一些参数及故障情况。底部的工具栏还能进入各个子系统,包括了当前各机构的状态监视,故障一览及故障帮助,驱动器信息,PLC 系统等。

(2)进入起重机监视画面后,显示桥吊动画模型,能直观地监视运行位置及其他重要参数,并通过工具栏图标进入下一级系统,它们分别是起升、大车、小车、俯仰、吊具、通信、急停等画面,并能再从各个画面进入更详细的状态监视。

(3)进入故障一览画面后,能观察当前和历史的故障情况,通过故障分析帮助键获得该故障可能引起的原因和排除途径。通过打印键能打印出详细清单。

(4)PLC 功能。从这个工具栏也能进入 PLC 软件系统。

任务五　操作岸边集装箱装卸桥

一、小车驾驶室操作按钮说明

小车驾驶室是岸边集装箱岸桥驾驶员操作的主要工作场所。主要包括联动台(左、右)、常用指示灯排、照明灯及吊具油泵操作盘三个指示或操作部分组成。

(一)联动台

联动台分左右两个部分。用于驾驶员操作的主要由两个主令手柄、按钮及指示灯、液晶显示屏组成。

1.左联动台

左联动台的构成如(图 2-51)所示。

(1) 主令手柄

小车主令手柄向前推小车向前运行,向后则反之。小车主令手柄上附有按钮,如图2-52所示。按下红色按钮(按钮2),吊具导板放下。按下绿色按钮(按钮1),吊具导板收起。按住减速按钮(按钮3),小车制动器被打开,推动小车主令手柄,小车进行低速运行。黑色按钮(按钮4)为电笛开关按钮。

图2-51 左联动台

1-小车主令手柄;2-吊具前/后/左/右倾选择操纵杆;3-导板选择操纵杆;4-吊具旋转方向选择开关;5-倾转零位灯按钮;6-倾转位置设定灯按钮;7-小车停车位置灯按钮;8-备用位置;9-吊具中锁位置调整选择开关;10-全车限位旁路按钮;11-陆侧下减速设置灯按钮;12-单/双箱作业选择开关;13-20ft灯按钮;14-40ft灯按钮;15-45ft灯按钮;16-吊具中锁位置设定灯按钮;17-中锁位置1灯按钮;18-中锁位置2灯按钮;19-吊具旁路钥匙开关;20-吊具中锁下降指示灯;21-吊具中锁上升指示灯

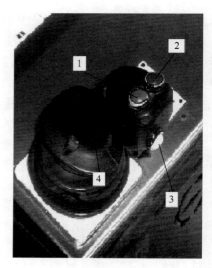

图2-52 主令手柄

1-绿色按钮;2-红色按钮;3-减速按钮;4-黑色按钮

(2) 吊具前/后/左/右倾选择操纵杆

此操纵杆为自动回零位操纵杆,向前/后/左/右方向拨动操纵杆,则吊具向相应方向倾斜,最大倾斜角度为5°。

(3) 导板选择操纵杆

此操纵杆为非自动回零位操纵杆,操纵杆向前/后/左/右方向推动,选择海侧/陆侧/左侧/右侧吊具导板,按动小车主令手柄上的(按钮2),所选择的导板放下。此操纵杆在中间

位置,按动小车主令手柄上(按钮2),则全部导板

(4)吊具旋转方向选择开关

此开关为自动归零位选择开关。向左/右拨动此开关,则吊具向相应方向旋转。最大旋转角度为5°。

(5)倾转零位灯按钮

按动后此灯按钮开始闪烁,完全点亮后吊具回到水平位置。

(6)倾转位置设定灯按钮

在操作"倾转选择"或"吊具回旋"开关的同时,若按一下"倾转设定"按钮,此时的吊具倾斜角度被记忆。以后直接点动"倾转设定"按钮,就可以让吊具获得被设定的倾斜角度。

(7)小车停车位置灯按钮

按下"小车停车位置"带灯按钮,小车就根据所处的位置,自动向前或向后运行,回到停车位置,运行中速度为全速的40%,小车到位后,指示灯一直被点亮。

(8)备用

(9)吊具中锁位置调整选择开关

此开关为自动归零位选择开关。当吊具中锁放下后,拨动此开关分开/合并,吊具中锁做出相应的动作。

(10)限位旁路按钮

按下此按钮,控制电路在被执行时绕过小车,大车,起升,俯仰部分限位开关。

(11)陆侧下减速设置灯按钮

驾驶员可以根据自己的操作习惯,在需要起升下降减速的高度时点动此开关,设定减速高度,此时指示灯被点亮。如果已进入设定的高度,指示灯会闪烁,连续按住按钮3s以上,起升下降减速被取消,此时指示灯灭。

(12)单/双箱作业选择开关

此开关为非自动归零选择开关。拨动此开关选择吊具中锁放下或收起。

(13)20ft 灯按钮

在吊具单箱操作模式下,按动此按钮后,灯闪烁,吊具进行收20ft动作,到位后此灯按钮被点亮。

(14)40ft 灯按钮

在吊具单箱操作模式下,按动此按钮后,灯闪烁,吊具进行40ft动作,到位后此灯按钮被点亮。

(15)45ft 灯按钮

在吊具单箱操作模式下,按动此按钮后,灯闪烁,吊具进行45ft动作,到位后此灯按钮被点亮。

(16)吊具中锁位置设定灯按钮

(17)中锁位置1灯按钮

(18)中锁位置2灯按钮

在吊具进行双箱操作模式下,可用这三个灯按钮进行中锁位置设定记忆操作。使用吊具中锁位置调整选择开关调整中锁位置,同时按住吊具中锁位置设定灯按钮和中锁位置1灯按钮,第一个中锁位置被记忆;同时按住吊具中锁位置设定灯按钮和中锁位置2灯按钮,第二个中锁位置被记忆。在操作中如果点动中锁位置1灯按钮,则中锁到达第一个记忆位

置;如果点动中锁位置2灯按钮,则中锁到达第二个记忆位置。

(19) 吊具旁路钥匙开关

拨动此钥匙开关,吊具控制电路绕过部分限为开关运行。此开关一般用于重大件作业使用吊钩、更换吊具等需要卸下吊具的作业或吊具限位故障需要复位时使用。

(20) 吊具中锁下降指示灯

吊具中锁执行下降命令,在未到位前,此灯闪烁,中锁下降到位后,此灯被点亮。

(21) 吊具中锁上升指示灯

吊具中锁执行上升命令,在未到位前,此灯闪烁,中锁下降到位后,此灯被点亮。

2. 右联动台

右联动台构成如(图2-53)所示。

(1) 大车主令手柄(图2-54)

起升/大车主令手柄向前推吊具下降,反之吊具则上升;将该手柄向左推,大车松轨后向左行走,反之,则在大车松轨后向右行走。手柄上附有按钮,如图所示,在吊具旋锁在开锁状态下时,顶销被顶起后,点动绿色按钮(按钮1)即可实现闭锁动作;在吊具旋锁在闭锁状

图2-53 右联动台
1-起升/大车主令手柄;2-紧急停止按钮;3-液晶显示屏;4-故障复位按钮;5-控制电断开按钮;6-控制电合灯按钮;7-防摇指示灯;8-备用位置;9-大车微动操纵杆;10-大车锚定指示灯;11-大车顶轨灯按钮;12-大车松轨灯按钮;13-防摇选择开关;14-防摇校正钥匙开关;15-半自动模式选择开关;16-试灯按钮;17-俯仰挂钩指示灯;18-俯仰动作上灯按钮;19-故障报警蜂鸣器;20-备用位置;21-俯仰动作停止按钮;22-雨刮器选择开关;23-俯仰水平指示灯;24-俯仰动作下灯按钮

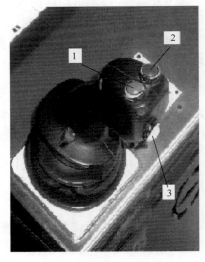

图2-54 大车主令手柄
1-绿色按钮;2-红色按钮;3-白色按钮

下时,定销被顶起后,电动红色按钮(按钮2)即可实现开锁动作。按住白色按钮(按钮3)起升制动器被打开,向前/后推动起升/大车主令手柄起升以低速运行。起升/大车手柄向左/右推动,夹轨器、压轨器开始松轨,松轨后大车向左/右移动。

(2)停止按钮

该按钮为红色,按下该按钮后,全车控制电源将被切断,所有制动器紧急制动。如要恢复,将该按钮向左旋转后自动弹出,然后重新按电源合按钮,控制电源恢复。

(3)液晶显示屏

该显示屏为触摸式液晶显示屏,用于显示全车运行情况和在进行半自动驾驶时用于变成使用。

(4)故障复位按钮

在岸桥出现某些故障时,按下此按钮可消除故障正常运行,但不是所有的故障都能用此按钮进行消除。

(5)控制电源断开按钮

点动此按钮后,小车驾驶室控制电源断开。

(6)控制电源开按钮

此按钮用于起动小车驾驶室的控制电源。该按钮为灯按钮,点动后按钮闪烁,控制电源送合后按钮灯点亮。

(7)防摇指示灯

如果此灯闪烁表明防摇正在校正中,该灯被电亮则防摇校正结束。

(8)大车微动操纵杆

该操纵杆为非自动归零位操纵杆。向左/右拨动此操纵杆,夹轨器、压轨器松轨后大车向左/右移动大约5cm。

(9)大车锚定指示灯

大车锚定板被放下后,该灯被点亮,则大车不能被运行。

(10)大车顶轨灯按钮

如果大车夹轨器、顶轨器处于松轨状态,点动此按钮大车夹轨器、顶轨器立即处于夹轨状态,而且灯按钮点亮。

(11)大车松轨灯按钮

如果大车夹轨器、顶轨器处于夹轨状态,点动此开关大车夹轨器、顶轨器开始松轨,此灯开关闪烁,松轨动作完成后此灯开关点亮。

(12)防摇选择开关

此开关为非自动归位开关。拨动此开关来选择是否使用防摇模式。

(13)防摇校正钥匙开关

如果防摇功能丢失或效果不如先前时,则需要重新做一次校正。打开"防摇校正"选择开关,运行小车与起升校正位置。小车位置在海陆侧门框之间,起升为距离地面大约2m处。在此位置处,小车和起升动作会自动停止。然后顺时针拨动一下"防摇校正"开关,系统进入校正状态,此时"防摇校正进行中"指示灯闪烁。如果指示灯熄灭,表明校正结束,关闭"防摇校正"开关,可以进行正常操作。

(14)半自动选择开关

此开关为非自动归位开关。拨动此开关选择是否进行半自动模式操作。

(15)试灯按钮

按下此按钮小车驾驶室内所有指示灯和灯按钮都被点亮,蜂鸣器鸣叫。此按钮用于判断指示灯和灯按钮内灯泡是否损坏。

(16)俯仰挂钩指示灯

当前大梁收起至80°而且安全钩挂钩完毕后,此灯被点亮。

(17)俯仰动作上灯按钮

小车位置到位后,点动此灯按钮,前大梁即开始抬起动作,此灯按钮闪烁,到60°时俯仰动作停止,此灯按钮被点亮。

(18)故障报警蜂鸣器

当出现故障时此蜂鸣器鸣叫。

(19)俯仰动作停止按钮

当在小车驾驶室控制下,俯仰处于运行状态,点动此按钮俯仰动作停止。

(20)雨刮器选择开关

此开关为非自动归位选择开关。拨动此开关打开或关闭驾驶室前方玻璃雨刮器。

(21)俯仰水平指示灯

当前大梁放下到水平状态下时,此灯被点亮。

(22)俯仰动作下灯按钮

在小车驾驶室操作模式,前大梁在不在挂钩位置时,按此按钮俯仰开始下降动作,此灯按钮闪烁,当俯仰到达水平状态时,此灯按钮被点亮。

(二)常用指示灯排(图2-55)。

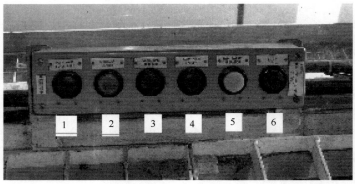

图2-55 常用指标灯排

1-主起升松绳指示灯;2-吊具着箱指示灯;3-吊具开锁指示灯;4-吊具闭锁指示灯;5-吊具双箱操作指示灯;6-故障指示灯

1.主起升松绳指示灯

当吊具着箱或着地时,钢丝绳过松时,此指示灯点亮,如果此时吊具处于着箱状态,起升停止动作。

2.吊具着箱指示灯

当吊具处于单箱或双箱状态下,当吊具顶销处于上位置,则此指示灯点亮,吊具下降减速。吊具可以进行开关锁动作。

3.吊具开锁指示灯

当吊具处于开锁状态下时,此指示灯点亮。

4.吊具闭锁指示灯

当吊具处于闭锁状态下时,此指示灯点亮。

5.吊具双箱操作指示灯

吊具中锁执行下降命令,在未到位前,此灯闪烁,中锁下降到位后,此灯被点亮。

6.故障指示灯

当岸桥部分故障出现时,此灯点亮;故障复位,此灯熄灭。

(三)照明灯及吊具油泵操作盘(图2-56)

1.主电源开关

此开关为此开关柜的主电源开关。

2.步道灯开关

点动此按钮全车阶梯及步道照明灯点亮,再次点动此按钮照明灯熄灭。

3.前大梁照明灯开关按钮

点动此按钮前大梁照明灯点亮,再次点动此按钮照明灯熄灭。

4.中/后大梁照明灯开关按钮

点动此按钮中/后大梁照明灯点亮,再次点动此按钮照明灯熄灭。

5.下横梁照明灯开关按钮

点动此按钮下横梁照明灯点亮,再次点动此按钮照明灯熄灭。

6.小车驾驶室下照明灯开关按钮

点动此按钮小车驾驶室下照明灯点亮,再次点动此按钮照明灯熄灭。

7.吊具油泵开灯按钮

在小车驾驶室控制电被送合后,点动此按钮吊具油泵电源送合。

8.吊具油泵关按钮

点动此按钮吊具油泵电源断开。

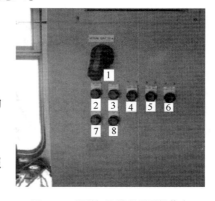

图2-56 照明灯及吊具油泵操作盘
1-主电源开关;2-步道灯开关按钮;3-前大梁照明灯开关按钮;4-中/后大梁照明灯开关按钮;5-下横梁照明灯开关按钮;6-小车驾驶室下照明灯开关按钮;7-吊具油泵开灯按钮;8-吊具油泵关按钮

二、俯仰室操作按钮说明

俯仰驾驶室在岸桥前大梁与中后大梁交接处的上方,在该驾驶室中可直接观察到俯仰运行情况,它是对岸桥俯仰机构进行操作的地方。它的操作机构由俯仰驾驶室操作盘组成,如图2-57所示。

(一)紧急停止按钮

该按钮为红色,按下该按钮后,全车控制电源将被切断,所有制动器紧急制动。如要恢复,将该按钮向左旋转后自动弹起,然后重新按电源合按钮,控制电源恢复。

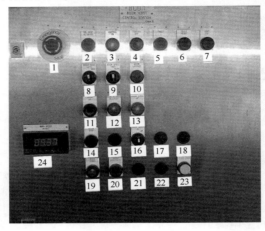

图 2-57　俯仰室操作按钮

1-紧急停止按钮;2-紧急停止指示灯;3-控制电源开按钮;4-控制电源关按钮;5-故障指示灯;6-故障复位按钮;7-试灯按钮;8-俯仰操作手动/自动选择按钮;9-俯仰运行速度快/慢选择按钮;10-俯仰挂钩指示灯;11-俯仰上按钮;12-俯仰应急制动器指示灯;13-俯仰安全钩抬起指示灯;14-俯仰动作停止按钮;15-备用位置;16-俯仰安全钩抬起/放下选择按钮;17、18-备用位置;19-俯仰下按钮;20-俯仰水平指示灯;21、22-备用位置;23-安全钩照明灯开关按钮;24-风速显示器

（二）紧急停止指示灯

当紧急停止按钮被按下后,该指示灯被点亮。

（三）控制电源开按钮

点动此按钮为灯按钮,点动此按钮俯仰驾驶室控制电源送合。

（四）控制电源关按钮

点动此按钮,驾驶室控制电源断开。

（五）故障指示灯

如果俯仰机构运行出现故障,此指示灯点亮。

（六）故障复位按钮

如果俯仰机构运行出现故障,点动此按钮可将部分故障恢复。

（七）试灯按钮

按动此按钮俯仰驾驶室操作盘上指示灯和灯按钮被点亮。此按钮用于监测指示灯和灯按钮内灯泡是否损坏。

（八）俯仰操作手动/自动选择按钮

此选择按钮为非自动归中位选择按钮。选择自动模式后,俯仰将自动抬起安全钩放下前大梁至水平或自动抬起前大梁然后挂上安全钩。选择手动模式后,所有俯仰运行将由手动操控。

（九）俯仰运行速度快/慢选择按钮

该选择按钮为非自动归位选择按钮。选择运行速度快模式,俯仰全速运行;选择慢速模式,则反之。

(十) 俯仰挂钩指示灯

当前大梁挂上安全钩后,俯仰上升动作停止,该灯被点亮。

(十一) 俯仰上按钮

在前大梁未挂安全钩状态下,点动此按钮俯仰做上升动作,灯按钮闪烁。

(十二) 俯仰应急制动器指示灯

当前大梁放下与收起时,制动器打开后该灯被点亮,否则俯仰不动作。

(十三) 俯仰安全钩抬起指示灯

当俯仰安全钩被抬起后,该灯被点亮。

(十四) 俯仰动作停止按钮

当俯仰正在动作时,点动该按钮,俯仰动作停止。

(十五) 俯仰安全钩抬起/放下选择开关

此开关为非自动归位选择按钮。在俯仰手动模式下,拨动此选择开关,选择抬起或放下安全钩。

(十六) 俯仰动作下按钮

在俯仰自动模式下,点动此按钮俯仰自动完成全套下放前大梁动作;在手动模式下,安全钩抬起后,按住此按钮俯仰下放。

(十七) 俯仰水平指示灯

当前大梁放置到水平位置时,该指示灯被点亮。

(十八) 安全钩照明灯开关按钮

在夜间作业时,安全钩需要照明,点动此按钮开/关安全钩照明灯。

(十九) 风速显示器

该显示器用来显示当前风速。

三、地面操作按钮功能说明

地面操作盘用于驾驶员在地面操作岸桥。它的主要构成如图2-58所示。

要使用岸桥地面操作站时,首先拨动站选择开关(11)到ON位置,如果此时按桥其他操作部分正在使用,则此操作站不能被使用。然后点动控制电源合按钮(6),如果出现故障则故障显示灯点亮(8),点动故障复位按钮(9),故障可复位。如果要进行大车运行,先按松轨按钮(14),松轨后按住大车运行按钮(16、17、18、19)大车向左右运行或点动运行。如果进行起升机构动作,按住起升动作按钮(20、21)即可,松开按钮起升动作结束。点动按钮(30、31)可对吊具油泵电源进行开关。

四、大机房操作按钮说明

大机房操作按钮主要在对岸桥更换钢丝绳时,或观察机械运行情况时使用。主要构成如(图 2-59)所示。

图 2-58 地面操作盘

1-主起升运行时间计数器；2-小车运行时间计数器；3-俯仰运行时间计数器；4-大车运行时间计数器；5-控制电源送合时间计数器；6-控制电源送合按钮；7-控制电源断开按钮；8-故障报警指示灯；9-故障复位按钮；10-试灯按钮；11-站选择钥匙开关；12-备用钥匙选择开关；13-大车旁路按钮；14-大车松轨按钮；15-大车紧轨按钮；16-大车左行按钮；17-大车左行点动按钮；18-大车点动右行按钮；19-大车右行按钮；20-主起升上动作按钮；21-主起升下降按钮；22、23-备用位置；24-步道照明灯按钮；25-岸桥前大梁照明灯开关按钮；26-岸桥中/后大梁照明灯开关；27-横梁照明灯开关按钮；28、29-备用位置；30-吊具油泵送合按钮；31-吊具油泵断开按钮；32-紧急停止按钮；33-作业箱量计数器

图 2-59 大机房操作按钮

1-紧急停止按钮；2-站选择钥匙开关；3-控制电源合按钮；4-控制电源断开按钮；5-故障报警灯；6-故障复位按钮；7-试灯按钮；8-总旁路按钮；9-主起升上升按钮；10-主起升下降按钮；11-小车向前按钮；12-小车向后按钮；13-俯仰动作控制选择开关；14-备用位置；15-步道照明灯开关按钮；16-前大梁照明灯开关按钮；17-中/后大梁照明灯开关按钮；18-横梁照明灯开关按钮；19-小车照明灯开关按钮；20-换绳选择开关；21-正向换绳按钮；22-换绳停止；23-反向换绳按钮；24-应急驱动器选择；25-应急动作选择开关（起升上升/起升下降，小车向前/小车向后）

　　使用该控制盘时，首先拨动站选择钥匙开关 2 选择使用该站。点动控制电合按钮 3 送合控制电，如果有故障，故障指示灯点亮，部分故障可以点动故障复位按钮 6 进行复位。运行中点动总旁路按钮 8 控制电路可绕过部分限位开关进行控制。使用主起升上升按钮 9、主起升下降按钮 10、小车向前按钮 11、小车向后按钮 12、俯仰动作控制选择开关 13，可进行起升、小车、起升的控制。通过步道照明灯开关按钮 15、前大梁照明灯开关按钮 16、中/后大梁照明灯开关按钮 17、横梁照明灯开关按钮 18、小车照明灯开关按钮 19，可以控制各照明灯的开关。更换钢丝绳时使用换绳选择开关 20、正向换绳按钮 21、换绳停止 22、反向换绳按钮 23、应急驱动器选择 24、应急动作选择开关 25（起升上升/起升下降，小车向前/小车向后）进行换绳作业。该控制站使用完毕后，将应急驱动器选择开关拨到 O 位置，应急动作选择开关拨到 O 位置。点动控制断开按钮 4，切断控制电源，将站选择钥匙开关拨到 OFF 位置。

五、机构的基本操作

(一)启动前的检查

1.作业环境检查

驾驶员登机前必须察看周围作业环境,检查高压电缆外部有无损伤。除去大车轨道和高压电缆槽内杂物,在大车运行范围内不得有障碍物,确认作业环境安全。

2.防风装置解除检查

驾驶员操作前必须挂起铁鞋,打开锚定装置,解开防风拉索。

3.手柄"零位"检查

驾驶员登机后,要检查桥吊操作环境状况,保证吊机不会与船舶吊船台及其他机械碰撞。检查各操作开关是否在正常位置,并保证所有操作手柄处于"零位"状态。

4.驾驶员必须按码头要求,做好交接班时的设备交接记录

(二)起动

驾驶员起动应按下面规定进行。

(1)进入驾驶室后,清理室内东西,调整联动台座椅的状态,使自己有一个良好的心态进入作业。检查各操作开关是否在正常位置,并保证所有操作手柄处于"零位"状态。

(2)按一下右联动台(+CAO.1.2)上的"控制合"按钮,此时可看到"控制合"的绿色指示灯亮。若此指示灯不能点亮,请按一下"控制断开"的红色按钮,然后可再按一次"控制复位"。若仍不行,查看右联动台上故障显示屏的显示内容来帮助判断故障所在。若显示有故障,按一下"故障复位"按钮。若故障不能消除,应及时通知专业维修人员。

(3)用辅助操作站(+CAO.2)上的"指示灯测试"按钮测试驾驶室中全部指示灯和蜂鸣器是否良好,检查仪表(吨位,风速,高度,俯仰角度)是否良好,有无异常。检查左右联动台上各选择开关的位置是否和实际吊具状态等一致。检查各指示灯是否和实际相符。一旦发现异常,应及时通知专业维修人员。

(4)控制电源接通后,驾驶员不得擅自离开驾驶室,并禁止未经允许的无关人员上机。在开始动车正式作业之前,并特别确认驾驶室走道门已关好,否则无小车动作。

(三)空载试车

检查起升、大车、小车、吊具、防摇、倾转各动作有无异常现象;各制动器、限位开关是否有效,各仪表、信号指示灯及安全装置是否正常。

1.起升机构

(1)吊具的操作步骤

按一下辅助操作站(+CAO.2)上"吊具油泵启动"按钮,系统将启动吊具油泵,此时按钮上的绿色指示灯亮。做吊具动作时,油泵必须先开。

①吊具伸缩:左联动台(+CAO.1.1)上可以实现对吊具伸缩。"吊具20ft","吊具40ft","吊具45ft"共三个带绿色指示灯的按钮可实现吊具长度转换。被选中的按钮指示灯保持闪烁,直至吊具到指定的长度后,该指示灯保持点亮。导板操作:左联动台上"导板选择"手柄开关可分别选中"陆侧导板","海侧导板","左侧导板","右侧导板"以及"全部导板"。然

后按住小车主令手柄上的"红色按钮"可放下被选中的相应的导板,按住"黄色按钮"可以抬起被选中的相应的导板。

注意:吊具必须离地适当距离,才可以做伸缩运动和导板下放动作。

②吊具开闭锁:点动右联动台起升/大车主令手柄上的"红色按钮"可以对吊具转销进行闭锁动作,点动"绿色按钮"可以进行闭锁动作。驾驶员座椅前下方的"吊具状态指示盒"+CAO.3 上有对应的红色"开锁",绿色"闭锁"指示灯,和白色"着箱"指示灯等。

注意:开锁到闭锁转换必须在"着箱"与"松绳"灯已亮的情况下进行。在起吊单箱时,还需要有吊具的尺寸信号。

③吊具中锁控制:左联动台上"中锁上升"与"中锁下降"操作为带灯指示按钮开关。当吊具处在 40ft 位置时,点动"中锁下降"可以用来控制中锁下降,灯亮表明中锁已处于下降位置。点动"中锁上升"则相反。

④右联动台上的"中锁间距调整"选择开关为弹簧复位开关。当中锁处于下降位置时,将开关转至相应位置并保持,可以实现中锁间距调整动作。左联动台上有 4 个按钮开关可以实现中锁间距位置记忆和返回。点动"中锁间距位置#1 设定"或"中锁间距位置#2 设定"可以让吊具记忆住中锁之间的任意两个位置,需要时点动"中锁间距位置们返回"或"中锁间距位置#2 返回"可以让中锁自动伸到所设定的位置#1 或位置#2。

注意:当使用中锁起吊 20ft 双箱时,8 个顶销到位后,顶销指示灯才被点亮。此时,中锁的开闭锁与两端的开闭锁一起动作。在"中锁下降"指示灯不被点亮的情况下,驾驶员应避免起吊 20ft 双箱。

⑤吊具倾转:在实际作业时要对吊具的倾斜角度进行控制,以便更好地对箱。要进行吊具的倾转动作,可操作左联动台"倾转选择"开关的"左右倾/前后倾"以及"吊具 回旋"开关的"顺时针/逆时针",获得所需要的倾斜角度。各方向的倾斜角度最大为 5°。在操作"倾转选择"或"吊具回旋"开关的同时,若按一下"倾转设定"按钮,此时的吊具倾斜角度被记忆。以后直接点动"倾转设定"按钮,就可以让吊具获得被设定的倾斜角度。"倾转归零"按钮,可以让吊具倾斜角度为零。

⑥将右联动台的起升/大车主令手柄向前移动,吊具下降;向后移动,吊具则提升。操作手柄上的白色"浮点按钮",可以控制起升以低速度运行或在起升制动器保持打开的状态下,起升速度为零。

⑦吊具在海侧门框内的下降减速高度可以通过左联动台上的"起升陆侧减速设定"带灯按钮来自行设定。驾驶员可以根据自己的操作习惯,在需要起升下降减速的高度时点动此开关,设定减速高度,此时指示灯被点亮。如果已进入设定的高度,指示灯会闪烁。连续按住按钮 3s 以上,起升下降减速被取消,此时指示灯熄灭。起升上升减速区设定在地面以上 28m 处,正常的情况下上升到 35m,自动停止。

⑧起吊舱盖板时,拨动辅助操作站+CAO.2 上的选择开关"集装箱/舱盖板"选择开关至"舱盖板"侧,否则舱盖板无法放至地面高度。正常起吊集装箱时,需把开关拨至"集装箱"侧。

(2)吊具模拟器的使用

需要维修吊具时,可以使用专用的双线系统吊具模拟器,实现在维修地点不通过桥吊控制系统而得到所需要的吊具动作检测。

①吊具模拟器的电源线连接到有零线的380V三相插座上,多芯电缆插头连接到吊具的37芯插座上。

②点动面板上"油泵开"按钮可以启动吊具油泵,若需要关闭油泵则点动"油泵断"按钮。启动油泵后,可以通过面板上其他按钮来控制吊具动作。点动"吊具/中锁伸"按钮一下,吊具伸到下一个位置后自动停止。如果中锁处于下降位置,则需要一直按住此按钮,直到中锁伸到所需要的位置。"吊具/中锁缩"按钮的功能则相反。中锁间距位置的设定和返回操作,通过"锁定位置#1"、"锁定位置#2"、"返回位置#1"、"返回位置#2"可以实现中锁间距的位置记忆功能。每个导板各有导板上和导板下两个控制按钮,需要一直按住控制按钮直到导板到位。其他如中锁上下以及开闭锁等的操作同驾驶室操作一致。

面板上的指示灯,顶销,开闭锁以及中锁上下位置的指示灯都分为左右两部分,方便维修时检测信号是否到位。

(3)使用吊钩或过高排的操作步骤

①把吊具下放到地面,保证起升钢丝绳有适当的松弛,避免一旦吊具上下架脱开,上架"反跳"。

②断开油泵电机及吊具控制屏上的电源开关。拔去吊具的多芯电缆插头,将其固定在上架上,吊具与上架的两个固定销旋打开。

③将辅助操作站+CAO.2的选择开关拨至吊钩梁模式,慢速操作起升/大车主令手柄使吊具上架上升。

④把吊具上架装到吊钩梁上,并锁紧四个旋锁销。此时便可以正常操作吊钩或过高排了。

注意:驾驶员在操作时要充分意识到吊钩或过高排的高度,避免在作业中按习惯高度操作,碰撞船或箱。

(4)起升高度和重量指示

通过驾驶员左前方的数字式仪表盘+CAO.4,驾驶员可以随时读取吊具所处的高度和起吊的集装箱的重量。本桥吊的重量检测装置,仅为防止起吊物件时作超重过载保护而设置,因其存在一定的误差值,并不可以此作为精确的称重衡器使用。使用吊具时,重量指示是显示吊具下起吊的集装箱重量。在使用吊钩梁时,是显示吊钩梁下起吊重量。

2. 小车机构

(1)左联动台上的操作手柄向前则小车往前开,则反之向后。

(2)小车海陆两侧各安装有终点前减速检测限位及极限限位。正常情况下,小车先减速,然后在极限限位前会自动停止。

(3)小车运行只能在俯仰水平的条件下方可实现。俯仰的位置情况可通过驾驶室内数字式仪表盘(+CAO.4)的指示面板上读出。

(4)本机带有电子防摇功能。用右联动台上的"电子防摇关/开"选择开关来选择是否需要打开电子防摇。如果防摇功能丢失或者效果不如先前时,则需要重新作一次校正。打开"防摇校正"选择开关,运行小车与起升至校正位置。小车位置在海陆侧门框之间,起升为距离地面大约2m处。在此位置处,小车和起升动作会自动停止。然后顺时针拨动一下"防摇校正"开关,系统进入校正状态,此时"防摇校正进行中"指示灯闪烁。如果指示灯熄灭,表明校正结束,关闭"防摇校正"开关,可以进行正常操作。

(5)按下"小车停车位置"带灯按钮,小车将根据所处的位置,自动向前或向后运行,回到停车位置,运行速度位全速的40%,此时指示灯闪烁。实行此项操作时,应打开电子防摇功能,以防吊具摆动过大。小车到位后,指示灯一直被点亮。

(6)小车运行前,在小车范围内,不得有任何障碍物,起动或制动要逐级加减速,运行必须平稳。

3. 大车机构

(1)在驾驶室操作时,可直接用起升/大车主令手柄操作(因松轨时间关系,直接手柄操作起动时间较长)或先按下右联动台上"松轨/松轮"按钮,此按钮指示灯点亮时,即可用大车主令手柄操作大车左行或右行。

(2)在地面操作站操作时,先按下"松轨/松轮"按钮,当指示灯点亮时,即可用"大车左行"和"大车右行"按钮进行操作。此时的速度约为50%。

(3)在进行大车锚定对位时,可采用右联动台上或地面操作站的"大车点动"按钮进行操作。操作此按钮,可让大车以很小的速度向左或向右动作20cm。

(4)顶轨器与夹轮器操作:

释放有两种途径可实现,一种是用驾驶室里或地面操作箱上的"松轨/松轮"按钮,另一种是当大车操作手柄离开零位后。

顶轨夹轮亦有两种途径,一是用驾驶室里或地面操作站上"顶轨/夹轮"按钮。另一种是当大车停止运行连续5min,系统自动顶轨/夹轮。

注意:大车行走时,谨防与船上设备及相邻机械碰撞,前大梁左右两边安有钢丝绳防撞船装置。

4. 检查

驾驶员必须同时对交接班时其他应注意的项目逐一检查。试车中发生异常情况,应立即关掉控制,停车检查。停机后将操作开关放在正常位置,操作手柄放在"零位",待检修恢复正常后,方开继续操作。

(四)正常作业

带箱试车,检查起升、大车、小车、吊具、防摇、倾转各动作有无异常现象。

带箱试车不允许超负荷。

1. 俯仰操作

(1)选择最佳位置放下前臂梁,不得与船上任何部位碰撞,并注意涨落潮的影响。

(2)俯仰操作前必须使小车停在小车停车位置,驾驶室座椅右方的操作台上绿色的"小车停车位"指示灯亮。俯仰操作期间不允许移动大车。

(3)在驾驶室操作俯仰:在驾驶室可以通过"俯仰上升60°""俯仰下降"与"俯仰停止"按钮来控制俯仰在水平位置和60°角之间动作。点动"俯仰上升60°",俯仰将自动上升至60°角后停止。点动"俯仰下降"按钮,俯仰将自动下降至水平位置。上升和下降过程中,随时可以通过点动"俯仰停止"按钮来中断俯仰动作。

注意:若俯仰角度大于60°,则无法在驾驶室操作俯仰。

(4)俯仰室操作:通过"俯仰模式"选择开关来选择手动或自动操作方式,通过俯仰"快速/慢速"选择开关来选择动作速度,通过"俯仰上升""俯仰停止""俯仰下降"按钮来进行控制。

①自动方式:在俯仰室合上控制,然后点动"俯仰上升"按钮,前大梁自动上升至停止位置,安全钩进钩,然后大梁再稍微下降一点,放松钢丝绳,到指示灯熄灭,俯仰上升动作结束。点动"俯仰下降"按钮,前大梁先上升至停止位置,安全钩自动抬起,大梁再下降,直至"前大梁水平"指示灯被点亮,俯仰下降动作结束。动作进行当中,可以通过点动"俯仰停止"按钮来随时中断大梁的上升或下降动作。

②手动方式:

a. 进行下放操作

(a)按住"俯仰上升"按钮,将大梁拉至上升停止位置。点动"安全钩抬钩"按钮,按钮指示灯点亮时,表示已完成抬钩,可以放下大梁。

(b)按住"俯仰下降"按钮,便可放下大梁。动作过程中,如果松开按钮,大梁下降动作自动停止。

(c)当大梁下放至水平位置时,"前大梁水平"指示灯亮,但俯仰机构将到钢丝绳放松后才停止运行。

b. 当进行提升操作

按住"俯仰上升"按钮,直至大梁进入安全钩内。动作过程中,如果松开按钮,大梁上升动作自动停止。

2.起升操作

(1)起吊集装箱时,将吊具慢慢提起,直至起升钢丝绳在集装箱重量下绷紧,再将集装箱提起1/2高度时,检查制动器是否有效。

(2)起吊操作

①首先移动起重机,使吊具能放在集装箱的上空,可以借用导向板定位。

②将吊具平稳地放在集装箱上面,当四个旋锁全部插入集装箱角孔时,驾驶员座椅前下方的"吊具状态指示盒"+CAO.3上白色"着箱"指示灯被点亮,表面允许做闭锁动作。

③当旋锁转到90°抵达闭锁位置,闭锁指示灯(绿色)被点亮,说明可以起吊集装箱,集装箱吊起后,顶销撞块退离着箱限位,限位开关使"着箱"指示灯熄灭。这时程序及机械机构联锁,不能开锁。

④如果对箱时借用了导板,这时可以收起导板。

(3)卸放操作

①当集装箱放至指定位置时,使吊具搁在集装箱上,又使顶销限位开关动作,白色"着箱"指示灯亮,说明集装箱已完全放下,允许做开锁动作。

②当转销开始向开锁方向转动时,闭锁限位不动作,闭锁指示灯(绿色)熄灭,转锁转抵开锁位置时,开锁限位动作,开锁指示灯(红色)点亮,允许起升。

③确认开锁后,平稳地使吊具上升,卸放作业结束。

(4)在下述情况下可以用旁路按钮

①出现起升松绳后,还需要起升下降时,使用左联动台上的"总旁路"按钮。

②出现吊具故障,如开闭锁信号丢失、吊具连接信号丢失时,可以使用辅助操作站上"吊具故障旁路"钥匙开关,继续慢速操作起升。

③当起升撞到重锤限位才停止,此时必须要电气维修人员检查造成此故障的原因,要退出此状态,必须有一个人在电气房内按住辅助控制柜(+EH.12)上的"极限旁路"钥匙开关,才能操作下降手柄往下放吊具,直到重锤限位恢复到正常位置时才能松开旁路开关。

④出现吊具开闭锁信号都丢失的情况下,需旁路让吊具得到着箱信号,然后点动开锁按钮,关闭吊具油泵,故障复位,再开启吊具油泵,闭锁故障信号才可以消除。

(5)因操作不当造成起升无动作的原因

①俯仰不在水平或进钩位置(相应指示灯不亮);

②开锁,闭锁指示灯均不亮;

③上,下吊架连接故障,使连接限位未动作等。

3. 小车操作

(1)小车操作平稳起动,运行时注意异常情况,使用右联动台上"电子防摇"选择开关可以达到防摇目的。

(2)若碰到小车撞了极限才停车时,必须要请电气维修人员检查造成这种故障的原因。要退出此状态,必须有一人到电气房内,按住辅助控制柜(+EH.12)上"极限旁路"钥匙开关,同时按一下"故障复位"按钮,才能操作小车下柄反方向退出极限位置,然后再松"极限旁路"开关。

(3)因操作不当造成小车无动作的原因:

①俯仰不在水平或进钩位置;

②至驾驶室的小车通道门没有关闭等。

4. 大车操作

(1)驾驶室操作:驾驶员可不按"松轨"按钮而直接操作主令手柄,这样控制程序将先自动松轨,然后运行。

(2)大车地面操作:启动控制电源,然后按下"顶轨/松轮"按钮,当该按钮指示灯亮起时,即可按"大车左行"和"大车右行"按钮来操作大车运行。此时大车运行速度为驾驶室操作正常操作最高速的50%。

5. 作业操作中注意事项

(1)在空载带箱试车后,驾驶员要及时了解船舶积载情况,保持与指信手通信联系,听从指挥进行作业。

(2)作业时,要看清旋锁开闭状态,做到眼随吊具,箱位,余光瞭望,落吊轻准,起吊平稳,堆箱整齐。

(3)作业时,随时注意各仪表,信号指示灯的指示情况,不得带故障作业,不得在运行中修理,调整和注油。

(4)作业时,必须做到在箱与船,箱与车,箱与箱之间的连接旋锁松开或拆除后,方可起吊;集装箱起吊不能拖曳起升;进出舱口,装车着地时速度要放慢,中间过程逐步加速。

(5)装卸船时,在集装箱拖挂车进入车道位置停妥后,将吊具移至拖挂车的上方,离集箱顶约0.3m高度处暂停,对位置后降下吊具,旋锁锁紧后吊运装船,然后将集装箱下放到甲板上,或船上导架上,待起升钢丝绳无载松弛,才与集装箱松开。吊具回妥后转入下一循环,卸船装车按装船的逆顺序进行。

(6)在吊具或带箱进入船上导架之前,导向板必须收起,钢丝绳不得碰船上任何部位,保持货物或集装箱垂直。

(7)禁止吊具或带箱在人员或车辆驾驶室的上空越过,吊具或带箱越过集装箱或物体时应保持中间至少有 0.5m 的距离,谨防碰撞。

(8)在正常作业情况下,不准使用旁路开关进行强迫开闭锁动作。

(9)在集装箱拖挂车未进入作业位置时,被吊出的集装箱应放在安全位置等待装车。

(10)严禁超负荷作业,如遇到超过起重机额定负荷的超重箱或超重物件时,应按公司的有关规定上报,采取安全措施后才可使用"总旁路"小心起吊。

(11)带箱作业吊具不得带人,大车运行时严禁人员上下起重机。

(12)夜间作业及时点亮投光灯,保证有足够的亮度,航空警示灯必须常亮。

(13)当班驾驶员在吊机暂不作业时,不得擅自离开,如船舶靠离泊位及其他有碍吊机安全时,应将吊机及时移到安全地点。

6.正常停机

(1)将桥吊停在指定安全地点,小车停在小车停车位置,吊具收缩至 20ft 位置,上升至适当高度。

(2)当无接班作业时,把前臂梁收起,确认安全钩已挂妥,俯仰钢丝绳松弛,大、小车停在锚定位置,安全锚定。

(3)各操作开关放在正常位置,各操作手柄放到"零位"。驾驶员按一下"控制关断"按钮,断开控制电源。

(4)关好驾驶室及各处的门窗,收拾好自己的物品。

(5)工作结束,驾驶员必须认真填写运行记录,做好清洁交接工作。

(五)紧急情况处理

1.急停按钮

作业中遇到危及人、机、物安全或机构操作异常、失控等紧急情况时,驾驶员可按"急停"按钮,以解除对吊机的控制,使所有制动器制动。

紧急停车按钮分布如下:右联动台上1个,驾驶室顶部1个,前大梁端部2个,后大梁尾部1个,电气房2个,机房4个,俯仰室1个,地面大车操作站1个,行走海侧、路侧各2个。

2.俯仰机构应急操作

遇到下列情况时,可使用俯仰应急机构:

①俯仰驱动器系统发生重大故障,短期无法修复时。

②高压停电,需要使用岸电操作前大梁升降等情况。

俯仰机构应急操作步骤:

①把应急电机和俯仰齿轮箱连接起来,确认连接限位已动作。

②将辅助控制柜上(EHS.12)俯仰应急电机的开关开上。

③使用机房内壁上的"应急操作按钮盒",把机构选择开关转至"俯仰应急"位置。

④点动辅助控制柜(+EH.12)门上的"控制合"按钮,然后观察俯仰应急制动器是否打

开。如果没有,联系维修人员。
⑤按动"应急上升/向前"按钮,俯仰上升。按动"向下/向后"按钮,俯仰下降。
a.俯仰凸轮限位在应急状态下无效,上升极限限位和超速限位有效。
b.当使用岸电电源时,特别注意相序是否正确,如不正确,俯仰盘式制动器由于液压泵反转而无法打开,而且,俯仰实际操作方向会与应急操作按钮盒所示方向相反。

3.起升机构应急操作

遇到下列情况时,可使用起升应急机构:
①起升驱动器发生重大故障,短期无法修复时。
②高压停电,使用岸电操作吊架升降等情况。

起升机构应急操作步骤:
①把起升应急电机和齿轮箱用专用链条连接起来,确认应急链条连接限位已动作。
②把起升应急电机的电源插头插入插座,插座的开关从"OFF"位置拨至"ON"。
③将辅助控制柜(+EH.12)内起升应急电机的开关开上。
④使用机房内壁上的"应急操作按钮盒",把机构选择开关转至"起升应急"位置。
⑤点动辅助控制柜(+EH.12)门上的"控制合"按钮,然后观察俯仰应急制动器是否打开。如果没有,联系维修人员。
⑥按动"应急上升/向前"按钮,起升上升。按动"应急下降/向后"按钮,起升下降。
a.起升凸轮限位在应急操作状态下无效,重锤极限限位和超速开关有效。
b.当使用岸电电源时,特别注意相序是否正确,如不正确,起升盘式制动器由于液压泵反转而无法打开,而且,起升实际操作方向会与应急操作按钮盒所示方向相反。

4.小车机构应急操作

遇到下列情况时,可使用起升应急机构:
①小车驱动器发生重大故障,短期无法修复时;
②高压停电,需要使用岸电移动小车等情况。

小车机构应急操作步骤:
①把小车应急电机和小车齿轮箱用专用链条连接起来,确认应急链条连接限位已动作。
②将辅助控制柜(+EHS.12)内小车应急电机的开关开上。
③使用机房内壁上的"应急操作按钮盒",把机构选择开关转至"小车应急"位置。
④点动辅助控制柜(+HS.12)门上的"控制合"按钮,然后按动"应急上升/向前"按钮,小车向前。按动"应急下降/向后"按钮,小车向后。
a.小车限位中,海陆侧两个极限限位在应急操作情况下仍然有效。
b.当使用岸电电源时,特别注意相序是否正确,如不正确,小车实际操作方向会与应急操作按钮盒所示方向相反。

注意:使用所有应急机构时,要求操作人员不能离开应急操作盒。万一有情况发生可以及时作出反应。

5.大车制动器与大车电缆卷筒应急动作

(1)点动辅助控制柜(+EH.12)门上的"控制合"按钮。
(2)拨动地面操作站(+LSO.1)上"大车制动器/电缆卷筒手动"开关至第二挡,大车制动器释放;继续拨动开关至第三挡,大车电缆卷筒开始收缆动作。开关的第三挡为弹簧复位方式。

6.旁路开关的使用

部分旁路开关在使用时,必须有专业维修人员在场。

(1)电气房辅助柜(+EH.12)上"极限旁路"开关,在起升/小车/俯仰中某一机构的极限限位动作以后,可以拨动此开关到旁路侧,经过故障复位后,反方向动作机构。

(2)电气房辅助柜(+EH.12)上"挂舱处理"开关,挂舱发生后,起升动作被禁止。通过可以拨动此开关到复位侧,可以慢速操作起升。

(3)驾驶室左联动台(+CAO.1.1)上"总旁路"按钮,在起升松绳,起升电机风机故障等情况发生时,可以按住此按钮的同时,慢速操作起升。

(4)驾驶室辅助操作站(CAO.2)上"吊具下降旁路"开关,在发生吊具故障情况下,可以使用该开关操作起升。

(5)地面操作站(+LSO.1)上"总旁路"开关,用于大风情况下,须移动大车至锚地的紧急情况。

(6)地面操作站(+LSO.1)上"电缆卷筒限位旁路"开关,用于得到电缆卷空或卷满信号时,大车可以继续慢速移动。

7.防风措施

(1)桥吊防风操作应按行业有关文件严格执行。

(2)桥吊在风速超过20m/s时不允许作业。

(3)一旦有强风,桥吊行驶到轨道上的锚定位置,并按规定锚定。吊具放在20英尺位置,升至最高点,收起前臂梁,并挂妥安全钩,各操作手柄放在"零位",各操作开关放在正常位置,切断电源,夹轮器与顶轨器紧固,桥吊电梯放到最低平台层。

(4)遇到台风警报时,及时将吊机行至锚定坑进行锚定,收起前臂梁,并挂妥安全钩,小车停在规定位置并予以锚定,吊具放在20ft位置,升至最高点,夹紧顶轨器,拉好防风拉索,各拉索张紧度必须调整一致,做好防范措施。

(5)每年台风季节前,对吊机所有防风装置进行检查,保持其齐全和完好。

(6)当台风来临时,必须采取上述(3)款及其他防范措施。

(7)台风季节,驾驶员交接班应做到班班交接,按防风装置措施落实到位情况,做好记录。

8.其他

(1)驾驶员在严格执行本操作规定外,必须同时执行其他有关规定。

(2)做危险品,重大件,特资,贵重物品,超高集装箱,变形集装箱时应严格按相关工艺操作,听从指挥,谨慎操作,万无一失。

六、操作模式

岸桥的生产率是以每小时装卸箱数(TEU)来计算的。由于实际生产率与驾驶员的熟练程度及码头装卸工艺、码头条件、船舶装载情况、船型等有很大关系。一个工作循环在单程操作状态和双程操作状态中有不同的含义。

(一) 单程操作模式

在一个工作循环中，半个循环是吊箱作业，半个循环是空吊具作业。这种作业模式就是单程操作，是较普遍的作业方式。这种作业模式又分装船作业模式和卸船作业模式。

装船作业时，岸桥从码头轨距范围内海侧轨第一条车道（因为用这条车道小车运行距离最短）的集卡上取得集装箱，起升到横行小车（向船方向）至船上需要装箱的位置上方的某一安全高度，下降集装箱至船上相应的箱位上，打开锁销，空吊具起升到一个安全高度后，小车向陆侧运行至原来车道上方，空吊具下降对准集装箱，使吊具着到集装箱并锁好销，这样一个过程就是装船单程操作模式的一个循环。典型循环路线图如 2-60 所示。

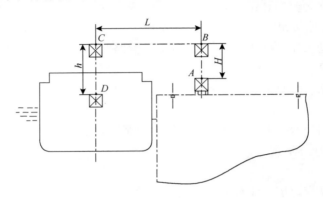

图 2-60 典型循环路线图

从起始 A 点吊起集装箱 H 高度至 B 点（一个安全高度），然后小车向海侧运行 L 长度至 C 点，再由 C 点下降集装箱 h 高度至船上的 D 点，在 D 点开锁将集装箱卸到船的指定位置尺度，此后空吊具按原路线反向回到 A 点，在 A 点处对准集装箱，吊具着到集装箱并锁销，这样就完成了一个循环。其作业过程如下：

起升集装箱──→小车向海侧运行──→下降使箱对位──→对位松销──→空吊具上升──→
空吊鼻向陆侧运行──→空吊具下降到──→对位锁销

$$A \xrightarrow[t_{ab}]{H} B \xrightarrow[t_{bc}]{L} C \xrightarrow[t_{cd}]{h} D \xrightarrow{t_d} C \xrightarrow[t_{cb}]{L} B \xrightarrow[t_{ba}]{H} A$$

在 A 处对准集装箱，并锁好销。

一个循环各阶段的时间组成：

t_{ab}——吊着箱从 A 起升 H 高度至 B 的时间；

t_{bc}——吊着箱从 B 运行 L 距离至 C 的时间；

t_c——吊着箱在 C 点对位时间；

t_{cd}——吊着箱由 C 点下降高度 h 至 D 点的时间；

t_d——对位需要时间和松开转销时间；

t_{dc}——空吊具起升高度 h 至 C 点时间；

t_{cb}——带空吊具由 C 点运行 L 距离到达 B 的时间；

t_{ba}——空吊具由 B 点下降高度 H 到达 A 的时间；

t_a——在 A 点对箱及锁销时间。

单程操作装船作业一个循环的总时间 t:
$$t = t_{ab} + t_{bc} + t_c + t_{cd} + t_d + t_{dc} + t_{cb} + t_{ba} + t_a$$
其速度与时间的波形如图 2-61 所示。

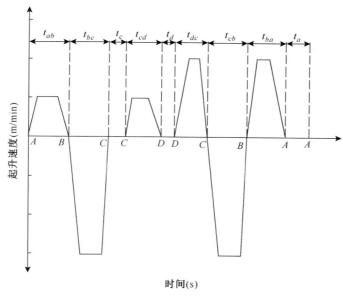

图 2-61 速度与时间波形图

其中时间段 t_{ab}、t_{bc}、t_{cd}、t_{dc}、t_{cb}、t_{ba} 直接与起重机的参数、速度、加速度及距离有关。每个时间段总是由起动时间、稳态运行时间和制动时间 3 部分组成,如图 2-62 所示。

t_1——起动时间,s;
t_2——稳态运行时间,s;
t_3——制动时间,s。

设额定速度 v,加速度 a 和减速度 a' 在均已确定:
$$t_1 = v/a \qquad t_3 = v/a'$$
如果起动加速度与制动减加速度一样,则
$$t_1 = t_3$$
而稳态运行时间:
$$t_2 = (H - H_a - H_a')/v \ (s)$$
式中:H——起升总行程(A、B 的距离)(m);
H_a——加速行程(m),$H_a = 0.5at^2$;
H_a'——减速行程(m),$H_a' = 0.5at^2$。

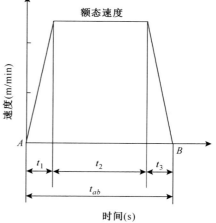

图 2-62 时间段的组成

用同样的方法,可以计算出其他时间段,再根据实际操作统计数字及经验设定 t_c、t_d、t_a,就可以计算出一个工作循环的总循环时间 t。

卸船作业是装船作业的反过程,如图 2-60 由船上某个位置 D 处吊起集装箱,经过安全高度 h 后到达 C 处,然后小车向陆侧运行 L 距离到达 B,再由 B 处下降高度 H 到 A 处,并在

A 处对准卡车,松开转销将集装箱卸到卡车上。然后空吊具按原路线返回到 D 附近的另一个箱位,对准集装箱锁销。

单行程操作模式时生产率 η(循环次数)为:
$$\eta = 3600/t$$
式中:t——平均一个循环的时间(s)。

实际操作不完全如图 2-60 所示的那样,一个起升动作结束后,才进行小车运行(或小车运行结束后进行起升),通常可根据情况,如由 A 点起升高度超过门框横梁一个安全高度 B' 时,起升还在继续进行中,就运行小车经 C' 至 C,小车由 C 返程至 B 时,在 B 处前的 C' 点可同时进行下降动作(这些都是联合动作),如图 2-63 所示。

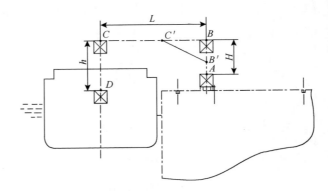

图 2-63 单行程操作循环

这样的联合操作,使起升由 A 至 B(时间段 t_{ab})时,小车已运行至 C' 点,所以循环时间中小车运行由 B 至 C' 的时间与起升时间重叠;返程时,小车由 C 至 B(时间段 t_{cb})时,起升机构已下降到 B',由 B 至 B' 的时间与 t_d 重叠,其速度和时间波形如图 2-64 所示。

总循环时间
$$t = t_{ab} + t_{bc} + t_c + t_{cd} + t_d + t_{dc} + t_{cb} + t_{ba} + t_a - t_{bc'} - t_{bb'}$$

显然,图 2-65 的联合动作的循环时间要比如图 2-63 的循环时间短了 $t_{bc'}$ 和 $t_{bb'}$。

因此驾驶员操作如能大幅度地增加 $t_{bc'}$ 和 $t_{bb'}$(即大范围使用联动),就能大大减少循环时间,提高劳动生产率。

(二)双程操作模式

在一个工作循环全过程中,岸桥均吊箱作业;就是说没有空吊具操作情况。这种作业模式一般均在较发达、管理水平较高的港口使用,一边卸船同时一边装船,装卸船作业模式结合一起;能充分有效地发挥岸桥的效率。

图 2-65 是一个典型的双程操作循环,由船上某一箱位 A 吊起集装箱,出舱一定安全高度后,小车向陆侧运行至第一条车道上方 C 点,然后下降、对位集卡,在 D 将箱卸到集卡上(松开锁销)。随后进行下半个循环,在 D 处将箱卸到集卡车后,起升空吊具,离开集装箱安全高度 E 点,小车向后移动至另一车道 F 点,对准车道 G 处的集装箱,下降至 G 并锁销,将集装箱吊起至安全高度 H 点,小车向海侧运行将集装箱送至 I,下降、对位、进舱,直至将箱卸到船的 K 箱位上,之后空吊具起升出舱口至 I,再由 I 运行至 B,对准导轨下降至舱内 A' 箱

位;对准 A' 锁销,至此完成了一个双程操作循环。其速度和时间的波形如图 2-66 所示。

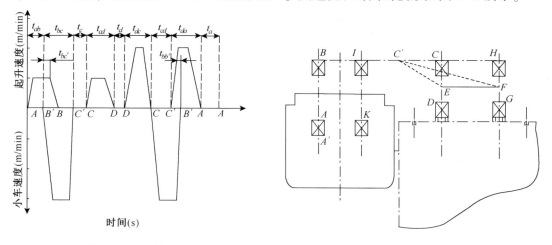

图 2-64 循环时间

图 2-65 双程操作循环

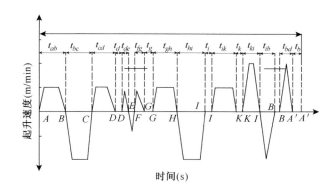

图 2-66 速度和时间波形图

任务六 岸桥的维保及故障排除

岸桥的维护与保养,是为了保持岸桥的性能,并且也是为了预防事故而采取的措施。

一、岸桥的检查

岸桥的检查与维护分为日常进行的维护项目和定期进行的检查,另外,当收听到台风、报或地震预报时,有必要对预防措施进行确认,以及事后的检查等等。

1. 维护、检查以及修理上的注意事项

在设置岸桥时,应当充分弄懂厂家提供的使用说明书,检查记录等。

在维护、检查或修理时,首先要和有关方面取得联系,而且必须遵守以下事项。

如果隔壁还有岸桥,就要对那台岸桥的行走回转进行监视,专人负责,防止它的碰撞或者在岸桥的接触范围内,设立阻挡物,使它无法行走等等。

为了防止与岸桥无关的人接近岸桥下面,万一上面有什么东西落下来造成人员事故,所以要在显眼的地方挂上"检查中"或"修理中"的标记。

当切断电源进行检查修理时,为防止不注意通电造成危险,要在已关掉的开关上挂上"检查中"或"修理中"等显眼的标记。必须严禁无关人员随意取掉标记或随意合上开关的现象出现。(一定要由挂标记的人自己取掉)准备合上开关时,要再次确认是否可以合上,注意安全。

如出现在运转中需要检查时,要注意货下严禁站人,也不允许从那时通过。

2.维护及检查结果的记录

维护和检查的同时要有记录,这些结果对修补及改造都是很有益的材料,所以一定要做好记录。包括日常维护项目;每周维护项目;每月检查记录;每年检查记录;暴风后的维护记录。

(一) 日常检查项目

日常检查的目的,是负责人(主要是由负责人的安排的驾驶员或维修员)进行下列工作,以防范事故于未然。

(1)作业开始前性能及周围的安全确认。内容如表2-1所示。

(2)作业中加强监视,一发现有异状立即停止运转。内容如表2-2所示。

(3)作业结束后停在正确的位置后,确认有否异状。内容如表2-3所示。

作业开始前的检查　　　　　　　　表2-1

检 查 项 目	检 查 方 法
(1)行走路上及岸桥移动范围内的障碍物	目视
(2)行走供电电缆槽里的碍物	目视
(3)行走供电电缆的扭曲、外伤、龟裂及接电端子的松动、腐蚀	目视
(4)固定装置及夹轮器的确认	目视
(5)吊具的漏油	目视
(6)小车运行轨道上的障碍物	目视
(7)卷筒或滑轮处的钢丝绳的脱槽与别物的接触	目视
(8)钢丝绳的断油、断股、钢索夹具的松动	目视
(9)制动盘的检查	目视
(10)前一天出现故障后的修复状态	动作
(11)主要的制动器(主起升、小车运行、行走、俯仰)的检查与动作	启动
(12)各种仪表盘及指示灯	启动
(13)各操纵杆及按钮开关(合、分、紧急停止等)的动作	启动
(14)主要的限位开关(主起升、小车运行、吊具的动作三次以上)	启动

作业中的检查　　　　　　　　表2-2

检 查 项 目	检 查 方 法
(1)异音、异味、异热、异振动	目视
(2)电流、电压的异常情况	目视
(3)吊具的动作是否正常	目视

作业结束后的检查 表 2-3

检 查 项 目	检 查 方 法
1.吊具的检查	目视
（1）底座的变形及裂纹	目视
（2）油压部分的油量与漏油	目视
（3）扭锁销、导向板的变形及裂纹	目视
（4）供电电缆的扭曲、外伤等	目视
（5）固定螺栓的松动	目视
2.各操作杆是否已全部回到停止位置	目视
3.从各供油泵、橡皮管出来的漏油	目视
4.各轴承、齿轮及其他润滑部分	动作
5.异热	目视
6.各部的裂、损伤	目视
7.前伸臂进入安全钩（推动器是否正常）	目视
8.电源开关的断路	启动
9.各部的清洁	启动
驾驶室的上锁	动作
点亮航空障碍灯	目视
固定装置及夹轮器的动作	动作
10.作业日记、装卸情况的转交记录	动作

（二）每周检查项目

每周检查的目的,是负责人(主要是由负责人分配的驾驶员或维修员)在月例检查之间的中间进行检查,努力发现不良处。内容如表 2-4 所示。

每周的检查 表 2-4

检查时间	检 查 项 目	检查方法
作业完毕后	1.各轴承的损伤及螺栓的松动	目视
	2.各销、键板与端部板的松动、脱落	目视
	3.横行用电缆的扭曲、外伤、龟裂、及接线端子的松动、腐蚀等	目视
	4.电磁接触器、刀闸开关、指示灯的动作	动作

（三）每月、每年检查项目

定期检查的目的,是负责人(主要是负责人安排的检查员)对重要部分进行详细的检查,根据需要,提出解体维修要求,并要发现在日常检查及每周检查中没有发现的不良之处并提出修理的要求。定期检查分为月例(即每月一次)和年次(即每年一次)的检查。内容如表 2-5 和表 2-6 所示。

机械部分的定期检查 表2-5

分类		月 例 检 查 项 目	年 次 检 查 项 目
钢结构	基础	1　基础的损伤 2　固定螺栓的松动或者焊接部分的龟裂 3　连接板的松动 4　端部缓冲器的损伤腐蚀 5　固定装置的损伤及腐蚀	1　轨距 2　左右轨道的高低差 3　上下方向的弯曲 4　左右方向的弯曲 5　坡度 6　轨道接续部分的交错 7　轨道接续部的间隙 8　轨道端部的磨损及塌角
钢结构	钢结构	1　固定螺栓的松动及脱落 2　焊接部的龟裂 3　钢材的变形、龟裂 4　销、轴之类的油脂 5　梯子、扶手、平台、固定螺栓的松动及脱落	1　钢材的腐蚀 2　涂膜的剥离 3　销、轴之类的磨损
钢结构	小车轨道	1　固定螺栓的松动及焊接部的龟裂 2　连接板的松动 3　轨道端部的磨损及塌角	1　轨距 2　左右轨道的高低差 3　上下方向的弯曲 4　水平方向的弯曲 5　坡度 6　轨道连接部的交错 7　轨道连接部的间隙 8　端部缓冲器的损伤及腐蚀 9　固定金属具的损伤及腐蚀
机械系统	齿轮装置	1　异音、异热、异振动 2　齿啮合面的状态 3　润滑状态 4　油量、漏油 5　固定螺栓的松动	1　外壳的龟裂 2　键的松动 3　键槽的变形 4　油的污浊
机械系统	轴承	1　异音、异热 2　本体的破损或龟裂 3　固定螺栓的松动	1　切屑有否混在油里 2　销和衬套的间隙 3　轴承的磨损
机械系统	轴		1　磨损、龟裂 2　键的松动 3　键槽的变形
机械系统	键		1　变形
机械系统	蛇形联轴器	1　钢片的变形 2　螺栓的松动	1　和轴心的对齐 2　键的松动 3　键槽的变形
机械系统	齿形联轴器	1　异音、异热 2　油量 3　漏油 4　固定螺栓的松动	1　和轴心的对齐 2　供油 3　齿漆 4　键的松动 5　键槽的变形 6　齿形的破损或龟裂

续上表

分 类		月 例 检 查 项 目	年 次 检 查 项 目
机械系统	车轮	1 凸缘、踏面的磨损变形 2 键板的变形、螺栓的松动	
	夹轮器	1 各部的损伤 2 连接销的磨损 3 摩擦片的磨损 4 行程的确认 5 各部分的润滑状态	
	卷筒	1 钢丝绳固定压板的松动 2 钢丝绳导向的损伤 3 卷筒固定螺栓的损伤 4 焊接的龟裂	1 钢丝绳槽的磨损
	滑轮	1 回转状态 2 龟裂 3 钢索槽的磨损	
	钢丝绳	1 股线的断线 2 磨损及外伤 3 弯折、变形 4 散股 5 油脂的涂擦状态 6 生锈及腐蚀 7 钢丝绳部的加工及固定状态	
机械系统	吊具包括上架	1 底座等的变形及龟裂 2 扭锁销、导向板等的变形、损伤及磨损 3 固定螺栓的松动 4 扭锁销的中心距	1 销、轴等的磨损 2 涂膜的剥离 3 钢材的腐蚀
机械系统	供油系统	1 油脂的污浊、老化及变色 2 润滑部件的供油 3 配管的损伤及漏油	
	液压装置系统	1 油量及油的污蚀 2 过滤器的清洁 3 油压 4 油泵、油马达的异音、异热 5 阀门的调整与动作 6 油缸的动作 7 油管的损伤 8 各部分的漏油 9 固定螺栓的松动	
	大车行走装置	1 固定的螺栓的松动与脱落 2 焊接部的龟裂 3 钢材的变形及龟裂 4 销、轴类等的供油 5 排障器的损伤 6 缓冲器的损伤	1 钢材的腐蚀 2 涂膜的剥离 3 销、轴类等的磨损

续上表

分类		月例检查项目	年次检查项目
机械系统	灭火机	1 设置状况	1 有效期二氧化碳,1年
	机器房消防装置	1 装置状况 1 电控状况	1 灭火罐内灭火材料 1 电控联锁信号

电气部分的定期检查　　　　　　　　　　　　　　　　　　表2-6

分类		月例检查项目	年次检查项目
电动机		1 碳刷的磨损及破损 2 碳刷和汇流环或整流子接触面的状态 3 碳刷夹的刷子压力 4 碳刷夹接续端子的紧固 5 异音、异热、异味、异振动 6 汇流环或整流子滑动面的平滑度(运转中的火花) 7 本体紧固螺栓的松动、生锈 8 整流子面的粗糙及变色	1 轴承的润滑状态 2 汇流环或整流子的导线的接线、端末处理 3 汇流环或整流子周围的清洁 4 线圈的过热及变色 5 绝缘电阻测定 6 防振橡胶的老化
制动器	电磁制动器	1 制动器的磨损、变色 2 制动片与制动盘的间隙 3 制动盘的磨损及粗糙	1 制动片、制动盘的发热、变色 2 制动盘键的松动 3 灰尘的堆积
	电动油压推杆制动器	1 制动盘的裂纹 2 各个杆的销位润滑状态 3 制动扭矩(弹簧的装置)是否达到规定值 4 本体杆、销、小螺丝等的松动、损伤 5 电动液压推杆制动器和电动液压动力制动器的油压状态 6 电动液压推杆制动器和电动液压动力制动器的油量油面状态 7 电动油压推杆的行程值 8 异音、异热、异振动、异味	1 电动液压推杆老化 2 电动液压动力装置老化
电阻器		1 电阻器格栅的龟裂、折损 2 格栅紧固部件的松动 3 绝缘物的龟裂、折损 4 固定螺栓的松动	1 电阻器格栅的过热 2 电阻器格栅的灰尘堆积
操作杆		1 操纵杆接触子的磨损 2 操纵杆结合凸缘螺栓的松动 3 操纵杆手柄的中心垂直性 4 操作顺畅 5 轴承齿轮及选择辊的润滑状态 6 接触子的接触状态(交错) 7 固定螺栓有否松动	1 空挡限制器的动作

续上表

分　类		月例检查项目	年次检查项目
限位开关		1　触头的接触状态 2　触头还原弹簧的状态 3　各部固定螺栓的松紧 4　齿轮状态及松动 5　动作杆的动作状态 6　感应线圈是否损坏所定距离是否飘移	1　配线螺栓固定有否松动 2　各个杆的销部等的润滑状态及生锈状态 3　限位开关本体的防尘、防水状态（密封的寿命） 4　限位开关用齿轮及轴的磨损 5　键的松动
按扭开关		1　触头的接触状态	1　开关箱的绝缘状态
信号灯		1　灯不亮 2　固定螺栓的松动	
控制盘	闸刀开关	接触部的粗糙、磨损	1　闸刀开关接触子的润滑
	零序过电压继电器	2　闸刀开关的铰链或接线柱松否	2　绝缘电阻的测定
	空气断路器等	2　熔断丝规定容量的确认 3　空气断路器（零序过电压继电器）模子的破损 4　固定螺栓的松动	
配电盘	继电器	1　接触子的接触状态（交错） 2　电弧箱、电弧槽的异状 3　电磁铁的差拍 4　绝缘套等的缺损	1　导线的股线断线 2　接点的固定状态 3　消灭花线圈的异常（挡板型） 4　电磁铁用电阻器、电阻值的确认
	电磁接触继电器	1　可动铁心的吸面及线圈的表面状态 2　时间继电器规定时限的确认 3　过电流继电器中插棒式铁心生锈 4　紧固螺栓的松动	5　构造部、电磁铁的灰尘积压 6　热继电器及过流继电器额定设定值的确认
控制柜PLC柜	仪表及其他半导体	1　仪表类指示确认 2　仪表用变压器、变流器的过热变色、龟裂 3　盘内有否露水 4　固定螺栓的松动	1　各种仪表类误差的确认 2　盘的腐蚀、污损等
		1　组合式端子的接触状态 2　印刷板及部件的灰尘积压	1　印刷板及部件的异状 2　根据规定输入的规定输出确认 3　各种电阻器的设定值

续上表

分类		月例检查项目	年次检查项目
供电装置	滑环	1 汇流环的间隔、回转状 2 转子的磨损、粗糙脱落 3 碳刷的磨损 4 绝缘子龟裂、损伤、污浊 5 机构部分的润滑状态	1 碳刷的固定状态 2 集电器弹簧的状态 3 对中心轴有否偏心 4 绝缘电阻的测定
	电缆卷盘	1 电缆导向的动作状态 2 结构部分的润滑状态	
	橡皮绝缘电缆	1 橡皮绝缘电缆的损伤 2 电缆上有无异常状态的弯曲、扭曲、拉力的重复等现象	
配电柜	接线处	1 灰尘的积压、异物的黏附 2 端子、螺栓等的紧固状态 3 电缆入口、固定处的异状	1 集电器导线的股线有否断线 2 结构部的磨损
	绝缘电阻		1 各电路的绝缘电阻值： 200V级 0.2MΩ以上 400V级 0.4MΩ以上 600V级 10MΩ以上
	柜内配线和机内配线	1 接线箱等固定部位的松动 2 室外接线箱、雨水的侵入 3 端子部位的松动	1 配线的外伤 2 柜盘内配线蕊线的断线 3 端子头等的破损 4 接端子的龟裂 5 线号的脱落、破损脏污 6 配线上的灰法尘 7 走线槽、电线管的损伤、裂纹及紧固状态 8 电线扎带的松动
	照明	1 机器的损伤 2 端子部的松动 3 灯不亮	1 底座的固定状态
	警报	1 声音的确认	1 装置的安装固定状态
	冷暖气机器		1 机器的动作的确认 2 机器的固定确认
变压器	干式变压器	1 端子部的松动 2 异音、异热、异味 3 固定螺栓的松动	1 线圈上的灰尘 2 铁芯的生锈 3 地线的确认 4 绝缘物的龟裂、损伤、污浊 5 绝缘电阻的测定
	电力用电容器	1 漏油 2 放电装置的动作确认 3 熔丝规定容量的确认 4 异音、异热、异味 5 固定螺栓的松动	1 绝缘电阻的测定 2 容量的变形、损伤 3 绝缘物的龟裂、损伤污浊 4 接地的确认

续上表

分类		月例检查项目	年次检查项目
安全装置	紧急停止限位开关防控其他电气设备的保护装置	1 动作的确认 2 限位开关的动作位置的确认	1 风速计的动作状态
附属品	修理用岸桥负荷试验	1 根据本机标准进行检查	1 根据本机标准进行检查 2 起吊额定负荷，按额定速度作起升、小车行走、倾转动作、行走等动作

(四)暴风后等检查项目

当暴风后或当大地震后，岸桥有可能受到损伤，所以负责人(主要是负责人分配的维修员)要对本机进行充分的检查。

检查项目如下：
(1)行走轨道上或行走范围内的障碍物；
(2)行走方面的损伤或变形；
(3)固定装置等的异状；
(4)行走轨道以及它的焊接部的龟裂；
(5)行走用电机及制动器的浸水；
(6)楼梯、走道、栏杆等的损伤；
(7)钢构件本体各焊接部的变形及裂纹；
(8)滑轮及导向辊上钢丝绳的移动；
(9)钢丝绳的损伤；
(10)各部供油系统的断路脱落；
(11)驾驶室、机械室、电气的漏雨、破损；
(12)供电电缆、供电装置的异状；
(13)绝缘电阻的下降；
(14)照明、器具等的损伤、脱落。

检查后注意事项：
(1)对所有的供油处加油；
(2)空负荷作每个动作的运转；
(3)确认各限位开关的动作；
(4)当确认对作业无障碍后再进入本机的正式运转状态。

二、润滑知识及岸桥的润滑

(一)润滑的基本知识

润滑是将特定介质(润滑剂)加入到两个摩擦表面之间，形成一层油膜，将摩擦表面隔开而降低摩擦、减少磨损的工程技术措施。

1. 润滑的分类(按摩擦面上油膜形成状况)

(1)流体润滑

在两个摩擦表面之间保持有一定厚度的油层,使摩擦面完全隔开。这种润滑叫流体润滑,这种磨损最少,是最理想的润滑状态;

(2)混合润滑

在摩擦副中,少数地方的油膜遭到破坏,出现固相物体直接接触,造成局部边界摩擦或干摩擦,这种润滑叫混合润滑;

(3)边界润滑

在摩擦副两个摩擦面之间,没有足够厚度的油膜,只有吸附在摩擦表面上的一层极薄的油性膜,载荷几乎全部通过表面微凸体的变形来承受,这种润滑叫边界润滑。

2. 润滑的作用

(1)润滑作用

通过向摩擦副中加入润滑剂,可以降低摩擦系数,减少摩擦阻力、磨损及能量损失,使设备运行平稳,效率提高,使用寿命延长。

(2)冷却作用

润滑剂能吸热、传热和散热,特别是低黏度润滑油,更具有良好的冷却效果。

(3)清洗作用

润滑油在摩擦面间流过时,可冲洗掉固体微粒,保持摩擦面光洁。

(4)密封作用

润滑剂与摩擦副形成密封,阻止空气、水分或其他杂质通过。

(5)减震降噪作用

油层可将冲击、振动产生的机械能转化为液压能,起缓冲减振作用并可降低噪声。

(6)卸荷作用

外加的载荷通过油膜可以均匀地作用于摩擦面,即使局部出现干摩擦时,尚存的油膜仍能承担其余载荷,可以使作用于摩擦点的载荷减轻很多。

(7)保护作用

油层可以对金属表面起一定的保护作用,防止产生锈蚀。

(二)润滑剂

凡是能降低摩擦阻力作用的介质均可作为润滑剂。润滑剂有气体、液体、半液体和固体的,主要分为润滑油、润滑脂、水基液体和固体润滑剂4大类。

1. 润滑剂的基本性能要求

(1)合适的黏度及良好的黏温性能。高黏度易于形成动压油膜,油膜较厚,能支承较大负荷,防止磨损。黏度太高,即内摩擦太大,会造成摩擦热增大,摩擦面温度升高;黏度太低,油膜太薄,承受负荷小,易磨损、易渗漏流失。

(2)良好的润滑性。

(3)良好的极压性。

(4)良好的化学安定性和热稳定性。

(5)材料适应性。
(6)良好的抗腐蚀性。
(7)良好的抗磨性。

2.润滑油

(1)润滑油的主要质量指标

①黏度:当液体内部发生相对运动时,其分子之间存在的阻力(液体的内摩擦阻力)叫液体的黏性。黏性的大小用黏度来表示。润滑油的黏度高,其承受压力大,不易从摩擦面之间挤出,而保持一定厚度的油膜;但黏度过高的润滑油则难以流入间隙小的摩擦面之间,因而不能起润滑作用。黏度对机械润滑的好坏起着决定性的作用,是选择润滑油的主要依据之一。

②黏温性:黏度随温度变化的特性,常用黏度指数来表示。一般油品的黏度均随温度的升高而降低,随温度的降低而升高。黏度指数愈大,其黏温特性愈好。

③油性:也称吸附性或润滑性。是指润滑油能吸附于金属表面形成油膜的性能。油性好就是吸附力大,油膜不易破坏,摩擦系数小,能有效地保护摩擦表面。

④闪点和燃点:在一定条件下加热油品,当油的蒸汽与空气混合后的气体同火焰接触时,发生闪火现象的最低温度称为闪点,闪火后持续燃烧5s以上的最低温度称为燃点。闪点是润滑油的一项重要安全性指标。润滑油的闪点至少要高于机械工作温度20~30℃才能保证安全。

⑤凝点:油品在一定条件下冷却到失去流动性时的最高温度称为凝点,这是一项重要的指术指标。显然,凝点高的润滑油不宜于在低温情况下使用。

⑥酸值:中和1g油中的酸所需氢氧化钾的mg数称为酸值,润滑油对金属的腐蚀作用,取决于酸值的大小。酸值小,腐蚀性就小。

⑦水分:润滑油中的水分过多会使油品乳化变质,丧失润滑性能。水分一般不超过3%。

(2)润滑油的选用

润滑油有矿物油、合成润滑油和动、植物油。国家标准是按用途分类的,如机械油、液压油、齿轮油等。各类油根据黏度又分为不同的牌号,油号越大,黏度越高。选用时,应根据不同的机械设备、不同零部件、机械运转速度、工作温度、工作负荷等等情况具体选用。

①工作温度:工作温度影响着润滑油的黏度变化和润滑效果,故当工作温度较低时,应选用黏度较低的润滑油;工作温度很高时,应选用有适当添加剂的润滑油;高于200℃时,一般可考虑采用固体润滑剂。环境温度不同,所选的润滑油的黏度也应随着变化。

②运动速度:两摩擦面的相对运动速度越高,越应选用黏度低的润滑油,以免运动阻力大,产生热量多。反之,在低速情况下,则应采用黏度较高的润滑油,以利提高承载能力。

③运动性质:运动中有冲击、振动,经常变载、变速、起动、停车、反转频繁以及作往复或间歇运动时,都不利于油膜的形成,故应选用黏度较高的润滑油;有时宁可采用润滑脂,甚至固体润滑剂,以保证可靠的润滑。

④工作比压:运动副中的比压越大,润滑油黏度也应选得越大,并应具有较好的油性,以免从摩擦副中挤出。对于比压特大的摩擦副,应使用含硫的或合成的特制润滑油,以免油膜被挤破,或在被挤破后能够很快地恢复。

⑤结构特点:运动副间隙越小,摩擦面加工精度越高,润滑油的黏度应越低;摩擦面倾斜度或暴露面越大,越应选用黏度较高的润滑油;如为垂直面或全暴露时,宜考虑改用润滑脂。

⑥环境条件:在润滑部位附近有较严重的腐蚀性气体时(如热处理及电镀车间),宜适用抗蚀性的润滑油;在有流水溅污、乳化液喷射、潮湿空气或灰尘屑末严重处,一般不宜选用润滑油,而用润滑脂。

⑦齿轮油选用时主要依据使用地区、季节的气温等运行条件决定。气温低,就选用凝点低、黏度低的牌号;反之,则选用凝点较高、黏度较高的牌号。

3.润滑脂

(1)润滑脂的组成

润滑脂俗称黄油,它是在润滑油中加入稠化剂而制成的,在常温下呈黏稠的半固体膏状。润滑脂的主要组成有:

①润滑油:是润滑脂的主要成分,一般含量在70%~90%。润滑脂的润滑性能主要取决于润滑油的性质。如用黏度小的润滑油,则润滑脂柔软细腻;用黏度大的润滑油,则润滑脂具有很强的吸附能力。

②稠化剂:是润滑脂的重要成分,它在润滑脂内形成如海绵蜂窝状的结构骨架,润滑油被包围起来,失去流动能力,成为一种膏状物质。稠化剂的含量多少,以及其耐水、耐热性能,决定了润滑脂的黏稠程度,以及耐水、耐高温能力。

③稳定剂:是一种润滑油和皂类稠化剂的结合剂,起稳定油、皂结合的作用。常用稳定剂有水、甘油等。

添加剂:用于改善润滑脂的某些性能。如用石墨、二硫化钼作添加剂,可以提高润滑脂的耐磨、耐压性等。

(2)润滑脂的主要质量指标、品种

润滑脂性能的基本要求是:适当的稠度、良好的高低温性能,以及抗磨性、抗水性、防锈性、防腐性和安定性等。

①稠度:稠度是指润滑脂的浓稠程度,可用针入度表示。针入度愈小,表示润滑脂愈稠、愈硬;反之,针入度愈大,润滑脂愈软。润滑脂的牌号就是根据针入度的大小来编号的。牌号有0、1、2、3、4、5号,其针入度是由高到低,也就是润滑脂由软到硬。

②耐热性(滴点):按规定的加热条件加热,润滑脂在滴点计的脂杯中滴落下第一滴油时的温度称为滴点。滴点的高低,表示着润滑脂耐热性能的强弱。因而滴点决定了润滑脂的工作温度,一般润滑脂的工作温度应低于滴点20℃以上。

③抗磨性:润滑脂抗磨性意义与润滑油工样。润滑脂因为稠化剂本身就是油性剂,因此,润滑脂的抗磨性能一般比基础油要好。

④抗水性:抗水性差的润滑脂,遇水后稠度下降,甚至乳化而流失。

⑤胶体安定性和抗腐蚀性:胶体安定性是指润滑脂在储存和使用中避免胶体分解、防止液体润滑油被析出的能力。

⑥极压性能:在重载作用下,润滑脂在金属表面维持完整油膜的能力称为极压性能。极压性高,则维持完整油膜的能力也越强。

除上述各项性能要求外,润滑脂还要求有较好的抗氧化安定性、机械安定性,且不允许含有机械杂质。

润滑脂按性能和使用场合分:通用脂、高温脂、专用脂三种通用脂分:Ca 基脂、石磨 Ca 基脂、无水 Ca 基脂、Na 基脂、NaCa 基脂、通用锂基脂、汽车通用锂基脂、合成锂基脂等。

其中通用锂基脂是可以取代钙基、钠基、钙钠基脂的换代产品。寿命长,多用途,在 −20~120℃ 范围内可长期使用。

(3)润滑脂的选用

选用润滑脂时,应使所选润滑脂的性能符合机器的工作条件及特性,并注意下列原则:

①所选润滑脂的滴点必须高过工作温度 10℃ 以上,以保证润滑效果。

②由于润滑脂的流动性差、摩擦阻力大、机械效率较低、导热系数也较小,故不宜用作循环润滑剂。用于油集中润滑站时,针入度一般应在 300(1/10mm)以上,如管道很短,针入度可稍降低。

③因润滑脂对一般温度影响不敏感,对载荷性质、运动速度的变化等有较大的适应性,故宜用于温度、速度变化较大或有反转、间歇运动的机械。

④因润滑脂不易流失或被挤出,又不需经常更换,故所需密封简单,且其本身也有一定的密封作用。故适用于不宜经常加油、不宜安装复杂密封、不许润滑剂沾污产品,以及灰尘屑末很多的地方。

一般针入度是选用润滑脂的重要依据。负荷较大、速度较低的摩擦机件,应选用针入度较小(即较硬)的润滑脂;相反,负荷较小、速度较高的摩擦机件,应选用针入度较大(即较软)的润滑脂。冬季应用选用针入度较大的润滑脂,夏季使用针入度较小的润滑脂。此外,还根据不同使用场合和要求,选和钙基、钠基等不同稠化剂的润滑脂。

(三)岸桥的润滑

在岸桥的日常维护中,润滑是至关重要的一个环节。为了使齿轮箱经常保持在油位表所限制的范围之内工作,要注意经常补充加油。当污浊时,要把脏油全部放掉后,再加上新油。利用油嘴供油处,每月最少一次以上加油,加油时要将旧油挤出,一直到新油出来为止。各部分的连接销处要适当加油,此外,在一些辅助装置没有装油嘴处,只要有相对运动,就要用油壶滴入机油。

根据实际工作中行之有效的方法,经常进行必要的维修和检查,确保岸桥的正常运转,可按当地交通部门所颁发的港口机械维修保养规定。

表 2-7 给出起重机润滑作为为例子。

起重机润滑一览表 表 2-7

序号	零部件名称	润滑周期	润滑类型	润滑材料
1	所有钢丝绳	一般 15~30 天	把润滑脂加温到 80~100℃ 浸涂到饱和为宜,不加热涂抹	钢丝绳麻蕊脂,涂合成钙脂基石墨润滑脂,或其他润滑脂
2	起升减速箱	自润滑	油池	N320 极压齿轮油
3	小车减速箱	自润滑	油池	N320 极压齿轮油
4	大车立式减速箱	自润滑	油池	N320 极压齿轮油
5	滚动轴承及齿轮联轴节	高速处:每月一次 低速处:3~6 个月	工作温度在 −20℃~50℃	可用任何元素为基体的润滑脂

续上表

序号	零部件名称	润滑周期	润滑类型	润滑材料
6	滑动轴承	高速处：每天一次 低速处：一周一次 每次大修时加满	工作温度在高于50℃ 工作温度在低于-20℃	工业用锂基润滑脂采用1、2号特种润滑脂
7	电动机	年修或大修	一般电动机Ⅱ级绝缘或湿热地带	复合铝基润滑脂、3号锂基润滑脂
8	制动器铰点、限位开关铰点、操纵手柄铰点等	3个月	销轴	HC20机械油
9	起升机构主令限位、开式齿轮传动、运行小车传动、小车万向联轴器铰轴处、大车运行开式链轮传动	6个月	—	钙基润滑脂
10	所有滑轮轴	3个月	油嘴	钙基润滑脂

制动片以及电气接线处不准加油。

润滑工作注意事项：

（1）润滑材料必须保持清洁。

（2）不同牌号的润滑脂不可混合使用。

（3）经常检查润滑系统的密封情况。

（4）选用适宜的润滑材料并按规定的时间进行润滑。

（5）在岸桥完全停电时，才允许进行润滑操作。

（6）对没有注脂点的转动部位，应定期用稀油壶点注在各转动缝隙中，以减少机件的磨损和防止锈蚀。

（7）采用油池润滑的部件，应定期检查润滑油的质量，加油时应加到油位。

（8）对采用润滑脂润滑的部位应尽量将旧脂排尽后，再加新润滑脂。

岸桥使用的主要润滑油可分为：

（1）齿轮油

齿轮传动工作的特点是线接触或点接触，接触应力高，既有滚动又有滑动，常常发生磨损、腐蚀、擦伤、点蚀、断裂等破坏形式。齿轮之间的润滑处在边界润滑或弹性流体动压润滑状态。所以合格的齿轮油应具备：良好的极压抗磨性、抗氧化安定性、抗泡性、防腐性及较低的成沟点和低温流动性。

齿轮油分工业齿轮油和车辆齿轮油。

长城 L-CKD 320 齿轮油是 QQCT 公司现在所用于岸桥、轮胎吊等大型机械减速箱的专用润滑油。该油品有极强的抗氧化性、防锈性和极压抗磨性，适用于高温下的重负荷的齿轮润滑。

（2）液压油

目前公司各种大型机械的控制系统几乎都是由液压系统。为了保证液压系统在不同的环境有效安全地工作，液压油应具有良好的黏性、润滑性、抗氧化安全性、剪切安全性、抗乳化性、抗泡性、防锈性、防火性等等。

通过长期的实践应用，L-HM 46 抗磨液压油是可以满足公司各种大型机械所要求的液压用油。

长城 L-HM46 液压油的特点有以下几方面：

①选用抗剪切性能好的高分子物解的增黏剂可有效控制 C-C 分子键被剪切。
②长城 L-HM46 液压油中加有油性剂和抗磨剂，对液压马达起到防爬减磨的作用。
③液压系统中的密封件主要是橡胶，L-HM46 液压油对橡胶的适应性较好。
④长城 L-HM46 液压油中加入了聚酯类抗泡剂，既抗泡又保证了放气性。

三、故障检测及修理

（一）故障诊断的基本方法

港口电动起重机械故障的原因，一是机构长期运转使零件磨损，造成机械技术性能下降；二是由于操作、保养不当或未能及时发现零件的磨损，任其发展造成零件发生损伤、变形、断裂等严重损伤。

机械故障分为突发性故障和渐发性故障两类。

港口机械故障诊断方法大体分为三大类：感官诊断、简易诊断和精密诊断。

1. 感官诊断

感官诊断是在设备维修保养工作中，以技术工人或专职检测人员，通过手摸、耳听、眼看、鼻闻等方式，根据检测者在长期实际工作中积累的有关经验来检查、识别、分析和判断设备在运行中是否存在故障，故障的性质、发生部位和损伤情况。

2. 简易诊断

简易诊断相当于状态监测。它主要是由维修人员，通过一些简单的测试仪器对机械设备进行状态监测，弄清设备状态是否正常。常见简易诊断有以下几种：

（1）润滑剂的检查化验。
（2）放大镜下碎粒观察。

3. 精密诊断

精密诊断是由经过专门训练的工程技术人员，使用精密检测器对起重机进行监测诊断，从而定量地掌握设备的状态，了解故障部位和发生原因，预测故障对设备将产生的影响。

（1）铁谱分析技术：借助铁谱仪把润滑油中的磨损颗粒分离出来，按其尺寸大小依次沉积在显微基片上制成铁谱片，或沉积在一玻璃管壁上，通过光学方法进行定量检测。这种技术称为铁谱技术。

（2）振动分析技术：利用故障诊断仪，对机械设备作故障诊断和动态测试。在该类仪器中，应用较好的有轴承故障检测仪、多功能机器故障检测仪、电子听诊器等。

此外，超声波诊断技术，在机械故障分析中也应用较多，它常用于结构腐蚀、铸锻焊件缺陷等的现场监测。

(二)岸桥检修的部分内容和方法

1.集装箱吊具

转销主要损坏形式是变形,应予以更换,不能作校正修理。吊具框架变形应及时进行热校正,不要用冷校正,这样会引起残余应力而造成框架断裂。校正后需检验吊具框架平面的平直度,使框架四只角落在同一平面上,并要求对角线长度一致。

2.钢丝绳及卷绕装置的检修

(1)钢丝绳

在检查时须将钢丝绳弯曲(弯曲半径须大于钢索直径的5倍)来检查有关断丝。

(2)滑轮

滑轮的侧向摆动量不得超过$D_0/1000$(D_0-滑轮的名义直径)。铸铁滑轮如发现裂纹都应及时报废。铸钢滑轮若出现轮辐裂纹,可焊接,但须保证至少有两个完好的轮辐。

用样板检查滑轮绳槽。滑轮槽径向磨损不应超过钢丝绳直径的25%,滑轮槽壁的磨损不应超过原厚度的30%。

(3)卷筒

卷筒轴磨损量达公称直径的3%~5%时要更换,卷筒壁磨损量达原厚的15%~20%时应予以更换。

3.减速器的检修

(1)减速器箱体结合面的检修

减速器箱体修理时,经几次研磨后,可用塞尺检验结合面的间隙,其值不应超过0.03mm,表面粗糙度不应低于1.6μm,底面与接合面的不平行度在1m长度内不应大于0.5mm。减速器在正常运行时期箱体,特别是在安装轴承处不能过热,一般减速箱内油温不应超过60~70°C。

(2)减速器齿轮的检修

为保证安全,起升机构齿轮磨损达原齿厚的8%~25%,运行机构中齿轮磨损量达原齿厚的25%时应更换。其他几种损坏情况:①齿轮疲劳点蚀;②齿面磨损;③轮齿的破损;④齿面胶合。

4.轴承的检修

(1)滚动轴承的检修:

①滚珠(柱)和内外座圈(包括锥形轴承及座圈)滚道上有剥落、伤痕、破裂、严重黑斑点或烧坏变色,应予更换。

②保持架有缺口、裂纹、铆钉松动或滚珠(柱)脱出时应更换。

③检查轴承的轴向和径向间隙,用手推动试验时无明显间隙感觉,转动时灵活无尖锐杂音而旋转均匀为好。否则应更换。

轴承的轴向间隙超过0.50mm、径向间隙超过0.20mm时应更换。

(2)滑动轴承的检修

当轴承或衬套磨损后,其配合间隙超过规定值而不能调整时,必须更换衬套或修复轴承。青铜衬套与轴的间隙,在维修时允许最大间隙为标准最大间隙的8~10倍。大修时如间隙不大于标准最大间隙的2倍,允许继续使用。浇铸轴承合金的轴承之最大使用间隙,一般不超过标准最大间隙的 2.5~3 倍,有冲击载荷时不得超过 1.5 倍。当轴承合金有严重的疲劳剥落和烧熔时应修复。修复时可重新浇铸轴承合金,经加工后,在装配时再进行刮配。

(三)金属结构的检修

1.金属结构检查与维修概述

装卸机械的基础构件均为金属结构,它不仅使起重机保持坚固不变的空间几何形状、漂亮的外形,而且装设各种机构,承受各种外力和自重的作用,并且还要做各种规定的动作。为此,金属结构的整体及各构件、杆件均应满足强度、刚度和稳定性的要求。

起重机的所有载荷,通过构件的连接和传递,全部由金属结构的各构件所承受。这些载荷可分为三类。

基本载荷:包括庞大结构本身的自重载荷,各机构的设备及电气设备的自重载荷,起升货物的载荷,起升机构起升、下降的起、制动使货重产生的冲击振动载荷,还有变幅机构、旋转机构、大车和小车运行机构的起、制动引起的惯性载荷。

附加载荷:包括起重机偏斜运行时的水平侧向力,起重机露天作业的风载荷。

特殊载荷:包括碰撞载荷、坡度载荷,安装、试验载荷等。

金属结构在上述各种力的长期作用下,尤其是冲击、振动或因操作不当与其他建筑物(舱口、仓库、缓冲器等)的碰撞下,会发生损坏和变形。

金属结构常见的破坏形式有:构件折损、裂纹与开焊、结构变形 3 种情况。

2.桥架的变形与修复

(1)桥架的变形

桥架变形的形式有:规定的主梁上拱度在使用中减少,产生超规定的旁弯,箱形梁的腹板出现超规定的波浪变形,以及端梁变形、桥架对角线超差或整个金属结构产生变形等。

主梁在使用中由于各种原因,会促成上拱度逐渐减少,这种现象称为主梁下沉,即自原始拱度向下产生了永久变形。

(2)桥架变形的修复方法

桥架变形的修复方法,目前有两种:一种称为预应力法,一种称为火焰矫正法。

四、岸桥一般故障处理

(一)岸桥械故障的分类

岸桥是港口生产用来从事起重和搬运工作的机械。它是现代工业生产、交通运输、基本建设等方面的重要设备。但是,岸桥使用到一定时间后,往往因零件的磨损,间隙的增大等原因而出现明显的不安全运行状况。甚至因某些主要构件或部件的疲劳导致机构故障,严重故障还会引起重大伤害事故的发生,危机设备和人身安全,对企业造成重大损失,对家庭带来不幸。

所以岸桥驾驶员必须学会正确判断岸桥的常见故障。并根据岸桥的异常现象,能分析情况,判断故障所在,查清原因,及时修理后使用,以确保岸桥安全运行,最好的发挥岸桥的作用。

1. 机械部分的故障

任何机械都是由若干零件组成部件,再由若干部件(或总成)组成整个机械,岸桥械也不例外。岸桥的故障主要来自电动机、制动器、减速器、滑轮组、卷筒、吊具、联轴器、车轮等主要零部件。在使用过程中,它们之间的接触部分在相对运动中产生表面磨损,待磨损到一定程度后就会影响机构的正常运动而发生故障。

制动器是岸桥上必不可少的重要部件之一,各机构中制动器制动性能的好坏,直接影响各机构运动的准确性和工作的安全性,尤其是起升机构的制动器的制动性能必须绝对可靠。

制动器的故障直接危及安全生产,所以每班都应检查,如发现间隙过大,则应进行调整或维修。制动器的故障大都来自传动系统的动作不灵活、销轴卡住、易损零件没及时调换或制动片与制动盘之间的间隙调整不当,有时因液压推杆故障或制动器规格选择不符要求,制动力矩太小等原因也会造成制动器失灵或工作不可靠。

在岸桥中,减速器主要用于起升机构,小车运行机构和大车运行机构中,用来传递扭矩并降低转速。减速器的质量好坏直接影响到岸桥安全运行。使用了一定时间后的减速器的齿轮表面往往因疲劳腐蚀和磨损而引起异常的噪声,并出现传动不平稳,有振动、发热等现象。因此发现减速箱有缺陷,就应立即消除,不得迁就使用。

与减速器一样,联轴器也是用来传递扭矩的。所不同的是通过减速箱后,转速有所降低,而通过联轴器后转速不变。联轴器常发生齿轮磨损严重,其主要原因是安装精度差,在被连接的两轴之间有较大偏移量,又缺乏良好的润滑。往往是齿面油脂被挤去后无法自行补充(无相对运动的啮合形式),在短时间内使整个齿圈上齿被磨尖、磨秃,达到报废程度。联轴器齿轮的严重磨损将会造成机械传动故障,有时可能会发生严重事故。

滑轮和卷筒的常见损坏形式是绳槽的磨损。其主要原因是空载时,钢丝绳在绳槽中处于松弛状态,而当负载时,钢丝绳则被拉紧并对轮槽有一定的压力。因此,在起升或下降时钢丝绳与滑轮或卷筒间产生相对的滑动。另外,由于钢丝绳对绳槽的偏斜作用,使卷筒绳槽尖峰部被磨损。如发现滑轮或卷筒有裂纹或轮槽磨损,尺寸达到报废标准的滑轮或卷筒均不准继续使用。这是因为卷筒绳槽严重磨损易使钢丝绳脱槽跑偏,而滑轮轮缘破碎则往往造成钢丝绳拉毛或脱槽轧住,最后被拉断而导致发生事故。

2. 电气部分的故障

根据岸桥机械工作特点,要求电动机具有较高的机械强度和较大的过载能力,并能承受经常性的机械振动和冲击,还要求具有较小的转动惯量和能快速起动和制动。电动机在运转中不应有摩擦声,尖叫声或其他杂声,如发现有不正常声音应及时停车检查,消除故障后方可继续运行。运行中不允许有水或油滴入电动机内部。电动机故障主要有不能起动、温升过高、负载时功率达不到额定值等。

电器设备是岸桥上比较复杂的部分,它在冲击、振动与摆动条件下工作,容易发生故障。特别是在高温、多灰尘、潮湿的环境中工作的岸桥,更容易发生故障。电器设备发生故障不但会造成停机影响生产,而且还可能发生事故。

电器设备主要包括电动机、控制器、电阻器及其他设备,还有导电器和滑线装置以及各控制电路。

3. 液压传动系统故障

液压传动系统在工作过程中不可避免会发生故障。这些故障可分为突发性的和磨损性的。对于前者，如泵的烧损、零部件的损坏、管路破裂等，常与制造、装配及操作是否符合规程等因素有关，这些故障常会发生于系统工作的初期和中期。对于磨损性故障，如密封件失效、工作速度变慢等，在机械正常使用情况下这些故障往往发生于系统工作的后期，主要是由于机件的自然磨损引起的；其发生频率与日常维护保养的好坏有着密切的关系。为了提高液压传动系统的使用寿命，使一台液压机械能长期保持良好的工作性能，除了要严格遵守操作规程，最大限度的防止初、中期的突发性事故外，还应建立和健全必要的日常维护保养制度，以减少后期的磨损性故障。

（二）常见故障的原因及其排除方法

岸桥常见故障的原因及排除方法如表 2-8~表 2-10 所示。

岸桥零部件一般机械故障的原因及排除方法　　表 2-8

故　　障	产　生　原　因	排　除　方　法
滚动轴承发生高热	完全缺乏润滑脂或润滑脂少	给轴承加足润滑脂
	轴承中有污物	用煤油清洗轴承并注入润滑脂
滚动轴承工作中噪声增大	装配不良，轴承偏斜或拧得过紧发生卡住现象	检查装配的正确性，并进行调整
	轴承的部件发生毁坏或磨损现象	更换轴承
减速器有周期性的齿颤震的声响，从动轮特别显著	齿的节距误差过大，齿侧间隙超过标准	修理，重新安装
减速器有剧烈的金属锉擦声，引起减速器震动的叮当声	传动齿轮的间隙过小，轮与中心未对正，齿顶上具有尖薄边缘，齿面磨损后不平坦（小沟和凸痕）	修理，重新安装或更新
减速器齿轮啮合时有不均匀但连续的敲击声，在减速器箱体各处能听到、感觉到机壳的震动	齿侧面有缺陷（层状组织）	更新
蜗轮减速器有敲击声，周期忽高忽低的声响与蜗轮转动周期性的声响吻合	蜗轮轴向游隙过大或蜗轮齿磨损严重，节圆与轴偏心，轴节有积累偏差	更新，修理或重新安装
减速器发热	润滑油过多	圆柱齿轮及伞齿轮减速器内油温应<60℃；蜗轮减速器内油温应<70℃；油面应保持在油针两刻度之间
齿轮减速箱响声过大，有冲击声	齿轮过度磨损	更换齿轮
	箱中有异物	取出异物

续上表

故障	产生原因	排除方法
减速箱轴承过热	轴承损坏	更换轴承
	轴承中有污物进入	拆洗轴承
	间隙太小	调整轴承间隙
	断油	按油标尺寸加油
制动器不能刹住重物（对行走机构来说小车或大车制动后滑行距离较大）	杠杆系统中活动关节被卡住	清理制动器、消除卡住现象，活动关节加油
	制动盘或制动片上有油	用煤油清洗制动盘和制动片
	制动片过度磨损	更换制动片
	主弹簧损坏或松动引起张力过小	调换弹簧或调节螺母，使之弹簧张力适当
	杠杆锁紧螺母松动，杠杆窜动	调整杠杆后旋紧螺母
制动盘上产生焦斑，制动片很快磨损	制动盘和制动片之间间隙不均匀，离开时产生摩擦，制动盘发生过热现象辅助弹簧损坏或发生弯曲现象	调整间隙应使闸瓦或制动片均匀离开，更换辅助弹簧
制动器易于偏离调整位置	调整螺母没有拧紧或锁紧螺母没有拧紧，螺母的螺纹损坏	调整制动器，拧紧螺母和备母，或更换缺陷螺母
钢丝绳磨损快或经常破裂	有赃物和没有润滑油	清洗和润滑钢丝绳
滑轮不转	轴与轴套之间没有润滑油	拆洗润滑零件并加注润滑油
制动器起动时间过长	制动器各部分铰点阻力太大	清理制动器各部分铰点后加油，各部分铰点应灵活
	油压偏低或油路不通	清洗油路并根据要求加油
	内部漏油	清洗检查液压推杆有无杂音，损坏零件及时更换
液压推杆不产生压力，无法制动	溢流阀的阻尼孔被堵塞	清洗溢流阀
	电压装置线圈接反，控制杆不会向下	调整接线
	叶片油泵接头未拧紧	拧紧叶片油泵接头
	滤油器被堵	清洗滤油器
液压推杆油压压力达不到工作油压，制动时间过长	溢流调整装置控制杆装配时控制杆平面不平，控制杆与喷头中心歪斜	找出故障点，把位置安装正确
	电液调正装置线圈电流太小	在允许范围内加大电流值
液压推杆松闸时间过长残压过大	控制杆离喷头距离太小	将十字弹簧上端螺母拧紧
	喷头孔直径太小	加大孔径
制动器不能打开	制动器主弹簧张力过大	调整弹簧预紧力
	液压推杆损坏	修理或更换液压推杆

制动器故障原因及排除方法　　　　　　　　　　　　　　　　　　　　表 2-9

部位	故　障	产　生　原　因	排　除　方　法
制动架	闸瓦不能完全打开	各铰接点轴孔或轴销磨损过大	消除间隙更换零件
		闸瓦两端紧固螺母松动	拧紧
	制动时间过长	主弹簧太松	调整主弹簧压缩行程
		主弹簧调节螺杆顶在销轴上	按规定进行调整
		杠杆与电磁铁油缸盖相碰	确保杠杆补偿行程
		杠杆行程不够	按标准额定行程进行调整
		制动轮闸瓦沾有油污	擦净
		闸瓦未跑合	充分跑合
	闸瓦温升高,磨损快,制动轮温升高	单边闸瓦与制动轮接触	调整闸瓦间隙
		闸瓦在自重作用下,使其一端与运转的制动轮接触	重新调整
	闸瓦磨损快	制动器选型不合适	换成制动力矩大的制动器
		制动轮材料选错	更换制动轮
电力液压推动器	通电后电动机不转	电动机断线	检修
		叶轮卡滞	排除
		供电系统故障或停电	检查供电系统
	通电后,叶轮旋转,推杆不动作	注油后未充分排气	将活塞杆上下滑动几次
		缺油或油量不足	加油补充
		主弹簧太紧	按规定弹簧长度调整
		电源电压过低	消除
	推杆上升,动作缓慢	油量不足	加油补充
		主弹簧太紧或制动架卡滞	调整保养
		在低温情况下,用油不当	按标准选择低温液压油
		周围温度太高	使用耐高温油
	断电后,推杆下降异常缓慢	主弹簧太松	按规定调整弹簧长度
		推杆弯曲	修理、更换
		周围温度低	按表 2-7 选用低温液压油
	油温高	缺油	加油
		轴承损伤引起负荷增加	更换
		油污染严重	换油
	外部漏油	螺栓未拧紧	拧紧
	推杆渗油	油封损坏	更换

续上表

部位	故障	产生原因	排除方法
电磁液压推动器	通电后推杆不动作	线圈两端无电压或电压甚低	检修
		吸合电压维持时间太短	调整硅整流器及控制器时间继电器整定值
		线圈短路	更换线圈
		缺油	加油补充
		动铁芯与隔磁环有卡滞现象	检修动铁心工作行程为6mm左右
		推杆卡滞	检查是否弯曲，并更换
		硅整流元件击穿	更换
		熔断器熔断	若短路引起，应排除故障再更换熔断器
		单向阀、补偿阀密封圈缺损或密封处嵌入异物	清洗、更换缺损密封圈
	推杆行程小于规定值	缺油	加油
		工作腔内有气体	排气
		补偿行程超出规定的最大值	调整
	推杆上升后自动缓慢下沉	密封圈磨损或严重收缩	更换
		动铁芯阀片密封不严	消除可能残存的杂质
		单向阀漏油	更换
	推杆上升缓慢	主弹簧太紧	调整主弹簧长度
		线圈两端电压过低	消除
	断电后，推杆下降缓慢	隔磁环漏装	重新装上
		线圈两端电压不能及时消失	检修
		推杆卡滞	检查是否弯曲
	频繁操作时，推杆行程逐渐减小	油缸上凸包与静铁芯两个孔未对准，或线圈上月牙形垫堵住孔	重新装配
	线圈两引线或引线对地短路	油中有导电杂质	换油
		线圈引出线耳环裸露部分过长	重新接线
	线圈严重发热	线圈吸合时间过长	降低硅整流器及控制器时间继电器整定值
	外部漏油	O形密封圈损坏	更换
		接线板破损	更换

吊具故障原因及排除方法 表 2-10

故　障	产生原因	排除方法
旋锁轴表面裂纹与开裂	旋锁轴损坏	停止使用,更换新件
吊具伸缩失灵	机构变形卡死	检修机构及零件,消除卡住现象
	油箱油液不足	检查油箱,补足油量
	电磁阀损坏或者卡住	检查清洗电磁阀,必要时换油
	油路压力不足	重新调整油路压力到要求值
	吊具控制箱里内部故障	检查吊具控制箱
	吊具泵或电机坏	更换吊具泵或电机
吊具不能自动开锁和闭锁	开闭锁行程开关有故障	调整开闭锁行程开关
	检修时引起开闭锁电路有错误	检修自动回路,消除错误
	开闭锁拉杆断	更换拉杆
	液压系统故障	检查油路
	吊具控制箱内部故障	检查吊具控制箱
油泵不能启动	过热保护继电器跳闸	冷却后恢复原位并重新启动
	控制电源开关或电动机自动开关跳开	检查电源供电状况是否良好
	电磁阀故障引起连锁触点断开	检查电磁阀线圈,更换损坏元件
	接触器损坏或触头接触不良	检查接触器及触头,更换或修复损坏件
油泵不出油	油面过低,泵转向不正确	加油;改变旋转方向
	吸油管漏气	消除漏气现象
	泵的叶片与槽装得过紧或者油液太稠	研磨叶片;换油
油泵油压或排量不足	安全阀失灵	检修或更换安全阀
	油泵磨损严重	修理或更换油泵
	叶片转子与定子宽度间隙太大	将定子宽度研磨合适
	叶片装反或磨损	正确安装叶片;更换叶片或转子
油泵压力不稳定或振动严重	有空气吸入或油量不足	加油,消除漏气地方
	叶片或转子装反,叶片与定子内表面摩擦	正确安装叶片或转子或更换新件
	个别叶片过紧	过紧的叶片研磨合适
油泵有异常噪声	油泵进入空气	排除空气
	叶片或转子装反或叶片与定子内表面摩擦	叶片或转子装正确,或更换定子
	个别叶片过紧	研磨过紧叶片
	进油路堵塞	排除脏物,畅通油路
	油面太低,吸油管局部露出	加油
	空气进入安全阀,使安全阀跳动	消去渗或漏现象
	转速太高	按规定调节转速
	油太稠	换油

续上表

故障	产生原因	排除方法
各装置工作指示灯不亮,动作紊乱	指示灯泡损坏	更换灯泡
	连锁限位开关或撞杆移位,或者损坏	检查、更换损坏件、移位则调整
	上底架销轴限位到位或损坏	检查销轴是否到位连锁限位开关是否完好
	吊具控制箱内对应的连锁触点不良或元件损坏	检查相应连锁继电器线圈及触点
	吊具控制箱内接线松脱	检查各连接处是否松脱
	机械方面卡死	排除机械阻卡
	安全阀弹簧打断或失灵	检修安全阀和更换新弹簧
操纵各装置无动作和动作反向	电磁阀失灵	检修或更换元件
	管路接错	纠正
伸缩、旋锁、导向不能到达极限位置	油量不足	补充油量
	安全阀调定压力太低,不合要求	调节安全阀开启压力至规定值
吊具减摇装置故障	分离和收拢动作失灵	检查油泵电机、油量、连锁控制触点、终点限位、电磁换向阀等是否正常可靠
动作缓慢	系统压力不足或油缸内有空气进入	调节系统压力,排放空气
20ft 伸 40ft 时,一侧到位,另一侧伸 45ft	45ft 侧的进销销子坏	更换
	吊具控制箱里内部故障	检查吊具控制箱
吊具旋转过大,不能回零	小车架的吊具倾转电机行程过大,导致跳闸	合上开关
吊具前后或左右倾没有动作	吊具控制箱内部故障	检查吊具控制箱

(三) 实际应用中的故障案例

1. 故障名称:桥吊俯仰水平故障

故障的特征或现象:刚放完俯仰后,起升小车均无动作。

故障原因和判断方法:大梁未放到位;驾驶室大梁水平指示灯没亮。

故障排除方法:重新收放大梁,将大梁放到水平位置;或将大梁水平限位复位。

2. 故障名称:小车通道门限位故障

故障的特征或现象:小车不动作,无故障报警,起升、俯仰机构正常。

故障原因和判断方法:小车通道门限位没动作,小车通道门没关紧。

故障排除方法:关紧小车通道门将通道门限位复位。

3. 故障名称:小车低速故障

故障的特征或现象:小车前行或后行慢速。

故障原因和判断方法:小车进入悬浮操作,将一直是低速状态,检测悬浮输入点的状态;小车前行或后行减速限位动作,检测前、后减速限位的输入点状态。

故障排除方法:(1)检查悬浮操作开关及输入点状态,进行维修或更换。(2)检查维修前、后减速限位或更换限位。

4.故障名称:起升及小车机构无高速

故障的特征或现象:在长时间不作业时或刚刚送上高压电时,起升及小车机构运行无高速。

故障原因和判断方法:起升及小车机构编码器速度无效,编码器累计错误,须清零,取得编码器正确速度反馈。

故障排除方法:将小车跑到前大梁海陆鉴别位置处,再回到小车泊位,将吊具提升,撞起升清零限位,即获得各机构正常速度。

5.故障名称:起升负载故障

故障的特征或现象:起升向上无动作,报超载或偏载故障。

故障原因和判断方法:负载超重或单侧偏重。

故障排除方法:将负载放下。

6.故障名称:俯仰不动作

故障的特征或现象:收放大梁无动作、无故障显示。

故障原因和判断方法:吊具位置过高。

故障排除方法:将吊具放到何时位置(一般在 30m 以下)。

7.故障名称:中锁故障

故障的特征或现象:操作中锁下,中锁分 3in 但不下,此时操作中锁无反应。

故障原因和判断方法:吊具作业中尺寸变形。

故障排除方法:将中锁操作旋钮打到收位置,停送吊具电源开关先将中锁收上来。伸缩吊具到 40ft,使吊具重新定位。放中锁。

8.故障名称:开锁信号丢失

故障的特征或现象:长时间不作业后,吊具开锁信号丢失。

故障原因和判断方法:吊具开闭锁油缸自泄漏造成开锁轻度不到位。

故障排除方法:将吊具着箱,操作一次开闭锁。

9.故障名称:松缆故障

故障的特征或现象:驾驶员跑不动大车,驾驶室 CABINVIEW 显示大车松缆故障,驾驶员停控制电也无法复位清除。

故障原因和判断方法:大车过电缆坑时大车电缆主令调整不好,导致松缆故障。

故障排除方法:驾驶员可以让装卸队在大车电缆导向架上,朝着电缆坑方向推着电缆导向杆,同时驾驶员动大车,故障即可消除。

10.故障名称:吊具伸缩故障

故障的特征或现象:吊具在伸缩过程中,吊具伸缩梁抖动很厉害,到了某一位置,突然不动了。

故障原因和判断方法:伸缩梁滑道缺润滑油。

故障排除方法:吊具往地面撞击一下,或者多来几下,吊具即可伸缩到指定位置,同时通知维修人员加油。

11.故障名称:吊具顶销故障

故障的特征或现象:驾驶员吊箱时,顶销不亮,不能开闭锁。

故障原因和判断方法:让装卸队检查顶销,确认哪个不到位。

故障排除方法:在锁眼处加东西将该顶销顶起。

12.故障名称:通信故障

故障的特征或现象:小车通过大梁接缝时,控制电跳闸频繁,报通信 DI800-＊11 故障。

故障原因和判断方法:小车震动引起通信模块松动。

故障排除方法:打开驾驶员室座椅后的吊具柜,将模块按一按。

13.故障名称:小车不动

故障现象:小车不动作,无故障报警。

故障原因:小车锚定限位不到位。

故障排除方法:检查调整小车锚定,使限位到位。

14.故障名称:小车运行无高速

故障现象:小车运行无高速,无故障报警。

故障原因:未做小车同步。

故障排除方法:重新做小车同步。

15.故障名称:小车运行不能到海侧

故障现象:小车运行不能到海侧,无故障报警。

故障原因:大梁未放平,俯仰下终点限位不到位。

故障排除方法:重新收放大梁。

16.故障名称:小车后行不动作

故障现象:小车后行不动作,无故障报警。

故障原因:小车后终点限位动作未复位。

故障排除方法:调整小车后终点限位右臂,使之复位。

17.故障名称:俯仰故障

故障现象:大梁不动作,故障灯亮。

故障原因:大梁通道门未关/小车不在停车位/起升位置过高。

解决办法:关闭通道门/将小车回到停车位/降低起升位置。

18.故障名称:开闭锁灯不亮

故障现象:开闭锁过程中,开闭锁灯同时不亮,起升不动作。

故障原因:开闭锁过程中,由于箱子锁眼不规则,导致锁头被箱眼卡住,开锁或闭锁不到位,导致开闭锁灯不亮,起升不动作。

故障排除方法:将吊具旁路钥匙打到旁路位置,按住起升悬浮按钮,将吊具稍微高起一点,当锁头稍微离开卡住位置,就会开、闭锁到位,重新投入作业。

19.故障名称:倾转不动作

故障现象:动倾转后,倾转不动作,并有故障报出。

故障原因:故障原因有很多:比如如果报某倾转电机达到极限位置,这时必须要通知维修人员调整钢丝,如果报某倾转电机接触器故障,则为倾转动作时可能由于吊着重箱倾转开关跳闸。

故障排除方法:到电气房中将跳脱的开关合上即可。

20.故障名称:吊具柜内有接触器频繁吸和的声音

故障现象:吊具柜内有接触器频繁吸和的声音,并且吊具导板再放下的情况下自动上下,时间长后吊具泵跳闸。

故障原因:由于控制吊具泵吸和的模块输出点由于某种原因,电压达不到吸和的等级,使吊具泵接触器吸和不住,频繁启动,最终导致跳闸。

故障排除方法:紧固控制吊具泵输出的 DO800_411 模块。

21.故障名称:操作联动台指示灯全部灭掉

故障现象:左联动台或右联动台的指示灯全部灭掉(左右联动台不会同时灭)。

故障原因:控制联动台指示灯的输出模块出现接触不良,导致整个联动台指示灯全灭,由于通信仍能建立起来,所以控制电不会跳掉,仍能正常作业,但是模块无输出。

故障排除方法:用手使适中的力量拍打操纵台,使模块接触良好,指示灯就会重新亮了。

22.故障名称:吊具伸缩梁跑位(适用于振华吊具)

故障现象:吊具在作业过程中突然偏离作业位置,吊具位置指示灯不亮。

故障原因:吊具在运行过程中由于震动,导致定位限位没感应到,吊具自动找位置,致使位置偏离正常位置,使作业无法正常进行。

故障排除方法:振华吊具的主控制箱侧面右两个按钮,分别是"手动伸"和"手动缩",查看吊具位置,按此两个按钮其中之一,使吊具到达正常位,故障复位之后,即可正常作业。

23.故障名称:控制电源故障

故障的特征或现象:控制电源送不上

故障原因和判断方法:(1)设备主进线电源丢失,空气开关跳闸、保险、熔断器等万用表测量;(2)设备控制 PLC 或驱动器(变频器)停止;观察 PLC 及驱动器或变频器显示;(3)设备通信出现故障;(4)检查通讯总线各接线点连接是否牢靠;(5)检查模块是否丢失(模块固定是否松动引起的接触不良,模块电源是否正常,模块接线是否牢靠);(6)驾驶室操作手柄主令是否在零位;活动各操作手柄主令;

故障排除方法:(1)检查设备主进线电源,通过测量判断是开关、或保险等出现问题,可以进行相应的维修或更换;(2)设备控制回路包括各急停开关及回路上空开合闸及更换保险的相应维修;(3)对设备控制 PLC 及驱动器重新停送电一次,如果仍未正常工作可考虑是否有板件损坏;(4)检查通信总线上各个接点,各模块工作状态;可以重新停送模块电源一次,如果仍未正常工作考虑更换模块。(5)活动各操作手柄主令;检测设备零位检测点在模块上的输入信号。

24.故障名称:ABB QC 电气房空调故障

故障的特征或现象:故障灯亮,但各机构动作正常。

故障原因和判断方法:电气房空调开关跳闸,故障灯亮,但不影响各机构正常工作。

故障排除方法:驾驶员要及时联系维修人员检修,以免造成电气房高温。

25.故障名称:BROMMA 吊具通信故障

故障的特征或现象:BROMMA 吊具不动作,无信号。

故障原因和判断方法:吊具通信故障。

故障排除方法:驾驶员可将驾驶室吊具电源开关 Q5 停一遍,如还不复位,可将驾驶室主电源停一遍,故障一般即可复位。

26.故障名称:ABB DO 模块故障

故障的特征或现象:S800 系列 DO 模块红灯亮,控制电送不上。

故障原因和判断方法:S800 系列 DO 模块红灯亮,是通信超出了正常时间,DO 模块按照预设值输出。

故障排除方法:可停电复位,如复不了,可将模块头拔插一次,一般即可复位。

27.故障名称:起升故障

故障的特征或现象:起升不动作,驾驶员反映起升撞上极限限位。

故障原因和判断方法:起升撞上极限限位,控制电跳闸,复位后,起升无动作。

故障排除方法:打开极限旁路开关,慢速起升下降,退出上极限位置后,起升动作即可恢复正常。

28.故障名称:大车故障

故障的特征或现象:大车向左有动作,向右无动作。

故障原因和判断方法:检查大车防撞限位情况,右侧大车防撞限位已动作。

故障排除方法:将限位复位,大车左右动作即恢复正常。

29.故障名称:吊具泵故障

故障的特征或现象:吊具泵送不上。

故障原因和判断方法:首先查看操纵台指示灯情况,确认灯泡好坏,查看吊具泵电机开关,电机开关跳闸。

故障排除方法:将开关复位。

30.故障名称:大车不动

故障的特征或现象:警报器蜂鸣正常,大车无动作。

故障原因和判断方法:锚定限位不到位。

故障排除方法:重新起锚定。

任务七　岸桥新技术展望

一、3000 型岸桥和差动减速器

(一)概述

3000 型岸桥为适应中小港口需要,为 2000~3000TEU 集装箱运输船作业开发的一种新机型(简称 3000 型岸桥),目前已有 4 台在上海港内河集装箱码头试用。图 2-67 所示是 3000 型岸桥的外形。

3000 型岸桥具有以下特点:

(1)起升和小车运行驱动机构合二为一。3000 型岸桥的一个最大的特点,就是通过一个有两个自由度的差动减速箱,用叠加原理,把起升运动和小车运动叠加起来,使机构更简

化。起升机构与小车运行机构共用减速箱,简化了钢丝绳缠绕系统的布置,取消了钢丝绳张紧机构,也大大减轻了对机器的维护保养工作。

图 2-67　3000 型岸桥在上海港集装箱码头

（2）整机重量轻,轮压小。特别适用于承载能力较低的旧码头,使之更符合支线港旧码头的作业要求。一台吊具下的额定起重量为 40t 的 3000 型岸桥,它的整机总重(不包括 40t 集装箱的重量)在 480~560t 的范围以内,最大轮压为 38t 左右。

（3）电气控制系统采用全交流变频调速技术,并在大梁上采用了激光防碰装置,而且还采用了一系列旨在提高起重机作业性能的措施。

（4）有竞争力的价格。虽然 3000 型岸桥具有许多新的技术特点,但价位比同类型岸桥要低。

（二）起升机构与小车运行机构的驱动原理

在 3000 型岸桥中,只有一组钢丝绳,它既起升集装箱货物,又牵引小车移动运行。两组钢丝绳分别从各自的卷筒引出,经过导向滑轮,绕过小车滑轮和吊具上架滑轮后,再回到小车并进行固定系结。

起升与小车电机用交流电动机,它们在差动减速箱上是平行布置的。起升电机与小车电机是由电控系统分别控制的。当起升电机转动时,集装箱作起升运动;当小车电机转动时,小车作水平移动;在起动起升电机同时,起动小车电机,它们通过差动减速箱对运动的叠加,使集装箱作升降运动的同时作水平运动。

（三）差动减速箱

差动减速箱是 3000 型岸桥起升与小车驱动机构的主要装置。集装箱的起升、下降运动和小车运动就是靠差动减速箱传来的力完成的。3000 型岸桥采用的是自行设计和制造的 CXC244.43 型差动减速箱。

差动减速箱由小车电动机输入轴、起升电动机输入轴、行星包、过渡齿轮副、支承轴承等部分组成,如图 2-68 所示。

由图可以看出,小车电动机输入轴与小车电动机相连,按小车运行的速度要求输入一定转速,通过过渡齿轮副和行星包的外齿圈啮合,并带动两个卷筒。

起升电动机输入轴与起升电动机相连,按起升速度要求输入一定转速。通过过渡齿轮副和行星包行星轮啮合,并带动两个卷筒。

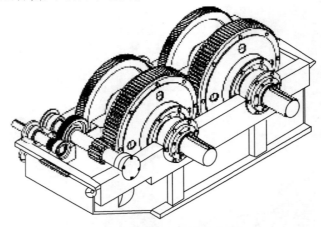

图 2-68　CXC244.43 型差动减速箱

当它们同时以各自所需的速度输入不同的转速时,行星包就将它们按一定速比进行叠加,并在两个卷筒上输出相应的转速。

差动减速箱的关键部位是行星包。它由太阳轮(包括内外齿圈)、行星架、行星轮及齿轴等组成。它有专门的强制性润滑装置,以保证它在工作中能得到良好的润滑和散热。

随着世界范围经济的发展,内贸集装箱运输发展十分迅速。一些中小型(3000 箱以下的巴拿马型集装箱船)集装箱船仍占有一定的比重,3000 型岸桥在沿海港口将起重要作用。另一方面,随着集装箱航运的发展,一些原本以件货和散货为主的码头也在逐步转化为件杂货和集装箱并存的多用途码头,其中包括一些内河航运码头。这些码头的特点是:轨距小,承载能力相对较低,装卸集装箱的费用也相对较低。利用回转式起重机来装卸集装箱已经越来越不能满足箱量不断扩大的需求。3000 型岸桥为这些码头提供了一种新机型。这种岸桥还可根据用户要求配备抓斗和吊钩,以适应通用码头的作业要求。

二、双小车系统

通常,集装箱由船到岸的卸船作业或由岸到船的装船作业,整个工作循环由只具有一台起重小车的岸桥来完成。为了提高单机的生产效率,早在 15 年前即出现了双小车系统。随着新技术的不断涌现,双小车系统也在发生变化,逐步走向成熟。

(一)双小车系统方式的两种基本形式

(1)起重机的一个作业循环由两个独立的起重小车以接力方式来完成的,称为接力式双小车岸桥,如图 2-69 所示。

(2)起重机的主梁上同时工作有两个独立的起重小车,各自完成自己的作业循环的,称为独立式双小车岸桥,如图 2-70 所示。

(二)接力式双小车的岸桥

1.基本组成

在普通的岸桥基础上设有海侧起重小车、中转平台(靠海侧)和陆侧起重小车。

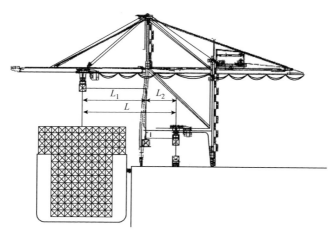

图 2-69　接力式双小车岸桥

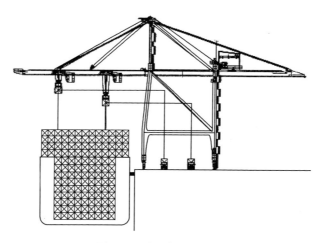

图 2-70　独立式双小车岸桥

装船作业由陆侧小车从码头卡车或其他运载工具上吊起集装箱,卸放到岸桥(海侧)的中转平台上,然后原路返回到卡车。与此同时,海侧小车向桥吊的中转平台运行,且当陆侧小车驶离平台一定安全距离后,海侧小车运行至中转平台将集装箱吊起向卸箱的船位运行。这时,陆侧小车再次吊着箱向平台运行,当海侧小车把集装箱运送到指定处卸到船上的同时,陆侧小车也运行至中转平台将箱卸到平台上,然后海侧小车返回到中转平台,陆侧小车返回到卡车位。两个小车始终保持一定的安全距离同向运行,卸船作业与装船作业路线相向运行。

海侧小车只处理船与中转平台之间的集装箱,陆侧小车只处理中转平台与卡车之间(或自动导向车)的集装箱。

2.接力式双小车岸桥的优点

(1)缩短了每台小车的行程。原来单小车运行总距离 L,在双小车系统中,原来的 L 距离现由两个小车完成(海侧小车运行 L_2,陆侧小车运行 L_1),$L=L_1+L_2$,(图 2-69)。

(2)利用海侧平台取下(或放上)集装箱底部的转销,而这时第一小车已脱离集装箱继续作业,即缩短了每个循环的作业时间。这是这种双小车所以能提高生产率的重要原因。

3.现代接力式双小车岸桥的特点

早期接力式双小车由两个驾驶员操作,自动化程度不高。随着控制技术的发展,近几年出现了自动化控制的接力式双小车岸桥,它较早期的接力式双小车岸桥有如下特点:

(1)陆侧小车的装卸实现完全自动化控制,不需要驾驶员。

(2)海侧小车基本上实现了半自动化控制。为了保证作业安全,除了当小车将箱放到船上时的瞬间或从船上吊起箱的瞬间仍需要由驾驶员进行操作外,其余均可自动控制,这就大大减轻了驾驶员的劳动强度。

(3)由于地面装卸工艺配置了自动导向车(AGV),导向车的停靠位置完全由计算机程序准确控制,其位置可随时反馈到起重机的陆侧小车上。岸桥上的中转平台上有两个箱位,随时都有位置反馈到陆侧起重小车和海侧起重小车。使用哪一个箱位也完全按计算机程序进行。

AGV能及时向岸桥输送集装箱和疏散集装箱,因此使用这种形式的双小车岸桥能大大地发挥其生产效率。目前ZPMC为德国汉堡港提供的7台自动化控制的接力式双小车岸桥(图2-71)其设计生产效率可达60TEU/h。

图2-71 自动化控制的接力式双小车岸桥

(4)电控技术发展很快,技术水平和可靠性较十多年前均有很大提高。虽然工作机构多,电控复杂,但相对早期的双小车岸桥来说,维修保养不会增加。

(5)由于单机生产率可达60TEU/h,对装载量超过66000TEU的超巴拿马型运输船可同时投入5台起重机作业,每小时装卸作业可达300TEU以上。这样的装卸效率对船运公司有很大吸引力。因此,可以预测,这种形式的岸桥具有良好的发展前景。

(三)独立式双小车式的岸桥

如图2-70所示,岸桥的小车轨道上同时设置两台可独立工作的起重小车,每台起重小车的起升机构和小车驱动机构分别设在各自的小车上,起重小车为全载重自行式小车。如果采用半绳索牵引式小车,由于两套起升绳的卷绕系统太复杂,空间布置比较困难。

独立式双小车式岸桥,一个工作循环相当于单小车的两个循环作业。两个小车必须始终保持着一个安全距离,且同向运行。靠海侧的小车装卸处理船中心位置至海侧最外侧箱位上的集装箱,而靠陆侧的小车装卸集装箱运输船中心向陆侧的箱位上的集装箱。它适用于超巴拿马船型且船宽较大的集装箱船的装卸作业。

双小车式岸桥自重大。外伸距上有两个小车作业,倾覆力矩很大,导致腿压增大,要求码头要有较大的承载能力。这种岸桥目前尚在设计研究之中。

三、双起升双小车岸桥

世界各国的国际贸易往来的快速发展,促进了全球经济一体化的形成,也对集装箱运输业的发展提出了更高的要求。随着超巴拿马型集装箱船舶的迅速发展,载箱量超过10000TEU的船舶已在不断出现,为了适应未来航运市场的发展,迎接各种现实因素的挑战,出现了双起升双小车新型岸边集装箱起重机,为港口的发展提供了有力的保障。

基本规格及各机构装置说明如下:

起重机起重能力为:双吊具下81.3t;单吊具下65t;吊钩下100t。

对应最大前伸距为65m。

起重机配有能装卸20ft、40ft、45ft、双20ft、4个20ft以及双40ft的可伸缩式集装箱吊具。

起重机供电电源为10kV,50Hz交流电源。

设在码头海侧地面供电坑中输出的电源,通过高压电缆供电给起重机,电源经过装在海侧门框立柱的电力驱动电缆卷绕装置,首先传输到机器房内的高压开关柜,经过高压变压器,将不同电压等级电源输送到电气房内各配电柜。交流电源驱动各主要工作机构。

起升机构采用全调速,交流控制。能根据负荷的大小自动调节升降速度;超负荷装置、超速保护装置等,能确保起重机安全、高效率地工作。

俯仰机构采用交流控制。前伸臂可以仰起至水平夹角80°和前伸臂放下至水平位置;俯仰机构可以通过海侧门框上横梁上的俯仰驾驶室操作或在驾驶室内操作;减速箱输入轴上的液压推杆盘式制动器和卷筒上的液压夹钳盘式制动器,能确保前大梁俯仰工作的安全;机构设超速保护装置;当起重机不工作时,前大梁仰起并通过海侧梯形架顶部的安全钩锁定。

牵引式小车运行机构采用交流控制。小车架结构简单,自重轻。两根牵引钢丝绳的两端系固在驱动卷筒上,由设在后大梁尾部横梁处的两只张紧油缸张紧。

主驾驶室有独立的行走机构,可单独行走,也有连接装置,使驾驶室在需要时可与小车连接在一起,驾驶员在驾驶室里操纵整台起重机运行。

门架小车采用自行式驱动形式,采用交流变频控制。下方设有驾驶室,控制门架小车的运行,也可全自动无人操作。

起重机海、陆侧门框两侧分别支撑到由40只车轮组成的大车行走机构装置上;大车行走机构采用交流控制;驱动轮数为总轮数的一半;为了防止暴风时起重机移位,在海陆侧行走机构的轨道两侧各装有防风锚定装置和防风拉杆装置;为防止起重机作业时突然吹来的大风引起的起重机移位,从动轮上装有液压夹轮器;为减缓起重机之间、起重机与码头车挡之间的冲撞动能,在大车行走机构两端均装有液压缓冲器。

起重机的倾转装置采用多功能液压油缸式,它由后大梁尾部的液压油缸组成,实现吊具的左右倾、前后倾和平面回转。

在俯仰机器房内安装了一台维修用桥式起重机,它能将12t/6t的物品,从码头地面吊运至机器房内底面的任一位置。在起升机器房内亦安装了一台维修用桥式起重机,它能将6.5t重的物品,从码头地面吊运至机器房内底面的任一位置。维修起重机采用交流驱动,通过起重机悬挂按钮盒方便地操纵该起重机的起降和小车、大车的行走动作。

起重机主小车的吊具防摇采用SIEMENS公司先进的电子防摇装置。

起重机的金属结构——前后大梁采用双箱形结构;海、陆侧上下横梁及门框立柱、联系横梁采用箱形结构;后拉杆、门框上斜撑采用圆管结构;海侧梯形架采用圆管、箱形相结合结构;前拉杆采用"H"型结构;整个门框系统、海侧梯形架采用刚性连接;前后大梁、前后拉杆采用铰接。

在海侧下横梁的陆侧设有中转平台,作为主小车和门架小车在吊运集装箱时的中转平台,也作为拆锁销的、理货的工作平台。

起重机各机构设有各种限位开关、联锁装置及超速保护装置、超载保护装置,确保整机性能的完善。

四、主梁升降式岸桥

岸桥的大型化、高速化对驾驶员操作提出了更高的要求。目前起升高度已达轨上40m,起升速度满载90m/min,空载180m/min,小车速度240m/min,由于悬吊的钢丝绳的长度增大,钢丝绳在垂直和水平两个方向的速度提高,驾驶员视距的不断加大如何稳定吊具、平稳操作是人们共同关注的问题。传统的机械式防摇系统在超巴拿马型岸桥上难以取得满意的减摇效果,电子防摇装置因加速冲击,驾驶员多不适应。在这种情况下,有人提出了一种主梁升降式的岸桥构想(图2-72、图2-73)。起重机的主梁以上部分可根据装卸作业需要进行升降,装卸高位箱时,主梁升起;装卸低位箱或小船时,主梁可下降至较低的作业位置。

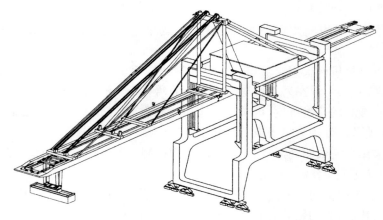

图2-72 主梁升降式岸桥(一)(主梁位于最高位置)

这种岸桥主要结构件与普通的岸桥基本相同,其特点是在海陆侧门框的4个立柱上设置导轨及主梁升降装置,以便实现上部结构沿着导轨作垂直升降运动,且在任何高度位置均设有锁定装置。它具有以下特点:

(1)工作时,根据集装箱运输船的尺寸大小,可以将上部高度位置进行适当调整,使小车至集装箱之间的距离达到最佳值,这样,有利于在作业过程中减少吊具摇晃,提高生产效率。

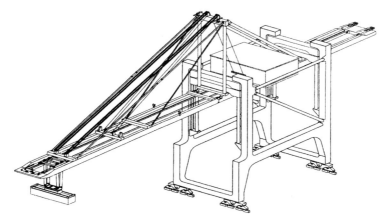

图 2-73　主梁升降式岸桥(二)（主梁位于最低位置）

（2）整机发运，加固简单，工作量小，大大减少了到港后的拆绑工作和费用。

（3）发运时，上部结构放至最低位置，使其重心下降，大大提高了航运的安全可靠性。

（4）由于可以根据作业需要调节，使驾驶员与箱位的垂直距离始终是最小，保证驾驶员有很好的视距，准确地对位。

（5）上部结构复杂，自重大，工作时产生很大的倾覆力矩，要实现上部结构平稳升降，保证安全工作，技术上有一定的难度。由于增加了一套大梁升降机构，导致结构复杂化，费用增加。

目前这种主梁升降式的岸桥尚在设计方案阶段。

五、无缆遥控吊具及主动式防摇和对箱技术

（一）无缆遥控吊具

目前在集装箱机械上其吊具与母机之间的动力和通信传输都是通过一根垂缆来实现的。但是垂缆本身价格昂贵。且存在着当起升速度超过一定值时，就会出现电缆不能平顺地入框从而发生电缆出框的情况，以至于严重地影响了起重机的性能和正常工作。而改为吊具电缆卷筒来实现电缆的收放，则要在起重机的小车上增加一套复杂的机械装置，从而增加了整机的故障。因此解决该问题的根本方法就是设计出一种无电缆的吊具。

新设计的无电缆吊具当集装箱机械在起升和小车运动时，将吊具上架上的两组滑轮的旋转动能转化为液压能和电能，从而使吊具上形成一个蓄能式动力源。该蓄能式动力源除了驱动吊具上的所有动作外，还可为遥控装置、电磁阀、信号灯等提供电源。吊具与起重机之间信号通信则采用遥控来实现，这样就省去了吊具垂缆。

吊具上架的滑轮上装有一套机械传动装置和一个双向柱塞式液压油泵。这样当起重机在做起升或小车运动时，起升钢丝绳通过摩擦力驱动滑轮旋转，并通过上述机构来驱动双向液压油泵工作。

无缆遥控吊具的液压系统主要由泵源、蓄能器、驱动发电机的油马达等部分组成。其主要功能如下：

（1）蓄能。本系统由吊具滑轮带动油泵，由油泵输出压力油向蓄能器充油。

(2) 发电机发电。当油泵输出的压力油向蓄能器充压到足够时，压力继电器发信号闭合使电磁阀得电，同时连接调节器的时间继电器吸合并延时 2s 后断开，则油马达带动发电机向电瓶充电。

(3) 发电机停止发电。在发电过程中系统压力将会降低，如压力低于一定值时，压力继电器发信号使电磁阀失电，则发电机停止发电。

(4) 油压过低报警。当系统压力过低时，压力继电器发信号断开。此时，发出油压过低报警，除吊具开闭锁动作外，不允许做其他动作。

(5) 应急操作。应急操作包括使用应急泵和手动泵两种：

第一种，应急油泵。当系统发生故障时，可以遥控开启应急油泵，使吊具进行慢速动作。

第二种，手动泵。当系统发生故障时，可以利用手动泵，使吊具进行慢速动作。

(6) 电网充电：以保证蓄电池在起重机不工作时仍有足够的能量。

驾驶室和吊具之间的控制和反馈信号不通过吊具垂缆传输，而是通过无线通信的方式传输。

无线遥控技术最大的问题就是抗干扰和可靠性，集装箱岸桥最重要的也是安全性和可靠性。德国 HBC 公司的遥控系统均配备自动关闭功能，在发射器传送信号被中断或干扰的情况下，接受系统将自动关闭；17 位地址码仅用一次，决无重复，避免系统间的干扰和错误指令，双 CPU 提供双解码器冗余和分集技术，以保证在任何非正常状态下实现自动关闭。接受器中包括 4 套自动监视电路(WATCH-DOG)，其中 2 个对已接收的发射信号和已解码的数字信号进行纠错，另外 2 个进行自检，从发现出错到操作停止仅需 0.55s。HBC 采用极窄的频带调频接收系统，仅允许通过所需频率。在同频干扰情况下，采用同步技术后，可以通过改变发射器使用频率(此时接收器频率同步跟随)，使遥控系统恢复正常工作。

该系统为双向遥控系统，共 2 个单元，每一个单元各有 16 点输入和 16 点输出。信号输入系统采用内部 24V 直流电源，信号输出系统采用 4A 继电器输出，外部供给电源。

将其中一个安装于驾驶室吊具控制柜侧面，接收来自吊具上的各种限位信号，输出到 PLC 智能模块和控制台上的指示灯。(包括吊具开闭锁信号，顶销信号，20ft 及 40ft 信号等)。同时把控制台上的各种控制命令发射到吊具上。(包括开闭锁命令，吊具伸缩命令，导板动作命令等)。

另一个安装于吊具上架上，这样对更换吊具也没有什么影响。所有吊具和上架上的限位信号通过固定频率的无线电波段发送出去。由驾驶室同频率的接收器接收，转换成具体的开关量信号。同样，吊具上架上的接收器接收驾驶室发射器发送的无线电波段，转换成开关量信号驱动特定的电磁阀中间继电器，最终驱动吊具的各个电磁阀，实现吊具动作。

无电缆吊具的成功设计和制造具有深远的意义，这是因为省去了吊具垂缆后，集装箱桥吊不仅能适应全天候的作业工况，而且其起升高度将得到增加，同时其可靠性将得到进一步的提高。显而易见，具有更大的先进性和经济性，也预示着将有更多的高新技术产品应用于港口集装箱机械上。

(二) 主动式防摇和对箱技术

提高岸桥的生产率，除了提高速度参数和采用双小车、挖入式港池等新技术外，最大限度减少防摇和对箱的时间，以缩短每个作业循环的时间也是有效的途径。为此，开发了主动式防摇和用激光导引的自动对箱新技术。

在一般装卸船作业中,小车运行的全程中有1/2~1/3的时间是处于起制动状态,即用6~8s起动,然后均速运行8~10s达目的地前开始减速(货物超前,拖动小车),当减速到较小值(1m/s左右)时,驾驶员开始用"跟钩"操作使吊具停在目的地上方,这个阶段也需6~8s。然后驾驶员用微动进行对箱,约需3~4s。

减小起制动和对箱时间,对提高生产率也具有很大意义。ZPMC设计开发的新型高效岸桥,其要点为:

(1)在小车与吊具上架之间,用倒三角形式悬挂系统。当吊具升起一定高度后,由于悬挂系统的刚性大,小车与吊具间不能相对移动,小车停止,吊具也就停止了,货物不会发生摇摆。其物理过程是运动的货物通过小车电机的能量反馈(小车减速必定向电网反馈能量)和摩擦阻力,消耗吊具和货物的动能,使吊具和货物不发生摇动。

(2)利用激光测距系统,测量目的点与小车间的水平和垂直距离。通过PLC控制小车的速度和停止位置。

(3)提高起升和小车速度(起升速度90m/min,小车350m/min)。由于必须将货物(集装箱)提升到一定高度,这个倒三角悬挂系统才能起作用,解决货物的止摇问题,因而提高起升速度是完全必要的。由此增加的电机能耗,由货物下降时向电网反馈的能量给予部分补偿。

这项新技术现已进入设计阶段,特别是"防摇"和激光指引目标如果能够实现,则可进一步将驾驶室与小车分开(驾驶室可悬挂在侧面,类似于抓斗式起重机),从根本上解决驾驶员频繁高度紧张操作和视力疲劳问题。

六、挖入式港池集装箱码头

挖入式港池是沿着江、河、海等水域的主岸线向陆域开挖出的港池(水域)它与主岸线的水域相连。挖入式港池具有无浪、水流稳定、足够的水深,码头作业岸线长等优点,可供船舶安全停靠、驶离。其缺点是水中泥沙沉淀,要经常清淤,因而很少采用。近年来,由于它可同时实现多台起重机作业(两舷)有利于提高集装箱作业效率,又重新被提上日程。

荷兰阿姆斯特丹港的挖入式港池集装箱码头的平面示意图如图2-74所示。

图2-75所示为正在运行的荷兰鹿特丹港的一个挖入式港池集装箱码头的情景。

(一)现代挖入式港池集装箱码头概述

船舶大型化给现代集装箱码头提出了一个新课题,每个停靠集装箱泊位的生产率应达到300~330TEU/h。过长的停靠时间影响大船的经济性。由于挖入式港池可以实现多台岸桥同时作业,因而这个方案被提上日程。集装箱岸桥能在港池两侧同时对港池中的对象船进行装卸作业。当船的长度为280~350m时,这种港池可同时投入9台起重机进行作业,一侧岸边投入5台,另一侧投入4台。例如,22排箱船宽为55m,两岸边至水侧轨道中心各留4m左右的供给车道,岸桥的外伸距60~61m就足够。每台起重机的设计生产率为35~40TEU/h,9台岸桥每小时装卸315~360TEU,就可以实现300~330TEU/h的目标。

荷兰阿姆斯特丹港的挖入式港池集装箱码头,是现代挖入式港池集装箱码头的一次新的尝试。这种码头尚有一些问题有待解决,如大船进或出挖入式港池如何更方便的操作。

目前的安排是依靠港作拖船在前后左右帮助牵引或推进,或靠设置在船上或岸上的专用绞车牵引来移动大船,都不太方便。

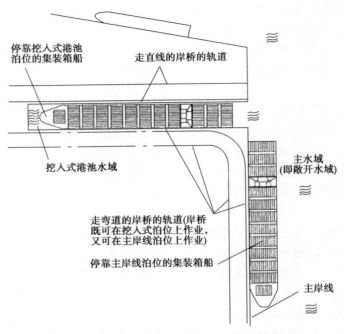

图 2-74　荷兰阿姆斯特丹挖入式港池集装箱码头的平面示意图

图 2-75　鹿特丹港的一个挖入式港池集装箱码头

其次是当9台起重机同时作业时,如果其中某台起重机发生故障或需要停机,需要有足够的土地面积设置可供起重机转移到维修区域的叉轨,否则不能工作的这一台起重机占据了作业的位置,将影响其他起重机作业。

(二)挖入式港池集装箱码头对岸边集装箱起重机的基本要求

(1)单台岸桥的生产率应达到35～40TEU/h,为此,主要速度参数要高,即主起升机构起升速度应达75～180m/min,主小车的运行速度应达250m/min,采用电子防摇。

(2)当处在作业轨道上任意一台起重机发生故障,或需维修保养时,应能方便地从作业轨道上转移到非工作轨道的停机位置,如图 2-76 所示。

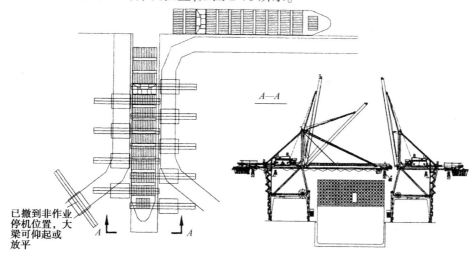

图 2-76　起重机从作业轨道转移到备用的维修轨道示意图

(三) 其他要求

(1) 起重机的总宽尽可能小(一般要求小于 27m),这样可以使同一侧的岸桥能隔舱作业,使每一侧有多台起重机同时进行作业。

(2) 在起重机的水侧一边留有一条 4m 左右的供给车道,其外伸距能满足对靠近对岸的一排箱进行作业的要求。

(3) 起重机的前大梁或主小车的宽度不宜超过 9m,以便起重机可以实现相邻的两列 40ft 以上箱位作业和最靠近船舶上层建筑的一列 20ft 箱位的作业。

(4) 为了防止起重机在大车运行时前大梁碰撞船的上层建筑,前大梁上的设置的防撞装置的支架可以起落。

(5) 要充分考虑大车运行时对对岸岸桥的干涉问题,要保证在对岸岸桥前大梁处在完全仰起的位置时才能安全通过,即当岸起重机前大梁仰起时,大车左右行走都不与对岸的正在工作的岸桥的任何部分相干涉。

七、浮式平台与顺岸码头组合式集装箱码头

挖入式港池码头造价高,船舶进出港池不方便。当进入港池的船型较小,由靠岸一侧的起重机进行装卸作业时,另一侧起重机主小车的行程没有得到利用,不能充分发挥非靠岸侧岸桥的效率。为此,提出了浮式平台与顺岸码头组合式集装箱码头的方案构想。

我们在分析挖入式港池集装箱码头优缺点的基础上,提出了浮式平台与顺岸码头组合式集装箱码头构想。这个方案是建造一艘能布置 4~5 台岸桥的浮式平台(浮式平台可用旧船改造而成),浮式平台的前门框内外均设集装箱卡车车道。集卡可以在浮式平台上调头运行。浮式平台在长度方向的两端靠近顺岸一侧各设置一个活动吊桥,供浮式平台上的集装箱卡车与堆场上的集装箱卡车之间进行疏运。图 2-77 所示为海侧浮式作业平台和路侧顺岸码头作业系统示意图。

港口集装箱机械构造与维修

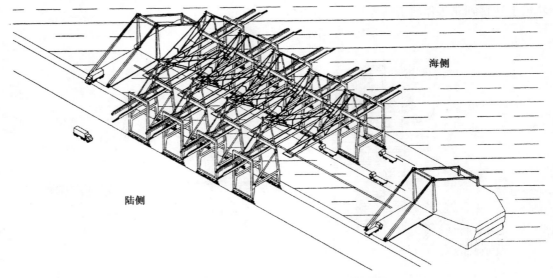

图 2-77　海侧浮平台和陆侧顺岸码头作业系统示意图

该作业系统的集装箱船停靠码头过程如下：
(1) 浮式作业平台上的岸桥及活动吊桥均处于仰起状态。
(2) 浮式平台向集装箱船的外侧平衡停靠好。
(3) 浮式平台、货船及码头三者之间定位和系固完毕，浮式作业平台放下两端的吊桥。
(4) 货船两边的岸桥可同时开始隔舱作业。

浮式平台与顺岸码头组合式集装箱码头克服了挖入式港池存在的不足：造价低，方便运输船舶靠离岸；可适应各种船宽的船型停靠，使起重小车运行的距离最短，有利于提高生产率。目前这种方案正在研究中，还有一些技术问题有待解决。

项目三　集装箱堆场机械构造与维保

任务一　集装箱龙门起重机构造与维保

一、轮胎式集装箱龙门起重机

轮胎式集装箱龙门起重机(图 3-1),简称龙门吊,或 RTG。是集装箱码头堆场进行装卸、搬运和堆码作业的专用机械。它是由前后两片门框和底梁组成的门架,支撑在橡胶充气轮胎上,在货场上行走。装有集装箱吊具的行走小车沿着门框横梁上的轨道行走,用以从底盘车上装卸集装箱和进行堆码作业。RTG 采用机械液压装置或无线电感应装置,保持在货场上直线行走,并可作 90°直角转向。

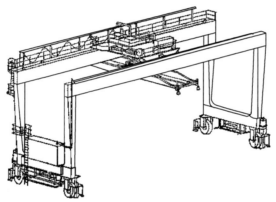

图 3-1　RTG

RTG 是在装卸重大件的货物龙门起重机的基础上发展起来的,并按照装卸和堆码集装箱的要求对其逐步加以改进和完善,使跨度从通过 3 列集装箱和 1 条底盘车道发展到通过 6 列集装箱和 1 条底盘车道,堆码高度以堆码两层和通过 1 层集装箱发展到堆码 6 层和通过 5 层集装箱。新开发的机型已实现了半自动化甚至全自动化操作。

(一)RTG 的主体结构

RTG 的主体结构(图 3-2),由大梁、腿柱和底梁组成,两片门框左右两侧分别安装在底梁上,各部件采用法兰螺栓连接。

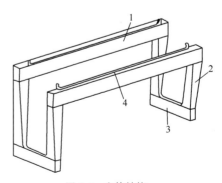

图 3-2　主体结构
1-大梁;2-腿柱;3-底梁;4-小车行走轨道

大梁是 RTG 的主要受力构件,采用箱形结构,小车行走轨道分别铺设在两个大梁上。

(二)RTG 的金属结构

起重机金属结构由大梁、立柱、鞍梁组成均为箱形梁结构。大梁立柱的联结采用焊接连接,鞍梁与立柱焊接成一体。为避免运输时变形,两支腿处有撑杆连接,运输及安装均可借助于此撑杆。

所有板材都先经预处理,将表面氧化皮清除干净,然后涂上底漆再进行下料,最后进行拼装焊接。结构成型后,再对整体结构进行后处理(喷砂),在处理过的表面涂上黏力强的环氧富锌底漆,中间漆和面漆。

RTG 结构大型、重量大,金属结构工艺要求高、工作环境复杂,因此在日常的使用中的检修、保养工作就先显得尤为重要。在日常的维修保养中要注意以下几点:

(1)定期检查小车与轨道的工作情况,发现异常声响,应检查小车车轮,轴端挡板等的工作情况。

(2)定期检查小车架的变形及焊缝情况。特别注意车轮轴的工作情况。

(3)一经发现情况异常,应立刻采取相应措施。

(4)经常检查主要构件的焊缝及影响区,特别是各支承处有无异常,一经发现,立即修补改造。螺栓连接处,应注意螺栓紧固程度。

(5)箱体结构的外形如发现有凹凸情况应停机检查,确定原因,待排除后才能使用。

(6)构件的油漆损坏应及时除锈,补漆。

(三)RTG 的小车行走轨道

小车行走轨道在大梁上的铺设位置有两种形式,一种是铺设在大梁的中心线位置,另一种是铺设在上翼缘板内侧腹板中心线的位置。在后一种情况下,应注意安装的精确度,务使轨道中心线与腹板中心线吻合,否则将会产生偏心力矩,使加筋板的焊缝开裂,失去局部稳定性。

小车用的钢轨有方钢、铁路钢轨和专用钢轨 3 种,其中最常用的是后 2 种。

轨道顶面有平顶和凸顶两种。

采用凸顶轨道比采用平顶轨道的车轮寿命长,因此,轨道大多制成凸顶的。起重机上大量采用的是凸顶的铁路钢轨,当轮压较大时,采用凸顶的专用钢轨。

小车行走轨道铺设位置及容许偏差参见图 3-3 和表 3-1。

小车行走轨道铺设的容许偏差　　表 3-1

腹板厚度 t (mm)	容许偏差 e (mm)
6~12	3.5
12~32	5.0

行走小车轨道在大梁上的铺装见图 3-4。先用定位板对轨道进行定位,定位板每隔 2m 布置一块,定位好后将定位板焊接在大梁上,然后取下轨道进行对接焊,两轨道之间应留有空隙 20~30mm,轨道对接采用保护电弧焊进行焊接。正式铺装轨道时,在轨道下面先铺上橡胶垫板,以减小小车在轨道上行走时所产生的振动,然后用压板螺栓将压板压紧轨道,从而把轨道固定在大梁上。

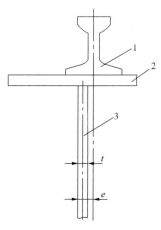 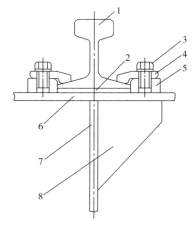

图 3-3 小车行走轨道铺设位置偏差
1-小车行走轨道;2-上翼缘板;3-腹板

图 3-4 小车轨道在大梁上的铺装
1-行走小车轨道;2-垫板;3-压板螺栓;4-压板;
5-定位板;6-大梁上翼缘板;7-腹板;8-加强筋板

(四) RTG 的主要技术参数

RTG 的基本参数有起重量、堆垛集装箱层数、通过集装箱层数、跨距、起升高度、轮压和工作速度。

RTG 的总体图形如下图所示(图 3-5)。

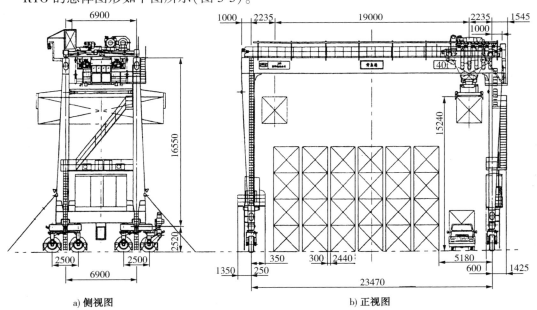

a) 侧视图　　　　　　　　　　　b) 正视图

图 3-5 RTG 总体图形(尺寸单位:mm)

1.起重量

RTG 的起重量是根据额定起重量和吊具的自重来确定的。

RTG 的起重量是吊具下允许吊起集装箱的质量,额定起重量是起重机允许吊起集装箱的质量和集装箱吊具质量的总和。

$$Q = Qe + W$$

式中：Q——RTG 的起重量；

Qe——额定起重量；

W——吊具自重。

额定起重量一般是按所吊集装箱的最大总重量来确定的。

2. 堆垛集装箱层数

指 RTG 能堆垛集装箱的最高层数。通过集装箱层数是起重机吊具下载有集装箱时，能通过场地上集装箱的最高层数。目前我港新港区的轮胎吊的堆码层数均为堆六过五型。

3. 跨距

RTG 的跨距是指两侧行走轮中心之间的距离。跨距的大小取决于所需跨越的集装箱的列数和底盘车的通道宽度。根据集装箱堆场的布置，通常按跨 6 列集装箱和一条底盘车道考虑。目前世界许多国家大都按 6 列集装箱和 1 条底盘车通道考虑，取跨距为 23.5m。

4. 起升高度

起升高度是集装箱吊具旋锁底平面离地的最大垂直距离。它取决于龙门起重机作业的堆码集装箱层数。如果堆场的集装箱层数为 5 层，考虑起重机在作业时的方便，吊具需跨过集装箱，故吊具的最低点应大于 6 层集装箱的高度。

目前前湾新港区 RTG 的起升高度一般都在 18m 左右。

5. 轮压

RTG 的轮压分为最大工作轮压和最大非工作轮压。

最大工作轮压是指工作风速在 16m/s 的情况下，起吊额定起重量时，每个轮胎所承受的最大压力。

最大轮压是设计起重机行走路面承载能力的依据。

6. 工作速度

RTG 的工作速度应与码头前沿岸边集装箱起重机的生产率相适应，工作速度的大小一般根据装卸工作周期的要求确定。速度过低，会影响码头堆场的作业进度，但如果速度过高，则会使集装箱摆动幅度过大，影响作业的安全，为此，各厂家将 RTG 分别设计成普通型和高速型。

目前在我国港口集装箱码头使用的 RTG 的主要技术参数见表 3-2。它们的驱动方式均是由柴油机带动直流发电机，为各机构的直流电动机供电，再由直流电动机驱动各个机构。这种驱动方式的操作性能较好，但动力装置重量较大。

我国港口使用的 RTG 的主要参数　　　　　表 3-2

型号及设计制造单位	LMJ40 上海港机厂	LMJ40B 上海港机厂	日本三井造船公司	日本日立制作所
起重量(t)	40.5	40.5	40.5	40.5
额定起重量(t)	30.5	30.5	30.5	30.5
跨距(m)	23.47	23.47	23.47	23.5
起升高度(m)	12.22	12.22	12.22	12.22
基距(m)	6.4	6.4	6.4	6.4

续上表

型号及设计制造单位		LMJ40 上海港机厂	LMJ40B 上海港机厂	日本三井造船公司	日本日立制作所
起升速度（m/min）	满载	12	13.5	15	13.5
	空载	24	27	35	27
小车行走速度(m/min)		50	65	70	70
大车行走速度（m/min）	满载	25	25		25
	空载	120	130	90	130
行走轮数（个）		8	8	8	8
最大轮压（kN）		250	250	240	240
自重（t）		122.5	114		
使用港口		天津、上海、青岛港	上海、天津、青岛港	天津、上海港	天津、广州港

（五）RTG 的起升机构

1.起升机构的任务

任何起重机械都是依靠起升机构升降货物的。RTG 起升机构通常有以下几个方面的任务：

（1）从地面上起升重物以及把重物从空中放回到地面上，与其他机构配合实现货物的位移。

（2）机构能够以各种不同的速度起升和下降重物。

（3）能够在起升运动状态和下降运动状态下制动，使货物停留在空中任意位置。

（4）在电动机突然断电的情况下，重物能够悬在空中。

（5）当电机通电后，悬空状态下的重物，能够继续起升或下降，整个机构恢复正常工作状态。

2.起升机构的组成及工作原理

采用柴油机电动驱动方式的 RTG，起升机构由电动机通过减速器驱动起升钢丝绳卷筒，但在布置方式上却因具体结构而有所不同。

起升机构的驱动装置设在小车后部，该装置由一台交流电动机、一个高速轴齿形联轴节，一台圆柱齿轮减速器，和低速轴渐开线齿形花键来驱动卷筒，两个制动器以及减速装置、超速保护，限位保护等组成。电动机通过齿形联轴节驱动减速器，再由减速器通过渐开线齿形花键驱动卷筒，收放 4 组钢丝绳，使吊具实现上升、下降动作。两个制动器分别安装在减速器高速轴端，齿形联轴器设有一加油嘴以定期压注黄油进行润滑，在加油嘴上有一出油孔将废油排出去。

起升机构还设有测速装置和超速保护装置。它们均设在电机的尾部，当电机转速达到额定转速110%时，超速保护装置动作，使起升机构停止工作。限位保护装置装在卷筒的另一端，经由齿轮传动，该装置使起升机构受到下列的保护：

（1）起升上升上终点停止；

（2）起升下降下终点停止；

（3）上、下终点前减速；

(4)起升上升的极限限位。

RTG 的起升机构如图 3-6 所示,其电动机与起升卷筒呈平行布置,由直流电动机 3 通过减速器 1 驱动起升卷筒 6。当电动机驱动卷筒逆时针方向回转时,起升机构即卷绕钢丝绳将吊具上架升起,而当电动机驱动卷筒顺时针方向回转时,则吊具上架下降。在卷筒一端装有限位开关 5,以控制其起升最高位置和下降最低位置。

起升机构一般应具有恒功率调速特性,即当起吊重量小于额定起重量时,起升速度成反比例地增加,以提高起重机的生产效率。

起升机构的钢丝绳缠绕系统参见图 3-7。起升钢丝绳共有 4 根,4 根钢丝绳的 4 个头分别通过各自的 3 个压板固定在卷筒上,每块压板压在 2 圈钢丝绳上。2 根钢丝绳从卷筒出来直接向下通过吊具上架上的相应滑轮,其中一根返回运行小车工字梁下端,另一根通过一组回转滑轮后,固定在小车一侧的回转装置一端,另 2 根钢丝绳从卷筒出来经小车上部的滑轮组后,向下通过吊具上架的相应滑轮,其中一根返回运行小车工字梁一端,另一根通过回转滑轮后,固定在回转装置的另一端上。平常使用中,如发现 4 组钢丝绳松紧不一时,也应及时加以纠正。还应注意钢丝绳在通过各导向滑轮时,是否有脱开滑轮现象。钢丝绳工作时不能与其他构件发生干涉。

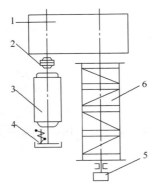

图 3-6 起升机构传动简图
1-减速器;2-联轴器;3-直流电动机;4-电磁制动器;5-限位开关;6-钢丝绳卷筒

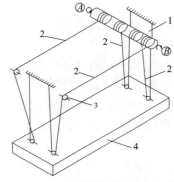

图 3-7 起升机构钢丝绳缠绕系统图
1-起升卷筒;2-起升钢丝绳;3-滑轮;4-吊具起吊上架

钢丝绳卷筒采用钢板卷制,经焊接机加工而成,卷筒为四绳卷筒(有四组钢丝绳槽),卷筒上的钢丝绳按规定留有备用圈和安全圈,即吊具起升到最大高度时卷筒绳槽还空 2 卷,当吊具放到地面时,卷筒上的钢丝绳还留有 3 圈,卷筒的一端通过齿形联轴节同减速机输出轴相连,本联轴节为特制联轴节,可以承受径向负荷和扭矩,卷筒的另一端支承在滚动轴承上,该轴承为自动调心滚动轴承。

RTG 起升机构上还装设有能抑制吊具或吊具与集装箱摇摆的减摇装置。将在后面相关章节予以介绍。

(六)RTG 的小车机构

1.小车机构的任务

小车机构的任务是使载重小车做水平运动。

小车机构的作用主要是与其他机构配合作业,用来搬运货物。

小车机构的驱动形式有集中驱动和分别驱动两种。集中驱动是由一套驱动装置通过传动轴带动所需驱动的所有车轮。分别驱动是由独立的驱动装置分别驱动各个支点上的车轮。在我公司所用 RTG 均为分别驱动。

小车是由支承装置和运行驱动装置两大主要部分组成的。

2. 小车机构的组成与工作原理

小车运行由两套驱动机构组成,装在小车架的两侧,由交流变频电机、制动器、联轴器、减速器、浮动轴、车轮组以及水平轮等组成。采用交流变频调速。

RTG 的小车行走机构(图 3-8),系采用一台电动机通过减速器带动两个行走轮,其结构较轻。两个行走轮之间采用一根长轴连接。长轴两端装有半齿形联轴器,以解决不同心的问题。为了增加功率,共采用两组这种装置。

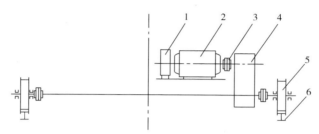

图 3-8 小车行走机构传动简图
1-制动器;2-电动机;3-联轴器;4-齿轮减速器;5-行走轮;6-轨道

在门架两根上横梁的中部铺设有两根轨道,小车在轨道上行走。

小车驱动装置是整个运行小车的驱动部分,它是由 2 个电动机通过蛇形联轴节驱动减速器,再由减速器通过万向传动轴驱动车轮使小车沿轨道运行。轮系由车轮、车轮轴支承,轴承及各密封圈等组成,车轮和车轮轴采用键连接。

小车行走机构由一台电动机 2 通过联轴器 3 齿轮减速器驱动行走轮 5,小车上还设置有水平轮,水平轮的设置是为了保证小车沿小车轨道运行而采取的强制性手段,水平轮系由支座、偏心轴、水平轮等组成,共计 2 套。安装在相应的水平轮支架上。水平轮与轨道侧面接触,确保小车在运行过程中不至于过度跑偏和晃动。

由于水平轮承受的冲击力大,且振动频繁,因此应经常检查螺栓的松紧。发现松动,应立即拧紧。发现小车运行有异常声音时,应检查水平轮间隙和工作情况。当水平轮磨损 3mm 深后,应立即更换。

由于轨道安装存在有一定的偏差,必须调整水平轮装置的偏心轴,使水平轮在轨边的各区段均能通过,并保证水平轮和轨边之间的最小间隙不小于 3mm。当运行一段时间后,水平轮会磨损,同样也应该及时调整。水平轮间隙的调整,是通过调整偏心轴实现的。

在正常运行情况下,RTG 的车轮轮缘与轨道之间保持一定的间隙(设计的最大间隙为 30~40mm)。但是,由于某些原因使车偏斜行走,车轮不在踏面中间运行,从而造成轮缘与轨道的一侧强行接触。就会产生啃轨现象。轻微的啃轨会造成轮缘及轨道的侧面有明显的磨损痕迹;严重的啃轨会造成轮缘和轨道的侧面金属剥落或轮缘向外变形。

啃轨的现象多种多样,有时只有一个车轮啃轨,有时出现几个车轮同时啃轨;有的往返运行同侧啃轨,也有的往返运行分别啃磨两侧。

在小车轨道两端装有限速开关、限位停止和限位极限开关，在大梁的两端装有聚酯缓冲器，使小车运行到端部起缓冲保护作用，小车在轨道中间段可以全速行走，而到轨道两端 2m 处，通过限速开关即自动减速，行至停止限位开关处，即自动停止行走。一般情况下，小车前、后极限保护是不动作的，如果动作，应检查原因。

在小车停车位置，装有停车锚定，在恶劣天气情况下，可以将小车锚定。

3. 驾驶室

通过减振垫用螺栓与小车架伸出的支梁相连接。左侧连着电缆拖令系统中的牵引小车。驾驶室左右两侧设有联动控制台，并且各种机构的电气仪表、风速表、重量指示表等各种操作仪表均置于操作室内，这样能使驾驶员视野宽阔，环境舒适，有利操作。为保证工作人员舒适和精神地工作，驾驶室内还备有空调、对讲机等设施。驾驶员座椅正前方还设有一保险杆，以作向前急刹车时驾驶员的扶手之用。

4. 电缆拖令系统

小车供电可采用电缆拖车或悬挂电缆方式，应优先选用悬挂电缆方式。二种供电方式都必须保证拖带电缆时轻便、灵活。起重机的起升机构，小车运行机构，回转机构的控制电源以及吊具上的电源等都是由连接驾驶室与电气房之间的电缆拖令小车即电缆拖令系统悬挂的电缆来供电的。随着小车的运行，电缆小车也跟随着运行，带着电缆伸开或缩拢，电缆小车之间通过链条拖引，使电缆不受拖引力。电缆拖令一端固定于大梁上，另一端与运行小车固定并将电缆引入到驾驶室上的接线箱。

电缆拖令小车由 4 个车轮、4 个水平轮、车架和电缆悬挂架等组成。4 个车轮轮缘采用尼龙，可以减小噪声，每个车轮都向外偏一角度，这有利于电缆小车运行时不跑偏。每辆小车的一端设有缓冲器，以防止各小车间的碰撞冲击和损坏。

每次作业完毕后，驾驶员应将小车停在小车停机位置，并使用锚定装置，将其固定在停机位置，防止在阵风或其他情况下小车沿轨道滑移。但应注意在每次工作前必须解除锚定状态。

(七) RTG 的大车机构

1. 大车机构概述

大车机构的作用是使 RTG 做水平运动以用来调整起重机的工作位置。

大车机构是由运行支承装置和运行驱动装置两大主要部分组成的。

我们所使用的 RTG 的大车行走机构，共有四组，其中对角的两组装有大车驱动装置，每组机构有两个无内胎充气轮胎。此外，在大车机构中还装有保证起重机直线行走、90°直角转向和定轴转向的装置。

2. 大车机构的组成与工作原理

采用柴油机发电机组驱动的 RTG，大车行走机构(见图 3-9)由两台电动机分别通过减速器、小链轮、滚子链条和大链轮驱动起重机两侧车轮中的一个车轮行走。大链轮固定在车轮上，车轮随大链轮一道转动。RTG 的行走方向，随电动机的回转方向而变化。采用螺栓调整减速器的位置以张紧链轮。大车机构采用交流变频调速，并具有手动纠偏功能。大车系统系采用立式电动机，通过减速器、小链轮、大链轮驱动车轮。减速器由一付螺旋伞齿轮和圆柱齿轮副组成。

RTG由于行走路面状况、轮胎充气压力、行走小车位置和起重机所受风力等因素,使轮胎上分布的载荷不均匀,因而起重机两侧的轮胎变形量不尽一致,导致行驶走偏或产生蛇行,容易发生碰箱事故。为此,在轮胎式集装箱起重机行走机构中需装设保证直线行走的装置,并采用相应的纠偏措施。以提高RTG的自动化程度。

当RTG在堆场上作直线走时,驾驶员操纵锁销液压缸将锁销固定在直线行走位置。大车行走时,驾驶员应随时注意装设在起重机一侧的指示杆是否超越在堆场上所划出的行走线,如发现超出行车线,即在驾驶室内扳动控制手柄,调整两行走电机的转速。同时,在RTG两侧应装有行走限位警报装置,当起重机的警报接触器碰到堆场上的集装箱或相邻的起重机时,即向驾驶员发出警报,提醒驾驶员调整行走位置。

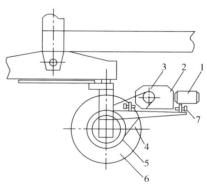

图3-9 大车行走机构传动图
1-电动机;2-减速器;3-小链轮;4-滚子链条;
5-大链轮;6-车轮;7-螺栓

为了使RTG能从一个堆场转移到另一个堆场上工作,需要装设转向装置。由于RTG跨距大,因而在国际集装箱专用码头和中转站,均采用90°直角转向方式。在堆场两头转问处,可铺设转向垫板以防止转向时车轮变形和磨损。

当起重机开到堆场一头需要转向时,可将车轮转动90°,然后横行到另一堆场,再转向90°,即可在另一堆场进行装卸作业,转向装置如图3-10所示。

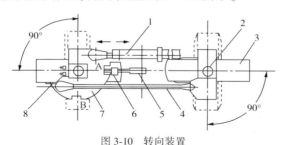

图3-10 转向装置
1-转向液压杆;2-转向销;3-车轮;4-拉杆;5-锁销液压缸;6-锁销;7-转向板;8-限位开关

车轮处于实线位置表示起重机直线运行状态,在这种情况下,锁销6销在转向板的锁口位置A上,当需要作90°转向时,先将锁销6退出,液压缸1推动转向板7回转,并借助于拉杆4使车轮围绕转向销2回转90°。此时,车轮处于虚线位置,锁口B转到原来锁口A的位置,再用锁销液压缸5将锁销6锁在锁口B中。整个操作在驾驶室内进行。

大车运行机构与大车转向机构装设有联锁保护。如车轮锁销全部退出方可转向;车轮锁销全部进销后,方可允许大车运行等。

当轮胎泄气或爆破后.起重机应有防止失稳的装置。起重机应设大车运行防碰装置,当起重机与集装箱碰撞之前,应能发出信号报警.并立即切断继续向前运行电源,但可倒退行驶。

在起重机鞍梁的两侧,共装有4套声光报警装置。大车行走时,发出声光报警,以提醒周围作业人员。

在大车转向时,一定要在专门的转向铁板上进行,以减少转向时对轮胎所造成的磨损。

在门腿上装有大风紧固装置。用来防止大风时起重机爬行和倒下。

紧固装置一般设置在后方堆场,遇有大风时,将RTG开到后方进行紧固。紧固装置参见图3-11。

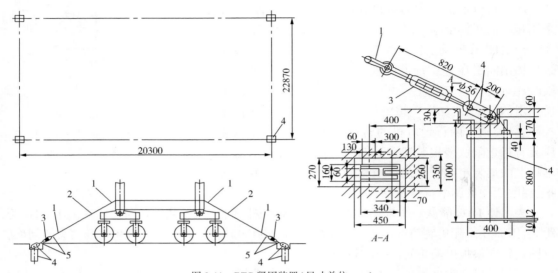

图3-11　RTG紧固装置(尺寸单位:mm)

1-钩环;2-钢丝绳;3-张紧螺栓;4-紧固底座;5-撑杆

紧固装置由钩环1、钢丝绳2、张紧螺栓3、紧固底座4和撑杆5组成。紧固底座安装在堆场上,其布置位置如图4-6所示,使用时与其他部件连接,不使用时可以放平,不致影响其他车辆行驶。紧固装置应根据当地的最大风力进行设计。

(八)RTG的动力装置

机组的柴油机和发电机共置于一个全天候防护罩(动力房)内,柴油机排出的废气通过排气管一直通到RTG的顶部排出,为方便维修,在动力房内侧装有可翻转的活动平台。

1.驱动方式

RTG的驱动方式有两种:

(1)柴油机电动方式

由柴油机带动发电机,发电机带动电动机,再驱动各个机构。

柴油机电动方式的特点是:操作性能较好,受气温影响小,出现故障比较容易发现,维护保养较为容易;但动力装置重量较大。

(2)柴油机液压方式

由柴油机带动液压泵,由液压泵带动液压马达,再驱动各个机构。

柴油机液压方式的特点是:加速性能好;运转平稳;动力装置重量较轻;但出现故障难以发现;由于液压部件多,容易产生漏油;维修保养较为复杂;操作性能受气温影响较大。

目前,世界各国对于RTG,采用柴油机电动方式较为普遍。

2.发动机组

我们公司采用的是由一台康明斯柴油机带动一台STAMFORD交流无刷发电机供电。

电压等级及类别：
（1）主电源：三相440V，50Hz；
（2）动力电源：三相440V，50Hz；
（3）控制电源：直流24V；
（4）照明电源：三相四线440V/230V，50Hz。

（九）吊具系统

RTG 所采用的吊具，与岸边集装箱起重机基本相同，即固定式吊具、主从式吊具、子母式吊具和伸缩式吊具。目前越来越多地采用伸缩式吊具。至于选用哪种形式的吊具更为经济合理，应根据货场作业的具体条件来定。

为方便吊具的更换维修，一般采用带吊具上架的伸缩式吊具。伸缩式吊具可起吊20ft、40ft 二种集装箱。

（十）RTG 的安全保护装置

RTG 具有不同的保护或安全装置，以确保人员及设备的安全。

下面是 RTG 的主要保护及安全装置：

1. 电动警示铃

大车行走电源接通时，即发出声音。

大车行走时，发出的声音清楚可听。

操作预备警示，即发出声音。

2. 灭火器

用于灭火，分为电子灭火和化学品灭火两种。

3. 紧急停止按钮

其作用是断开控制电电源并切断控制线路和动力线路。紧急停止按钮设在：

RTG 的两侧门腿上；

小车平台上；

驾驶室的操作台上；

电气房内。

4. 限速与极限开关

可保护设备不会与别处发生碰撞，当碰到极限限位时，需打开旁路才能够重新操作，此时应特别小心，因为所有限位均被屏蔽掉。

起升机构装设上升终点前减速、上升终点停止。上升极限位置停上。下降终点前减速、下降终点停止、超速和超载的安全保护装置。下降时，在特定区域内限速，以限制吊钩或吊具碰击地面，吊具在此位置时，卷筒上必须有两转钢丝绳。起升时，在特定区域内限速，以限制吊钩或吊具碰击车道，并减轻钢丝绳的压力。当载重达到起重量的100%时，超载限止器应能发出提示性报警。当载重达到起重量的110%时，应自动切断上升电源，但允许下降放下物件。当升降速度超过空载额定升降速度的115%时，超速装置应能切断起升电动机电源。

小车运行机构两端均装设终点前减速、终点停止、终点极限位置停止的安全保护装置，以及缓冲器和车轮的车挡等，这样小车在横梁上行走，碰到限速开关小车自动减速，反之，反向撞击又重新启动限速开关。

行走机构护轮板上的极限开关防止 RTG 与货场里其他东西的碰撞。

5.安全杠/门

通常在一些行走通道两侧都装设有保护栏杆，防止人在上面行走时，发生坠落事故。

6.通信设施

由于港口生产的特殊性，货场一般都很宽阔，在发生危险时候，可以使用通信设施和其他人或上级联系，及时处理问题。

7.电阻箱

电阻箱通常设在 RTG 桥上，或通风良好的区域。

其作用是散热。

电阻箱表面上不能放置散杂物，尤其是易燃材料。

8.监视器

在陆侧两侧腿柱上装有监视器，这样在大车行走时，驾驶员可以通过监视器，看到陆侧肉眼被遮挡住的行走路线。

9.风速报警器

起重机设置风速报警器，使在 16m/s 风速时报警，并宜有瞬时风速的显示能力。

10.电路保护

直流电路系统中设有过流、过压、失磁、零位等保护。

交流电路系统中设有短路、过载、失压、漏电、缺相等保护。

11.防爬楔

起重机必须装有防爬楔，以防整机被风吹动移位。按需装设有锚定装置，该装置应能承受非工作状态的最大风力。

(十一) RTG 的转向液压系统

RTG 的两侧，各设有一液压动力站，顶起整个起重机以驱动大车行走轮在原地作 90°转向，使 RTG 改变行驶方向，并可使整机对角的半数轮子单独转向，达到防风状态。每套动力站由交流电机、联轴器、油泵、控制阀组等组成。通过液压油管，驱动转向油缸、锁定油缸和顶升油缸的动作，每套动力站驱动两组转向装置。转向液压系统属于顺序动作回路。

1.90°直角转向

这是目前比较常用的转向方式。RTG 的 90°直角转向装置如图 3-12 所示。RTG 装有 4 套转向装置，即每个支腿车轮 1 套。转向装置由液压缸 1、转向销 2、拉杆 3、限位开关 7、锁销 8、锁销液压缸 9 和转向板 10 组成。

图 3-12 所示为 RTG 直线行走状态。在直线行走时，锁销 8 锁在转向板 10 的锁口位置 A 上。当需要作 90°转向时，先搬动操作杆将锁销 8 退出，转向液压缸推动转向板 10 回转，并借助于拉杆 3 使车轮围绕转向销 2 回转 90°。此时，车轮处于虚线位置，锁口 B 转到原来锁口 A 的位置，再用锁销液压缸 9 将锁销 8 锁在锁口 B 中。整个操作在驾驶室内进行。

转向液压系统原理图如图 3-13 所示。电机带动液压油泵向系统供油，当转向液压缸 11 和锁销液压缸 12 不动作时，电磁阀 7、13 处于中位，电磁阀 3 处于 m 位置，使液控溢流阀 2 卸荷，系统中的油液流经溢流阀 2 回油箱。当电磁阀 7 变到 m 或 n 的位置时，则电磁阀 2 要由 m 变到 n 的位置,使液控溢流阀 2 起作用,此时车轮转向 90°,并有一极限开关向驾驶员显示出来。电磁阀 7 回复到中位,然后使电磁阀 13 由中位变到 m 位置,再使锁销液压缸 12 推动锁销将转向轮锁紧。锁紧后,则电磁阀 13 回复到中位,液控单向阀起作用,锁销液压缸不致返回。

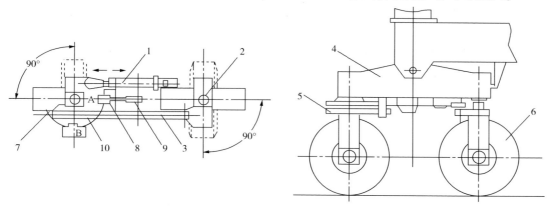

图 3-12　90°直角转向装置
1-转向液压缸;2-转向销;3-拉杆;4-平衡梁;5-转向架;6-车轮;7-限位开关;8-锁销;9-锁用液压缸;10-转向板

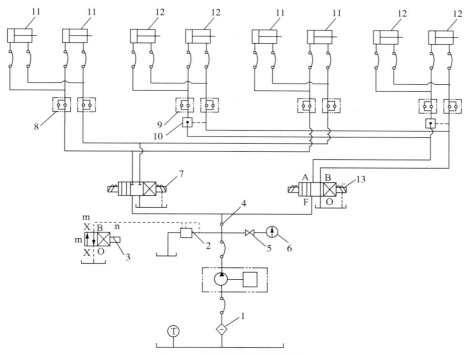

图 3-13　90°转向液压系统原理图
1-滤清器;2-液挂溢流阀;3-二位二通电磁阀;4-单向阀;5-压力表开关;6-压力表;7-三位四通电磁阀;8-单向可变节流阀;
9-单向可变节流阀;10-液控单向阀;11-转向液压缸;12-锁用液压缸;13-三位四通电磁阀

2. 定轴转向

定轴转向是以一个支腿为轴心进行转向。如图 3-14 所示,图 3-14a)为直线行走状态,图 3-14b)为定轴转向状态。当进行定轴转向时,以支腿 1 为轴心,将支腿 2 的车轮转动 90°,

支腿 3 的车轮转动一定的角度，支腿 4 的车轮方向不变，即可进行定轴转向。

图 3-15 所示轮胎式龙门起重机是在一条支腿，即支腿 3 的车轮上装设定轴转向装置。当起重机直线行走时，锁销液压缸 4 将销锁 5 锁紧在车轮转向板的锁口 A 上。当起重机进行定轴转向时，先退出锁销 5，转向液压缸 3 推动车轮转向板 2 回转 45°，车轮转向板上的锁口 C 处于锁口 A 原来的位置，锁销液压缸 4 将锁销 5 推进锁口 C。此时停止液压缸 6，驱动的停止锁销 7 便限止在挡块 K 处，即可进行定轴转向。

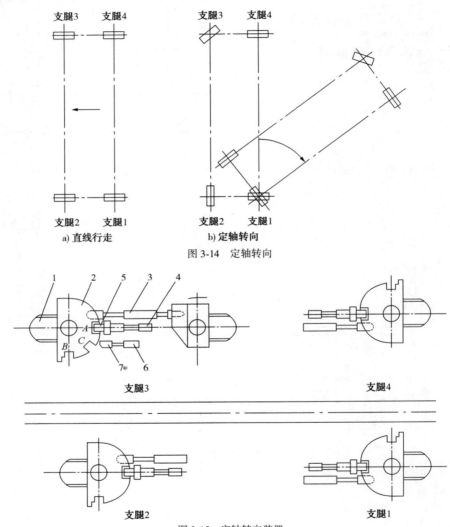

图 3-14 定轴转向

图 3-15 定轴转向装置

1-车轮；2-车轮转向板；3-转向液压缸；4-锁销液压缸；5-锁销；6-停止液压缸；7-停止锁销

转向液压系统原理图见图 3-16。它由电动机带动油泵向系统供油。系统压力为 13.7MPa，油缸不工作时由溢流阀回油。车轮由 4 个转向液压缸 8 推动，作 90° 回转，转向完毕后由 4 个锁销液压缸 7 推动锁销将车轮锁紧，然后 RTG 即可直线行走。液控单向阀 9 的作用是在发动机发生故障，起重机不能自己行驶而需要拖动的情况下，使锁销不致脱开，以保持起重机仍能按直线行走

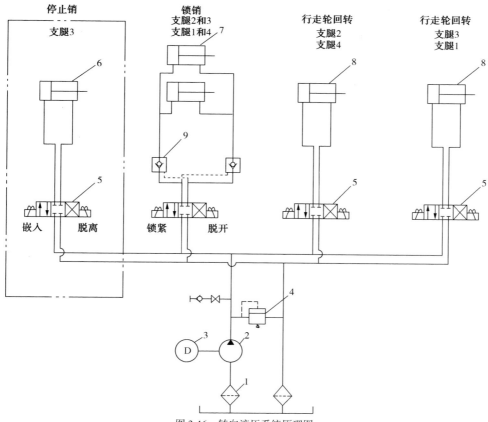

图 3-16 转向液压系统原理图

1-滤清器；2-油泵；3-电动机；4-溢流阀；5-电磁阀；6-停止液压缸；7-锁销液压缸；8-转向液压缸；9-液控单向阀

RTG 直线行走、90°转向和定轴转向，各个支腿转向板相应的锁口位置见表3-3。

锁 口 对 应 位 置　　　　　　　表 3-3

转向方式	支腿1	支腿2	支腿3	支腿4
直线行走	A	A	A	A
90°转向	B	B	B	B
定轴转向	A	B	C	A

(十二) RTG 的润滑

1. 润滑工作注意事项

润滑材料必须保持清洁。

不同牌号的润滑脂不可混合使用。

经常检查润滑系统的密封情况。

选用适宜的润滑材料并按规定的时间进行润滑。

在起重机完全停电时，才允许进行润滑操作。

对没有注脂点的转动部位，应定期用稀油壶点注在各转动缝隙中，以减少机件的磨损和防止锈蚀。

采用油池润滑的部件,应定期检查润滑油的质量,加油时应加到油位。

加润滑脂时要将旧油挤出一直到新油出来为止。

制动片以及电气接线处不准加油。

2.滑润位置

表 3-4 示出了 RTG 需要润滑的位置。

RTG 润滑一览表　　　　　　　　表 3-4

序号	零部件名称	润滑周期	润滑类型	润滑剂
1	所有钢丝绳	一般 15~30 天	把润滑脂加温到 80~100℃浸涂到饱和为宜、不加热涂抹	钢丝绳麻芯脂,涂合成钙脂基石墨润滑脂,或其他润滑脂
2	起升减速箱	自润滑	油池	N320 极压齿轮油
3	小车减速箱	自润滑	油池	N320 极压齿轮油
4	大车立式减速箱	自润滑	油池	N320 极压齿轮油
5	滚动轴承及齿轮联轴节	高速处:每月 1 次 低速处:3~6 个月	工作温度在-20~50℃	可用任何元素为基体的润滑脂
6	滑动轴承	高速处:每天 1 次 低速处:1 周 1 次 每次大修时加满	工作温度在高于 50℃ 工作温度在低于-20℃	工业用锂基润滑脂 采用 1、2 号特种润滑脂
7	电动机	年修或大修	一般电动机Ⅱ级绝缘或湿热地带	复合铝基润滑脂、3 号锂基润滑脂
8	制动器铰点、限位开关铰点、操纵手柄铰点等	3 个月	销轴	HC20 机械油
9	起升机构主令限位、开式齿轮传动、运行小车传动、小车万向联轴器铰轴处、大车运行开式链轮传动	6 个月		钙基润滑脂
10	所有滑轮轴	3 个月	油嘴	钙基润滑脂

(十三) RTG 驾驶员交接班制度及安全操作规程

1.交接班制度

(1)交接班原则

交接班要发扬团队精神,必须严格认真地履行交接班手续,做到交得清,接得明。交接班时,发现问题要分清责任,及时处理,重大问题及时向领班、指导员、值班主管汇报。

(2)交接班内容

交接清楚生产情况,包括集装箱装卸情况,操作情况和行驶路线。

交接清楚机械车容车貌及运行情况,对当班机械存在的问题(机械状况、保养、维修情况)必须交接清楚,不得隐瞒,并认真填写机械运行日志。

交接清楚燃、润料的消耗量和存量。

交接清楚作业中的安全措施和安全设备情况。

交接清楚随车工属具。
(3)交接班地点
在现场作业的机械要按规定的内容在机械驾驶室内进行现场交接。
未参加作业的机械要在停车场按规定进行交接。
(4)交接班程序
接班驾驶员须在交班前认真填写机械运行日志。
接班驾驶员应清点随车工属具。
接班驾驶员全面检查并了解机械的运行情况,发现问题及时汇报给领班、技术部等相关人员。
严格执行"不清不交"的原则,对当班故障所在和处理方法,接班驾驶员需在"机械运行日志"上签字后,交班驾驶员方可离开。
接班驾驶员应严格执行"不清不接"的原则。
接班驾驶员应对车辆从外观上进行检查,检查结果应由交班驾驶员签字确认后方可接车,接班后发现的任何问题,由接班驾驶员承担责任。
因天气等特殊原因,接班驾驶员未及时到位,交班驾驶员不得私自离开,必须执行控制室和领班的指令决定停车或继续加班作业。

2. RTG装卸作业的安全操作规程
(1) RTG作业前应做到
RTG驾驶员必须经专业培训合格,持证上岗。特种作业人员应持特种作业安全操作证。
班前、班中严禁喝酒;上岗前应休息好,保证工作中精力充沛。
RTG驾驶员到达单位后更换工作服,按规定穿戴好劳动保护用品,安全帽一定要生根,所带物品一定要用背包(公司禁带物品,不能上车),不能手提肩扛,披衣夹物。
参加配工会,由队长或领班主持安排当班生产任务及各项要求,RTG驾驶员要了解上一个班生产完成情况,以及本班工作重点,安全注意事项。
排队出场,按照公司规定的出场路线,队列要整齐,步伐要统一。
交班驾驶员把机械停放到安全位置,放下吊具到地面1.5m处。
接班驾驶员履行RTG交接班制度,按照RTG机械检查内容,认真做好机械检查并做好记录。
登机前,检查RTG外部有无损伤及门腿各限位是否正常,防风锚定安全装置有无缺损,清除大车行走路线的障碍物。
RTG驾驶员上下机时应手扶栏杆,逐级上、下梯。
空载试车选择安全位置,对起升、下降、小车、大车、紧急停车等进行逐项试车;起升、小车应进行全程试车,检查各机构工作是否正常,确认钢丝绳、制动装置及其他安全装置符合规定。
吊具应试验各个动作状态。
检查完毕接班驾驶员按照所检查项如实填写交接班日志,交班驾驶员确认后方可离机。
(2)作业中应做到
随时注意小车行走轨道有无异响,电缆有无缠绕。
集中思想,认真操作,严禁做与作业无关的事情。
驾驶员要明确扭锁开关位置状态。起吊第一钩货时,起吊高度约0.5m停钩,确认起升制动装置是否可靠。

驾驶员操作时应眼随吊具、余光瞭望。起钩平稳、落钩轻准。

避免钢丝绳跳出滑轮槽，落钩吊具钢丝绳应垂直。

小车运行时，驾驶员必须确认吊具高度、位置，谨防与集装箱发生碰撞。

除维修和检查工作外，吊具伸缩必须在 5m 以上空中进行，吊具下严禁站人。

RTG 夜间作业，驾驶员应打开工作照明灯。

RTG 在换场地作业时，大车移动必须联系专人监护。

RTG 驾驶员不准依靠行程开关和主令控制限位器停止各机构的动作。

RTG 上的通话设备工作时，不准关机和随意调换频道。

电控室内温度控制在 5~25℃，超过 30℃应立即报告，并禁止驾驶员调整空调器设定温度。

RTG 启动后，驾驶员不准离开驾驶室。未经允许，无关人员不准登机。大车移动时，禁止人员上下扶梯。

RTG 驾驶员参与维修作业时，无指挥口令严禁私自动车或离开驾驶室。

（3）RTG 作业完毕安全规定

作业完毕，应将 RTG 停放在规定的安全位置。

操作手柄全部停放在"0"位。

RTG 驾驶员应立即切断总电源，关闭发动机。

驾驶员离机前必须安放好大车防爬楔块。

离机以后按照公司规定回场路线排队（2 人以上）回场，人员到齐以后，交班时有特殊情况驾驶员要向队长、领班汇报，最后由队长、领班总结当班生产、安全等情况，宣布当班作业结束，然后下班。

（4）禁止项目

严禁溜梯下机。

严禁用大车运行惯性顶撞其他机械或物品。

严禁超负荷作业；严禁使用 RTG 斜拉任何物品；吊箱超载报警时，禁止操作。

严禁吊具或吊箱从人员上空及车辆驾驶室上空越过。

驾驶室内的系统工作显示器，不准随意调试。

RTG 扶梯、人行通道禁放任何物品，保持畅通。

RTG 上配备的消防灭火器材，禁止随意移动位置。

遇有大风、大雾等恶劣天气，禁止近距离相向行车。

（5）特殊天气作业规定

遇有大风、雨雪、雾、雷电天气，危及安全时，应报告中控暂时停止作业。

作业时风力达到 7 级时，RTG 应停止作业，掩防风楔，进行锚定。

遇有无预报的瞬间狂风、飓风突袭，RTG 值班人员应立即将海陆两侧轮胎掩好防风楔，就近锚定，并将小车固定。

对预报的特大暴风雨天气，要采取防倾覆加固措施。

（十四）RTG 的维护和保养

设备的正确使用与精心保养，可以防止机件过早磨损和遭受不应有的损坏，从而延长使用寿命。对设备进行有计划的修理，可使设备经常处于良好的技术状态，发挥应有的效能。

RTG 在使用过程中,为了保证起重机能在最佳状态下正常运行,必须经常检查机械动作及各部件的损耗情况,供油状态,安全装置,特别是主要机构(起升机构、小车运行机构、大车行走机构、吊具等)的运转情况。关注各机构的易损件、钢丝绳、钢丝绳接头、钢丝绳压板、滑轮等的日常状态,如有不善之处,应立即采取措施,予以修复,使之达到最佳状态。对一些重点部位,应加强日常的检查,如制动器、钢丝绳等。

要经常检查螺栓的松动,特别是 RTG 初次运转后的一个星期;以后每月一次必须对全部螺栓检查以便再次紧固,紧固时应使用恰当的扳手。特别注意靠螺栓紧固作用影响大的地方以及最容易被疏忽之处。

必须经常注意钢丝绳压板的紧固情况,发现松动应立即紧固方能使用。并检查夹紧螺栓的情况,发现螺纹损坏、裂缝等异常情况,应立即更换。缠绕钢丝绳时要注意不要使钢丝绳扭曲或打结。

1.保养与维护的主要检查项目

(1)电机

①温升情况,有无发热。

②轴承有无异常情况。

③马达内部有无异常声响。

④马达的轴向窜动一般控制在 3mm 以内,最大不超过 5mm。

(2)限位开关

①限位开关是否固定良好。

②位置是否偏移。

③动作是否灵活。

(3)制动器

①制动器的磨损情况,变色等。

②制动片和制动器之间的空隙是否过大。

③电动油压推杆制动器和电动液压动力制动器的油压状态。

④有无异音、异热、异味、异振动。

(4)按钮开关

①接触头的接触情况是否良好。

②固定螺栓是否松动。

(5)信号灯

①指示灯的亮与否。

②固定螺栓是否松动。

(6)齿轮减速箱

①油量是否恰当,利用油位器检查。

②有无漏油。

③温度有无异常上升,如果外壳温度和周围温差超过 50°就要对内部进行检查。

④内部有无异常声响,如有异常声响应拆开检查。

⑤连接螺栓紧固情况。

(7) 齿轮联轴器
①螺栓有无松动。
②左右齿轮联轴节偏心和端部跳动情况,径向跳动不超过 0.10mm。
③保证齿轮联轴节润滑正常。

(8) 滚动轴承
①温度上升不超过 50℃(周围温度)。
②有无异常声响。
③连接螺栓有否松动。

(9) 制动盘
①制动盘的表面有无凹凸不平,平面度超过 0.3mm 时应修平。
②磨损有否超过限度,磨损超过壁厚的 30% 时就要拆换。
③表面有无异常升温。
④表面有无损伤和油污。
⑤有无产生细小的裂缝。

(10) 润滑
各润滑点处要定期加油,保证正常的润滑。

(11) 编码器
①传动是否正常。
②信号发送是否正确。

2.各机构的特殊部位和部件

(1) 起升机构
①凸轮限位工作是否正常。
②卷筒的工作情况是否正常。
③钢丝绳磨损是否超过标准。

(2) 小车机构
①小车轮磨损是否在正常范围内。
②轨道连接压板螺栓是否松动。
③水平轮是否脱落或松动。
④车轮与车轮轴连接是否牢固。
⑤车轮端部压紧螺栓是否松动。
⑥小车缓冲器处支承处的螺母有无松动。
⑦驾驶室的吊架,车轮与轨道的工作情况是否有异常。
⑧吊架的连接板的焊缝和连接螺栓有无异常。
⑨电缆拖令系统中,电缆小车两侧水平轮,侧滚轮的工作是否正常。
⑩牵引链条和皮筋的使用情况是否有异常。

(3) 大车机构
①大车轮的磨损有否超过限度。
②车轮的气压是否充足。

③大车链条是否有磨损、断裂。
④转向机构有无漏油现象。
（4）吊具
①吊具金属结构不得有裂纹和变形，尤其是锁销等部件。
②吊具各摩擦面应保持良好的润滑状态。
③各安全限位一定要保证可靠、有效。
④液压油是否充足，液压泵工作是否正常。
⑤各电气产品的绝缘是否良好。

3.RTG 的维护与保养的项目

RTG 的维护与保养分日常检查项目和定期检查项目，分别如表 3-5 和表 3-6 所示。

日常的检查项目　　　　　　　　　　表 3-5

时间	检查项目	检查方法
作业前	吊具有无漏油	目视
	小车运行轨道上有无障碍物	目视
	卷筒或滑轮组钢丝绳有无脱槽、摩擦	目视
	钢丝绳有无断油、断股	目视
	制动器及制动片工作是否正常	目视
	前一天出现故障后的修复状态	动作
	各种仪表盘及指示灯是否正常	启动
	各操作杆及按钮开关(合、分、紧急停止等)的动作是否灵活、可靠	启动
	主要的限位开关(主起升、小车运行、吊具)的动作是否灵活、可靠	启动
作业中	各机构有无异音、异味、异热、异振动	目视
	各电气元件的电流、电压有无异常情况	目视
	吊具动作正常	目视
作业后	吊具底座有无变形及开裂	目视
	吊具液压部分的油量是否恰当	目视
	吊具转锁销、导向板有无变形及开裂	目视
	吊具电缆有无外伤和扭曲等	目视
	固定螺栓有无松动	目视
	各操作杆是否已全部回到停止位置	目视
	各供油泵、橡皮管有无漏油	目视
	各轴承、齿轮及其他润滑部分润滑是否正常	动作
	有无异热	目视
	各部件有无开裂、损伤现象	目视
	电源开关是否已断路	启动
	动力装置是否已关闭	目视
	作业日记、装卸情况的转交记录	目视

定期的检查项目 表 3-6

检验部件	检验项目	检验方法及器具	检验标准	检验周期
减速器	润滑油油量	目检,油标尺	油尺标志范围	每月
	密封	目检	固定结合:不渗 相对运动:不滴	每月
	运行情况	试验,听摸	无异响、异热	每月
	螺栓连接	敲试	无松动	每月
	油品、油质	化验	达到标准规定	每季
	齿轮啮合	目检	齿面光洁,啮合正常	每季
	齿轮磨损	测量	磨损小于原齿厚的 10%	每年
卷筒	卷筒壁磨损	测量	磨损小于原壁厚的 15%	半年
	钢丝绳压板	敲试	无损伤	每月
	绳槽	目检	无损伤	每月
	疲劳裂纹	目检	无损伤	每月
	轴承润滑	目检	润滑良好	每月
钢丝绳	润滑	目检	油不干、分布均匀	每月
	磨损	测量	直径减少<7%	每月
	断丝、断股	目检	断丝<10%,无断股	每月
	扭曲或腐蚀	目检	无扭曲,无腐蚀	每月
滑轮	裂纹	目检	无裂纹	每月
	滑轮转动运行	听检	灵活,无异响	每月
	轮槽不均匀磨损	测量	小于 3mm	每季
	轮槽壁厚磨损	测量	原壁厚的 20%	每季
	槽底直径磨损	测量	<钢丝绳直径的 50%	每季
	损伤	目检	无损伤	每月
	轴承	听、视	无异响,润滑良好	每月
制动器	制动器座架	目检	无裂纹	每月
	摩擦垫片厚度磨损	测量	<原厚度的 50%	每月
	弹簧	目检,测量	无塑性变形	每季
	轴或轴孔直径磨损	测量	<原直径的 5%	每月
	液压推杆	目检	不滴油,动作正常	每月
	松闸时的间隙	目检测量	大于 0.6mm,小于 1.5mm	每月
	螺栓、螺母	试锤敲试	无松动	每月
	工作状况	试车观察	工作正常,可靠,无异响、异热、异味、异动	每月
制动盘	制动盘体	目检	无裂纹	每月
	盘缘厚度磨损	测量	小于原厚度的 4%	每季
	盘面凹凸不平度	测量	<1.5mm	每季
	摩擦面	目检	无缺陷,无油污	每月

续上表

检验部件	检验项目	检验方法及器具	检验标准	检验周期
联轴器	联轴器体	目检	无裂纹	每月
	销轴	目检	无损伤,磨损正常	每月
钢丝绳悬挂装置	绳头,螺杆	目检	无异常,无裂纹	每月
	螺栓连接	目检,敲试	正常,无松动	每月
	钢丝绳托辊	目检	运转正常,支承无变形,无裂纹	每月
各润滑点	油量	目检	满足要求	每月
	油质	目检	符合有关规定	每月
	油嘴及油道	目检	无损,畅通	每季
小车车轮	车轮体	目检	无裂纹	每月
	轮缘厚度磨损	测量	<原厚度的50%	每季
	轮缘厚度弯曲变形	测量	<原厚度的20%	每季
	踏面厚度磨损	测量	<原厚度的15%	每季
	椭圆度	测量	<1mm	每季
橡胶轮胎	轮胎气压	测量	充气压力11kg/cm^2	每周
	轮胎表面	目检	无裂缝	每周
	车轮轴承	目检,测试	润滑良好,无异响	每周
	连接螺栓	目检,敲试	正常,无松动	每周
柴油机	空气滤清器	目检	清洁	每周
	润滑油	检测	杂质,水含量达标	每月
	水箱盖	目检	无丢失,无损坏	每月
	柴油箱盖	目检	无丢失,无损坏	每月
	风扇皮带	测定	张力符合要求	每月
	密封	目检	无渗漏	每周
	异响	听	无异响	每周
发电机	碳刷与整流子	试运行,目检	运转时无火花	每季
	碳刷磨损	测量	厚>20mm	每季
	碳刷弹簧压强	测量	1.8~2.0N/cm^2	每季
	绝缘电阻	测量	冷态时大于1MΩ 热态时大于0.5MΩ	每季
	导线连接	目检,敲试	无破损,无松动	每周
	风机滤清罩	目检	无尘,无杂物	每周
	传动皮带	检测	无缺陷,张力达标	每月
	运行状态	试运行	无异响,无异热	每周
小车水平轮	水平轮体	目检	无裂纹等缺陷	每月
	与导轨间隙	测量	2~3mm	每月
	螺栓连接	目检,敲试	无异常,无松动	每月
	润滑	润滑	润滑良好	每月
	磨损	测量	按技术要求	每季

续上表

检验部件	检验项目	检验方法及器具	检验标准	检验周期
齿轮传动	齿轮	目检	无裂纹,无断齿	每月
	齿面点蚀损坏	目检	<啮合面的30% 深度<原齿厚的10%	每月
	齿厚磨损	测量	GB6067—85	每年
	润滑	目检	润滑良好	每月
万向传动轴	连接	目检,敲试	连接无误,无松动	每周
	润滑	目检	润滑良好	每周
	传动轴零部件	目检	无裂纹	每周
链轮链条	运行状况	目检	无异常	每周
	损伤	目检	无损伤	每周
	润滑	目检	润滑良好	每周
缓冲器	缓冲器体	目检	无损伤,无裂纹	每月
	支座	目检,敲试	无裂纹,连接牢固	每月
	弹簧	目检	无异常	每月
吊架转销	裂纹,损伤	目检,探伤	无裂纹,无损伤	每年
	磨损	检验	按技术要求	每季
吊具伸缩梁	支承销	目检,测量	无损伤,无磨损	每月
	轨道	目检,测量	无缺陷 磨损在规定范围内	每月
电缆小车	电缆夹头	目检,敲试	完好,无松动	每月
	滚轮	目检	润滑良好,无损伤	每月
	托架	目检	完好	每月
	螺栓连接	目检,敲试	无松动	每月
	电缆	目检	无破损	每月
吊具转锁	塑性变形	目检	无塑性变形	每月
	损伤	目检	无损伤	每月
	转角	试验	0°,90°	每月
	磨损	测量	按技术要求	每年
	裂纹	目检,探伤	无裂纹	每年

二、轨道式集装箱龙门起重机

(一) 概述

轨道式集装箱龙门起重机是集装箱码头货场进行装卸、堆码集装箱的专用机械。根据场地、集装箱储运工艺流程及装卸的车辆的不同,轨道式集装箱龙门起重机可采用无悬臂、单悬臂或双悬臂等形式。轨道式集装箱龙门起重机主要由金属结构、运行小车、起升机构、大车运行机构、平面回转装置和电气控制系统等组成。

与轮胎式龙门吊不同,轨道式集装箱龙门起重机的动力装置不采用柴油机电力驱动,而直接采用变电站供给的380V的交流电为动力源,所以,它的总体结构大大简化,维护也较轮胎式龙门吊简单。

如图3-17所示的轨道式集装箱龙门起重机,由两片双悬臂的门架组成,两侧门腿用下横梁连接,两侧悬臂用上横梁连接,门架通过大车运行机构在地面铺设的轨道上行走。在港口,多采用双梁箱形焊接结构的轨道式集装箱龙门起重机,个别采用L型单梁箱形焊接结构。在集装箱专用码头上,岸边集装箱起重机将集装箱从船上卸到码头前沿的拖挂车(底盘车)上,拖到堆场,用轨道式集装箱龙门起重机进行装卸堆码作业,或者相反。在集装箱码头,还采用轨道式集装箱龙门起重机装卸汽车和铁路车辆。

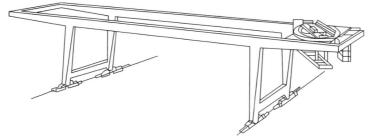

图3-17 轨道式集装箱龙门起重机

轨道式集装箱龙门起重机较轮胎式集装箱龙门起重机跨度大、堆码层数多,一般可堆放5~6层,可以充分利用堆场面积,提高堆场的堆存能力。轨道式集装箱龙门起重机结构较为简单,操作容易,维修方便,有利于实现自动优控制。

1.起升机构

起升机构有两种形式:钢丝绳卷筒式和刚性伸缩式。

钢丝绳卷筒式起升机构与轮胎式集装箱龙门起重机的起升机构基本相同,由电动机、齿轮联轴器、盘式或块式制动器、中硬齿面减速器、低速轴联轴器、起升卷筒和轴承座等组成。由起升钢丝绳、滑轮与吊具滑轮组组成一组绕绳系统。

刚性伸缩式起升机构中有一套伸缩导向钢结构架,可分钢丝绳卷筒提升和液压缸提升。其中钢丝绳卷筒提升构造简单,基本组成与其他起升机构相似。液压缸提升式工作平稳、构造简单,但维护保养要求较高。

2.小车运行机构

小车运行机构由电动机、齿轮联轴器、盘式或块式制动器、中硬齿面减速器、低速轴联轴器、车轮及车轮支承组成。驱动机构的布置方式可分为沿小车轨道方向布置和垂直小车轨道方向布置两种。

3.大车运行机构

大车运行机构的构造和形式与其他各类起重机相似,如采用开式齿轮驱动台车时,则由电机、齿轮联轴器、制动器、中硬齿面减速器、开式齿轮、车轮和车轮支承等组成;如采用封闭式传动,则将减速器输出轴直接与车轮轴连接,直接传动,但减速器传动比将稍大。通常采用3轮或4轮台车,车轮数根据轮压大小来确定。

4. 平面回转装置

堆场、储运场的铁路集装箱车辆和集装箱卡车装载集装箱的顶面相对比较平,因而一般不要求吊具有纵向和横向倾动,但集装箱卡车在运行停车时有可能偏斜,故轨道式集装箱龙门起重机需要设置平面回转装置。对于钢丝绳卷筒式起升机构,平面回转装置由钢丝绳、滑轮组、钢丝绳连接接头、铰点、摇臂、支座及推杆等组成。常用的吊具平面回转绕绳方法有两种:单边连接和对角连接。也可在轨道式集装箱龙门起重机的载重小车上装设回转机构。转盘下面有4个滚轮,其中2个为主动滚轮,由2台对称布置的驱动装置驱动,在固定的小车环形轨道上行走;另一种形式的回转小车采用大直径滚柱轴承,结构紧凑,回转平稳,只需一套回转驱动装置。

关于轨道式集装箱龙门起重机的金属结构、驾驶室、吊具、安全保护装置等与轮胎式龙门吊基本相同,在此不作专门介绍。

我国大连起重机器厂制造的用于集装箱码头和中转站的DQ型轨道式集装箱龙门起重机,额定起重量为30.5t,适用于装卸20ft、30ft和40ft集装箱。其跨度为30m。双悬臂伸距各为12.25m,起升高度12m,起升速度约为12.98m/min,大车运行速度约为71m/min,小车运行速度约为57m/min,小车可回转±210°,回转速度约为1.23r/min。吊具为伸缩式,并设有减摇装置。

(二)轨道式集装箱龙门起重机安全操作注意事项

1. 一般事项

为了确保起重机的安全运行,必须注意以下安全事项。

(1)各个装置上的安全保护装置

要经常检测每一个安全保护装置的动作是否正确、灵活。没有特别情况,不允许随便拆除,以维护安全保护装置的完整性和起重机作业的可靠性。

(2)遇有骤风应采取的措施

正常操作作业的极限工作风速为20m/s,当风速超过20m/s时,起重机应停止工作,并将楔形块塞于车轮的两侧以防止起重机被风吹走,当风速小于20m/s时方可正常工作。

(3)非工作状态或暴风时所采取的措施

这里所指的非工作状态是操作人员交接班,起重机停止工作,停机检查,超过工作风速而停机等状态。暴风是指预测到的长时间的,风速达20m/s以上的大风。一般在驾驶员交接班的间隙停机,驾驶员离机前必须关闭所电源,使所有的开关、按钮处于零位状态,并将楔形块塞于车轮的两侧,以防止遇风爬行。若停机检查或起重机有相当长一段时间不使用,或者是预测到有大于20m/s的大风,建议将起重机停到指定的位置,将楔形块塞于车轮的两侧,并将4根防风拉索将起重机与地面的固定座连接,以固定起重机,防止起重机的遇风爬行。

(4)起重机的日常检查

为了保证起重机能在最佳状态下正常运行,必须经常检查机械动作及各部件的损耗情况、供油状态、安全装置;特别要注意主要机构(起升机构、小车运行机构、吊具回转机构、大车运行机构、吊具等)以及各机构的易损件、钢丝绳、钢丝绳接头、钢丝绳压板、滑轮等的日常检查,如有不善之处,应立即采取措施,马上修复,使之达到最佳状态。

2. 起重机作业前的检查

（1）确认在RMG大车行走的工作范围内，有无与其相碰撞的障碍物，如有这种情况，必须排除这些障碍物并确认车轮的楔块已从车轮下拿出放到指定位置后，方可进行大车运行。

（2）确认在小车运行的范围内，是否有与其相碰的障碍物，若有这种情况，须排除这些障碍物。

（3）确认电源的电压是否正常，电气装置的开关按钮以及操纵标是否都在正常位置。

（4）在上述各项确认无误后，先进行RMG的空负荷运行，大车、起升、小车、吊具的伸缩等至少一个作业循环，确认各部分安全装置以及各个限位开关的动作正常后，方可进入正常作业。

3. 起重机作业完成后注意事项

（1）将RMG停在规定的位置，并将车轮的防滑楔形块塞于车轮下。

（2）将小车停靠在锚定位置，并将小车的锚定销插入位于大梁上的锚定坑内。

（3）驾驶室内的操纵手柄、按钮、开关均应回到指定的位置上。

（4）检修需维修的装置。

（5）为防止无关人员进入电气房和操纵室，避免发生不安全事故，应在人离机时，将电气房、操纵室的门锁住。

（三）轨道式龙门吊机械装置及日常维护

大车运行机构一般有4组，各组分别通过支座与支腿连接。每组由支承结构、驱动装置、锚定装置、清扫器、缓冲装置等组成。各组分别支承于4个车轮上，整台起重机支承在16个车轮上，其中驱动轮数占50%。

支承结构由上平衡梁、下平衡梁、车架及各连接轴等组成。上、下平衡梁为箱形结构，车架则为板梁结构，支腿与行走机构连接座以高强度螺栓连接。

每组大车运行机构有2套驱动装置，每套驱动装置装有减速电动机、车轮和各铰轴等。电机、减速电动机均装在台车的侧架上，减速电动机低速轴将动力传递给主动轮车轴，驱动车轮转动。锚定装置由锚定插板和操纵臂等组成，安装在支腿联系梁的下部。上、下转动操纵臂，就能将锚定插板提起和放下。大车需工作时，一定要将锚定装置锚定销提起后才能开动大车。因为锚定装置与大车是连锁的，锚定销提起不到位时，大车不能工作。若风速大于20m/s，应将大车运行到锚定位置锚固。

为防止起重机运行至码头工作范围以外，大车运行机构上设有终点限位开关、终点前的减速开关。如果这些开关因非正常原因而失效，轨道端部的车挡将把制动力直接作用大车运行机构上缓冲器上，缓冲器将减小车挡对起重机的作用力，保护起重机不受损伤。

更换车轮、轴承、轴或修理各支承架，必须选择在无风的情况下进行；要事先做好修理的准备工作（枕木和千斤顶，各种更换的零件，外购件），并将小车停在停机位置，起重机停在锚定位置并锚定，将锚定坑塞紧，不许有移动的可能，并从速修理，以防天气突变，导致起重机的不测。

如要修理支腿上的一个大车零部件，应用千斤顶将腿顶起，使需修理的台车轮踏面脱离轨面，再将平衡梁的轴拆下，这样这组台车便可移出进行修理。必须注意，当小平衡梁取出后，必须把大平衡梁垫好，确保安全。

在试运转时,先空负荷运转,再负荷运转。
各部件和机构的维护必须按照规定进行。

1. 全部零部件

(1) 固定螺栓

要充分注意固定连接螺栓有否松动,初次运转一个星期(经检修后)以及以后每一个月一次进行螺栓松动检查,紧固旋紧时,必须用恰当的扳手。

维修周期:日常和每月一次。

(2) 润滑油

根据润滑油表进行正确加油。

维修周期:日常。

2. 制动器

(1) 制动轮与制动块之间是否限度磨损;

(2) 表面是否存异常温升;

(3) 是否有运转不均匀的异常现象;

维修周期:日常。

3. 电动机

(1) 内部有无异常声响;

(2) 轴承的温升

维修周期:日常。

4. 减速箱

(1) 油量是否恰当;

(2) 是否漏油;

(3) 温升有否异常升高,如外壳温度超过周围气温30℃以上,应检查减速箱的内部;

(4) 内部有无异常声响;

(5) 所有螺栓是否松动;

(6) 轴承部位温升是否超过环境温度50℃;

维修周期:日常。

5. 车轮

(1) 车轮有否轴向移动,如果有轴向移动可能是轴承或是轴承组端盖等损坏;

(2) 轨道的表面有否损坏;

维修周期:日常。

6. 起升机构

起升机构的设置在小车上,通过钢丝绳缠绕完成吊具的起升和下降运动。

(1) 构造和性能

起升机构由一组机构组成,此机构由一台交流变频电机、梅花联轴节盘式制器、减速箱、弧形齿接手、四绳卷筒、滚动轴承座及底架等主要部件组成。钢丝绳从卷筒上出绳直接缠绕过吊具上架上的滑轮。在卷筒的轴承座外侧,装有一套凸轮限位开关,以控制起升机构各个位置的动作:吊具到最大起升高度前的减速、到达最大起升高度的停止、吊具接近地面前的减速、吊具放到地面的停止。在凸轮限位开关旁装有编码器,用于吊具的高度位置检测。在小车架的底部装有一套重锤式限位开关,用于吊具起升的超高紧急停止。

起升机构的重量传感器装在吊具回转机构的推杆头上,用于起升机构的超载保护,所吊的集装箱一旦超载,在驾驶室的故障显示屏上,会显示"Overload",并在右操纵台上,显示实际所吊的重量,此时,起升机构不能起升,而只能作下降动作。

(2)维护保养注意事项

①润滑

润滑包括:制动器、减速箱、轴承座、联轴节等。

减速箱换油时,应放掉全部的旧油,不同规格的润滑油不能混合使用。起升机构的卷筒轴承座、制动器的各铰点、联轴节等均要求手动加注油脂。

②磨损和损坏

在一定限度内的磨损和变形是允许的,不会影响使用。但必须注意的是:制动器夹钳的摩擦片、减速机齿面的疲劳磨损和异常的损坏;轴承的损坏等,这些是主要的部件,在定期的检查、维修的同时,根据实际磨损和损坏程度,提出修理计划或立即更新。

③异常温升

对制动器、减速箱、电动机和轴承,注意有无异常温升。如发现异常温升,立即查找原因,是电气方面、润滑方面,还是其他原因,找出原因,排除故障后,方可继续工作。

④紧固件的检查

对于采用螺栓紧固件的部件,螺栓有无松动的检查,最容易被忽视,所以,提请特别注意。

⑤制动器

a.检查制动器的制动块和驱动装置,应始终处于清洁和干燥状态;

b.为了得到令人满意的性能,应定期进行规定的试验和其他的检查;

c.制动器的摩擦片应及时调整,如出现摩擦片磨损现象,应通过驱动装置的调节机构保证推杆行程,而且应保持稳定的弹簧压力,当任何一个摩擦片全部或局部的磨损大于7mm时,整个制动器的摩擦片应被更换。

(3)解体和组装

①解体

a.制动盘

制动盘用螺栓固定在半联轴节法兰盘上,半联轴节由键与减速箱的输入轴配合。拆制动盘时,先将电动机与减速箱之间转动轴两端的齿形联轴器的法兰连接螺栓拆下,拿出传动轴,制动盘就可拆下(此时,制动器应已拆下)。

b.卷筒

卷筒的解体,指卷筒与减速机的输出轴连接的解体。

拆去齿形联轴器端盖上的螺栓;用千斤顶顶起卷筒,使齿形联轴器和轴承刚好处不承受载荷状态。

拆下轴承座与底架的连接螺栓;向轴承座一侧,慢慢移出卷筒,将卷筒吊起。

c.卷筒轴承

拆去凸轮限位开关、编码器及传动齿轮;拆去轴承座端盖;拆去连接传动齿轮的法兰轴;

拆下轴承。

②组装

组装时,机加工零件、轴承等,应清洗、吹干、防止灰尘和杂物混入。齿形联轴器、轴承座等加入适量的润滑油脂。组装时,按解体顺序反向进行。

③注意事项

长期停止使用或解体组装后,应进行全面检查;首先进行空载荷运转,在观察运转状态的同时,让减速机轴承等充分润滑。空运行正常后,进行负荷运行。

维修保养的检查项目和周期:

(4)全部零部件

①经常注意紧固件的松动,尤其是电动机、制动器、减速箱和轴承座底脚螺栓、制动盘联轴器的螺栓。初次运转后一星期,以后每个月必须将全部螺栓检查一遍,再次紧固,紧固时,必须用合适的扳手。

维护周期:日常及每月一次。

②润滑

制动器(各铰轴等)、减速机、联轴器、轴承座、凸轮限位开关传动齿轮副,根据润滑表进行正确润滑。

维护周期:日常。

③电动机

a.是否有异常温升;

b.电动机内部有无异常的声响。

维护周期:日常。

④减速器

a.油量是否恰当,注意观察油位指示计;

b.轴承支承处,有无异常温升,如果外壳温度超过环境温度40℃,就要对内部进行检查;

c.有无异常的声响;

维护周期:日常。

⑤联轴器

a.螺栓是否松动;

b.左、右两半联轴器有无轴向窜动;

c.左、右两半联轴器有无偏心;

d.检查润滑情况,确保充分润滑;

维护周期:日常。

⑥卷筒

a.压绳板是否松动;

维护周期:日常。

b.绳槽的磨损是否超过限度,磨损的限度为5mm;

维护周期:每年一次。

⑦滚动轴承

a.有无异常温升,轴承的温度不得超过环境温度40℃;
b.有无异常声响;
维护周期:日常。
⑧制动器
a.制动器摩擦片与制动器的间隙是否正常;
b.制动器摩擦片的磨损情况;
c.制动器限位开关的工作情况是否正常;
d.电动推杆的行程是否正常;
维护周期:日常。
⑨限位开关
a.凸轮限位开关的传动齿轮的润滑情况及磨损情况检查;
b.传动是否正常;
c.动作是否正确;
维护周期:日常。

7.小车运行机构
小车运行机构固定于小车架上,是小车作水平移动的驱动机构。
(1)构造与性能
小车运行机构主要由4个承载车轮,1套齿轮齿条驱动装置组成。
小车运行机构由1台交流变频电机、齿形联轴器、制动器、减速器、浮动轴、齿轮齿条副、车轮组、水平轮等主要部件组成。小车运行机构,设置在小车架前侧,电动机与减速器的输入轴之间,通过一套齿形联轴器相连。联轴节为带制动器的联轴器,减速箱为卧式安装,双输出轴,并通过齿形联轴节与浮动轴相连。两根浮动轴分别通过齿形联轴节与传动齿轮轴相连,传动齿轮轴的轴承座固定在小车架上,齿条安装在两侧大梁上;车轮轴两端装有双排滚柱调心轴承,通过轴承座支承整个小车架;车轮为双轮缘车轮;在小车架每只车轮的两端,各装有一套水平轮,水平轮承受侧向力,并起导向作用。水平轮支架由紧固螺栓与小车架连接,水平轮轴为偏心轴,以便调整水平轮与小车轨道间的间隙。以控制和调整小车的侧向滑动间隙。

在小车两侧分别设有小车的减速限位,终点停止限位和紧急停止限位;小车架运行方向的两端共装有四个橡胶缓冲器,当小车运行到终点时,万一限位开关失灵,可使小车撞倒车挡时,起缓冲作用,吸收小车的冲击动能。

(2)维护保养注意事项
①润滑
润滑包括减速箱、车轮轴承等。
减速箱换油时,应放掉全部的旧油,不同规格的润滑油不能混合使用。
小车的车轮轴承、水平轮轴承、减速箱输出轴,均需手工加注油脂。所用的润滑油类和润滑脂的规格按使用说明书的要求。
②磨损和损坏
在一定的限度内的磨损和变形是正常的,不会影响使用。必须注意:制动器摩擦片(电

机带制动器)磨损,减速箱齿面的疲劳磨损和异常的损坏、轴承的损坏,车轮和水平轮的磨损等,这些是重要的部件,在作定期检查、维修的同时,根据实际磨损和损坏程度,提出修理计划或立即更换。

③异常温升

对电动机减速箱和车轮轴承,注意有无异常温升,发现异常温升,立即查找原因(电气方面、润滑方面,还是其他方面),排除故障后,方可继续使用。

④紧固件的检查

对于采用螺栓紧固件的部件,螺栓有无松动的检查,最容易被忽视,提请特别注意。

(3)解体和组装

①解体

a.驱动单元

将驱动单元低速轴外侧的连接螺栓拆下,就可使驱动单元与车轮轴,拆下驱动单元的铰接销,就可将驱动单元移开。

b.车轮组

用4个10t的千斤顶,分别置于小车的顶升支架处,将整个小车顶起到一定的高度(可使车轮组,包括轴承座一并卸下)。拆下固定车轮轴承座的卡轴板,将整个车轮组一起拆下。注意:车轮组在拆卸时,必须先将浮动轴与车轮驱动轴间的齿形联轴节解体,然后才能拆卸车轮组,在拆卸车轮组以前,还必须将润滑油管解开。

c.水平轮

只需将水平轮支架与小车架间的连接螺栓拆下,就可水平轮组及支架一同卸下,可在车间内对水平轮作进一步的解体。

②组装

组装时,各个零件、轴承等,应清洗、吹干,防止灰尘和杂物混入。在组装齿形联轴器,轴承座,水平轮内的轴承时,应加入适量的润滑油脂。

组装时,只需按解体顺序反向进行,注意:凡用螺栓固定或连接的零部件,必须将螺栓拧紧。

(4)长期不使用或经解体修理组装后,应进行全面检查。首先进行空负荷动转,在观察运转状态的同时,让减速机轴承等充分润滑。空运行正常后,进行负荷运行。

维修保养的检查项目和周期。

8.吊具回转机构

由于集装箱运输卡车的停位不可能与RMG绝对的平行,本RMG设置了吊具的回转机构,它可使吊具作±5°的水平回转。

(1)构造与性能

它是由设置在小车上前后侧各一套电动推杆组成。电机驱动推杆左右来回摆动,推杆两端通过连接块连接着起升钢丝绳,通过改变吊具的后侧同侧钢丝绳长短来实现吊具的回转动作。在电动推杆上设置了一套凸轮限位开关,设定了吊具的零位,即吊具与RMG平行;电动推杆设置了两个行程终点停止限位,即吊具在离地4m时,平面回转±5°的两个极限位置。在进行了吊具水平回转后,只需按下设置在驾驶室左操作上的"吊具零位"按钮,吊具即可自动回零。

(2)维修保养注意事项

①润滑

改向滑轮轴的润滑。

按使用说明书的要求选用润滑油。

②紧固件的检查

驱动单元与小车架是用螺栓连接的,提请特别注意,螺栓有无松动。

③限位检查

行程终点限位是否偏移,是日常检查的内容,一旦发现限位开关对于推杆的两个终点和零点的位置有误时,应立即调整,使之正常工作。

9.吊具上架

为方便吊具维修,本起重机设置了吊具上架,便于吊具与起升机构的钢丝绳脱开,即起升机构的钢丝绳缠绕在吊具上架的滑轮组上,吊具上架通过转销与吊具相连,吊具的控制电缆与吊具上架之间通过快速接头连接,转销和电缆均有联锁。

(1)构造与性能

吊具上架主要由钢结构、锁销装置、储缆框等组成。吊具上架的钢结构框架采用普通结构钢焊接而成。吊具上架由起升钢丝绳通过上面的4个滑轮与小车连接。在吊具上架的下面装有4个锁销,用于连接集装箱吊具。锁销为高强度合金锻钢,制造时,经过严格的检验,以保证安全、可靠的使用。锁销的开锁与闭锁的动作,采用手动控制。在闭锁位置,操作手柄处装有限位开关,只有在限位作用时,起升机构才能操作,在操作手柄上,还装有插销,以保证吊具上架的锁销不因其在运行过程中的振动或其他原因,使锁销打开。锁销的工作位置为0°和90°两个位置,操作手柄的行程与锁销转动的角度之间是可调节的。在吊具上架中间上部,装有一个储缆框,当吊具起升时,吊具的控制电缆会自动地盘卷在储缆框内。在吊具上架的4个角上,各设有一个吊具孔,可用作连接钢丝绳,直接吊运集装箱,每个吊耳允许承受12.5t载荷。

(2)解体和组装

①解体

a.滑轮

将固定滑轮轴的卡轴板连接螺栓拆下,用铜棒敲出滑轮轴,就可将滑轮拆下,可进行滑轮轴承的拆装,或更换滑轮。

b.锁销

拆下用于锁定螺母的开口销;拧下大螺母;取下拨叉套(与锁销通过键连接)卸下锁销。

②组装

组装时,机加工零件,轴承等清洗、吹干、防止灰尘和杂物混入。在组装滑轮的轴承时,应加入适量的润滑脂。组装时,按解体顺序逆向进行。

③维护保养注意事项

(3)紧固件的松动检查

应经常注意紧固件螺栓的松动检查,特别是滑轮轴的卡轴板的紧固螺栓;

维护周期：日常。

（4）润滑

在吊具架上主要是滑轮轴承的润滑；

维护周期：日常。

（5）锁销

①锁销的工作位置是否正确，要求为0°和90°两个位置，若有偏移应及时调整；

②锁销位置调整杆的防松螺母有无松动；

③锁销的胫部及与吊具接触的部位有无损伤和裂痕；

维护周期：日常。

（6）滑轮

①滑轮转动是否灵活；

②滑轮的轴承是否发热，温升不能超过环境温度40℃；

③滑轮轴承有无异常声响；

④滑轮的钢丝绳绳槽是否有异常磨损；

维修周期：日常。

10.吊具

吊具是保证起重机快速、安全装卸作业的重要部件。本起重机配备的吊具为四吊点自动伸缩式吊具，适用于装卸国际标准化协会规定的20ft和40ft、APL45ft集装箱。

构造与性能

吊具通过吊具上架的锁销与吊具上架相连，通过上架上的滑轮组及起升钢丝绳缠绕，实现吊具的起升、下降动作。吊具主要由转销驱动装置、伸缩装置、伸缩梁、吊具结构和液压系统等组成。

（1）转销装置

转销装置用于吊具的转销锁住（LOCK）或脱开（UNLOCK）集装箱，由转销、驱动油缸、顶销和限位开关等组成。转销的工作位置只有2个，即开锁（0°位置）和闭锁（90°）位置。在开锁状态时，转销能自由进入集装箱顶部4角的孔箱内。转销进入箱孔内后，由液压油缸推动，使转销转动90°，使得转销处于闭锁位置。只有在转销全开或全锁时，起重机的起升机构才能动作，即吊起空载吊具或重载吊具。

（2）顶销

顶销与限位开关一起来产生信号，起到吊具的联锁保护作用，它本身还带有机械连锁装置。

在吊具的4角转销箱内各有1个顶销，顶销在弹簧的作用下，突出于转锁箱的箱体下部。当转销进入集装箱的箱孔内后，转销箱底面和集装箱角的顶面接触突出的顶销被压回，限位开关作用，此时，起升机构的下降回路被切断；当4个角的顶销被压回箱体内时，4个角的限位开关全部动作，表示4角的转销已全部进入相应的箱孔内，转锁驱动装置动作回路被接通，此时驾驶员可扳动手柄，进行锁销动作，完成锁销动作后，限位开关作用。在驾驶室内的"LOCK"指示灯亮，同时接通起升机构回路，驾驶员可作起升操作。4个角上的顶销如果有一个没按要求到位，后续的动作就不能进行；在起升机构动作将吊具提升的同时，转销箱下平面脱开集装箱的上平面,顶销在弹簧的作用下,恢复突出于转销箱的下平面,限位开关动作,转销驱动装置动作回路被切断,同时机械挡块卡住了锁销,这样,即使驾驶员误操作或设备故障的误动作,也不做在吊箱时自动开锁。

注意:只有在吊具完全放在集装箱上,且4个转锁已进入集装箱孔内,起升钢丝绳已不受载荷或略显松弛时,才能进行吊具转锁的开锁和闭锁动作。

(3)吊具伸缩装置

吊具伸缩装置是使左右两侧的伸缩梁相对于吊具本体同时伸缩,保证转销对应于20ft或40ft集装箱的箱孔。吊具伸缩的驱动是通过液压马达带动摆线针轮减速机,驱动一组链轮装置,实现吊具伸缩梁的;驱动链条的张紧程度可调整。在吊具伸缩的两个终点,设有限位开关及终点缓冲挡块,当吊具伸缩到位时,驾驶室内指示灯会显示吊具处于20ft还是40ft。吊具通过吊具上架的锁销与吊具上架相连,通过上架上的滑轮组及起升钢丝绳缠绕,实现吊具的起升、下降动作。吊具主要由转销驱动装置、伸缩装置、伸缩梁、吊具结构和液压系统等组成。

(4)液压系统

转销驱动装置和吊具伸缩装置共用一套液压泵站,共用的液压油泵完全能满足上述动作使用要求。

(5)维护保养及操作说明

关于吊具的使用、维护、保养的详细说明,可参阅由RAM及ELME提供吊具使用维护手册。

11.钢丝绳缠绕系统

本起重机的钢丝绳包括起升钢丝绳及减摇钢丝绳。

(1)起升钢丝绳的缠绕

本起重机的起升钢丝绳共4根,4根钢丝绳同时固定在起升卷筒左右两端上,左端的2根钢丝绳直接穿过小车架,分别绕过吊具上架左侧的两个滑轮,再回上来,经过改向滑轮分别与布置在小车前后端的两个吊具回转推杆头用绳套连接;起升卷筒右侧的两根钢丝绳以同样的缠绕方式,对称布置。

(2)维修注意事项

应按要求选用各润滑点的润滑脂,不允许将不同性能、规格的润滑脂混用。小车上各改向滑轮和小车左侧的四个大滑轮等的润滑,均为局部集中润滑。吊具上架上的滑轮为手工加油。在运行一段时间后,应对起升钢丝绳涂油,以保护钢丝绳,使之延长使用寿命。紧固件的防松检查用螺栓等紧固件连接的部分,防松的检查要特别重视,至少每月检查一次,发现松动,立即用合适的扳手拧紧。一定限度的磨损和变形是正常的,不会影响使用;发现超过限度的磨损和损坏,必须提出修理计划或立即更新。滑轮的磨损超过槽板厚度的20%,就应更新,钢丝绳磨损或断丝等,按规定更新。

12.电缆拖链系统及电缆卷筒装置

(1)电缆拖链系统

起重机的各机构控制,以及吊具上的电源是由连接驾驶室与机器房之间的电缆来供电的。随着运行小车的运行,电缆小车也跟随着运行,带着电缆沿大梁侧面的电缆槽运行。电缆拖链中的电缆一端固定于大梁上海侧上横梁下,另一端与小车固定并将电缆引入到驾驶室上的接线箱连接。

(2)电缆卷筒装置

本装置安装在高压房侧支腿联系横梁上,卷筒平面与码头轨道平行。三相四线的高压电缆通过导缆架进入电缆卷筒,然后通向滑环箱,另一端则与码头接线箱连接。本起重机选用宁波伟隆的电缆卷筒。使用请参见电缆卷筒使用说明书。

13.驾驶室

驾驶室挂在小车架下面,随小车架一起移动。驾驶室的外壳为铁板结构,墙内夹层为阻燃隔热材料,内装有装饰板。驾驶室的四面都有玻璃窗,正面下部的玻璃装有雨刮器,在驾驶室左右外侧与驾驶员视线相平高度,装有凸面后视镜。用于观察驾驶室后面的情况。驾驶室内的联动操作台为可旋转式,驾驶员的座椅可调节高底前、后(操作台上各开关、按钮、手柄等所表示的功能参见电气资料)。在驾驶室装有空调。

14.钢结构的维护保养注意事项

(1)保持钢结构表面的清洁,油漆碰坏时应及时补漆。

(2)每月对钢结构表面及焊缝作一次检查,看是否有裂纹及开焊,尤其注意主焊缝;同时检查钢轨的磨损,轨道压板螺栓是否有松动,定位板焊缝有否裂纹等。

(3)定期检查梯子、平台、栏杆有否损坏,焊缝有否开裂。

(4)结构的修理、补焊必须是在无载情况下进行。

(5)油漆前必须去油污,剥落锈蚀,进行彻底清理。

15.液压系统操作维修说明

(1)夹轮器液压系统的动作说明

①松轮:按下大车行走按钮,油泵电动机起动,延时1秒,电磁换向阀得电,开始松轨,当夹轮器限位开关闭合,表明该夹轮器已打开,此时系统压力继续上升,压力继电器低压常闭触点及高压常闭触点先后断开,此时电磁换向阀继续得电,油泵电动机失电,系统处于保压状态,当系统压力下降至压力继电器低压触点闭合时,油泵电动机又起动补充系统压力,……,循环工作。

②夹轮:松开大车行走按钮或行走停车60s后,电磁换向阀失电,油泵电动机停止。

③当油温低达5℃时,电接点温度计发信号,电加热器开始加热;当油温达到15℃时,电接点温度计再次发信号,电加热器停止加热。

④当油温达65℃时,电接点温度计发信号,系统发出"液压泵站油温高故障"的报警。

⑤联锁:当轨道吊两侧4个夹轮器松轮限位开关均闭合时,大车才允许行走。

⑥各阀件设定参数如下:溢流阀压力10.5MPa 压力继电器调定压力8.0~10.0MPa,蓄能器充氮压力6MPa。

(注:上述压力为推荐值,现场可在技术人员指导下调整)

(2)液压系统使用注意事项

为了确保液压系统可靠地工作,日常对液压系统仔细地维护保养是十分重要的。根据一般的使用经验,液压系统的故障,大约有80%是由于选用不适用的油或对系统的清洁度不够注意而引起的。因此,要保证液压系统正常、可靠地工作,必须再次强调:注意液压系统的清洁度。

①液压油缸的维护保养

一般来说液压油缸是不需要进行特别的维护保养。最关键的是要保持油液及缸内的清洁。液压缸在不用时必须注意将活塞杆缩入，以防活塞杆损坏。液压缸应存放在干燥不潮湿的地方。存放时必须将油缸的进出油口堵牢，防止污物及雨水进入。

②液压阀件的维护保养

a.最主要的因素是清洁度，阀件所连接的管道必须冲洗干净，阀件在拆装时，必须保持清洁；

b.电磁阀电压的波动范围不得大于操作电压值的±5%；

c.液压阀件应存放在没有腐蚀性物质或烟气的干燥地方；

d.液压阀件如存放期超过三个月，这些阀件都必须充满液压油并加以密封；

e.阀件安装时要小心，固定螺钉要均匀地上紧。

③液压泵的维护保养

a.液压泵在启动前必须做好下列工作：

检查管路，油箱是否已清洗并保持清洁；

检查油泵转向是否正确；

本系统建议采用 L-HV46 低凝抗磨液压油或同等质量、性能的液压油；

液压系统必须保持 20μ 以上的清洁度；

吸油管道的连接必须严格密封，以防因空气进入而造成损害；

注意油泵与电机连接的同轴度，以避免油泵的损坏；

检查油泵进油管道上的阀门，应处于开启状态。

b.液压油泵的存放：

液压油泵必须存放在没有腐蚀物或蒸气的地方，如存放时间较长，则需向油泵内充满液压油并将所有接口都封牢，但充油时要注意留有足够大的空气缓冲空间，以容纳热膨胀，并每隔 6 个月检查一次是否有水汽凝结。

④液压系统的维护保养

a.必须注意经常检查油箱的油位；

b.滤油器堵塞显示发信号后，应尽快地安排调换滤芯，以确保油液及管道的清洁；

c.管道连接接头，应经常定期检查，以防油管泄漏；

d.在操作过程中，不但要注意油箱的温度，也应注意在泵轴承处的温度，泵轴承处温度过高说明有磨损；

e.系统选用的液压油采用 L-HV46 低凝抗磨液压油，加油时必须从加油口，经滤网通过滤油车加入。滤网选用宽度小于 0.06mm 的过滤网；

f.液压油的更换根据油的污染情况及老化程度来决定，一般来说，第一次换油，应在试运行后 100~500h 进行，但最晚在经 1000h 操作后，就须换第一次油。以后在每 1000~5000 工作小时更换一次液压油；

g.在接通液压缸之前，必须彻底清洗液压系统，在清洗过程中，液压缸连接管线处于关

闭状态,建议清洗时间大于 1/2h 为宜;

　　h.在油管拆卸后重新安装或经长时期不用后,又要重新使用时,管道必须用滤油车,将管道进行认真冲洗,确保管道清洁后,方能接入系统使用;

　　i.高压软管如长期存放不用,在使用前必须进行检查、试压,以确保使用安全;换油期限取决于操作状况、油的状况以及系统的装填能力。对于已老化的油及受污染的油,不能采用补充干净油的方法加以改善,必须将所有废油排净,重新注入干净油。

　　16.起重机的维护保养

　　为了确保起重机处于最佳运行状态,加强保养和检修是不可缺少的重要措施。

　　起重机的保养和检查应设专人负责,根据实际使用情况,提出保养措施,制定修理和更新零部件计划,防止保养和检查不同而引发的事故。

　　保养分日常和定期保养。

　　(1)保养检查和修理注意事项

　　①熟悉起重机有关图纸和技术文件及性能。

　　②保养、检查和修理,必须遵守以下事项:

　　a.作业中临时检查和修理,注意设备下不允许站人和堆放东西;

　　b.检查和修理中,及时向相邻的起重机通报,免得发生相撞等意外事故;

　　c.停机检查修理时,必须在指定的停机位置上。断电检查时,在开关箱处应挂上"检修中"或"修理中"的牌子,设备的通道处也应挂有"检修中"或"修理中"的字牌,避免造成意外。

　　③做好检查和修理的记录。

　　(2)月度检查

　　每月检查一次,主要检查项目如下:

　　①检查钢丝绳磨损情况,根据具体情况进行更换。

　　②检查吊具转销及外伸梁情况,如出现变形磨损要进行及时修理。

　　③检查所有润滑和轴承运行情况,特别注意有无杂音及不正常。

　　④检查所有制动器的制动盘和制动衬等磨损情况,并进行调整。从齿轮箱视孔盖处,检查齿轮磨损情况。

　　⑤检查各机构螺栓连接是否松动及异常情况。

　　⑥检查弹性联轴器的胶圈是否损坏,检查柴油机风扇皮带张紧程度并进行调整。

　　⑦检查电动机、集电环磨损情况。

　　⑧检查接触器、控制器和继电器等的接触情况。

　　⑨检查和清洁电阻及控制操纵部分。

　　⑩检查所有行程限位开关是否可靠、位置是否正确。

　　⑪检查液压系统是否漏油等工作情况。

　　(3)季度检查

　　每三月检查一次,除上述月度检查项目外另增加以下内容:

　　①检查金属结构各螺栓是否紧固,松时旋紧。

②检查小车运行机构走轮磨损情况及水平轮与轨道接触及磨损情况。
③检查轨道磨损及工作情况。

(4) 年度检查

起重机一年中工作不少于6个月,必须进行全面检查,除做到月、季度检查的工作外,还应补充以下事项:

①检查所有金属结构件的情况,焊缝有无裂纹,折断和弯曲等不应有的变形。
②检查吊具及所有滑轮组是否完好。
③拆开减速箱,检查齿轮啮合情况和清洗,并检查轴承间隙和键连接情况。
④检查链及链轮磨损情况。
⑤检查电动机运转及磨损情况。
⑥检查有关仪表是否正常可靠。
⑦起重机部件的磨损。
主要部件的磨损限度如下所记,使用时要将它控制在限度范围以内。

17.机械部分

对机械部分进行检查时,如果有关零件的磨损和损坏相关指标超过以下指标,则应修理或更换。

(1) 车轮

轮面的磨损为原直径的3%;车轮的直径差0.2%。

(2) 轴

轴与轴瓦之间的间隙如表3-7所示。

表3-7 轴与轴瓦之间的间隙

直 径	齿轮轴	其他的轴	直 径	齿轮轴	其他的轴
10以下	—	0.3	64~100	1.0	2.0
10~16	—	0.4	100~160	1.2	2.5
16~25	—	0.6	160~250	1.6	3.1
25~40	0.6	1.0	>250	2.0	4.0
40~64	0.8	1.6			

对轴与滚动轴承连接间隙,按图纸公差要求,不应有磨损情况发生。

(3) 齿轮

齿面的磨损

a.硬齿面的齿轮:第一级:硬化层的20%;第二级:硬化层的40%。

b.一般齿轮:第一级:原尺寸的1.0%;第二级:原尺寸的20%。

(4) 制动器

制动片的磨损达原尺寸的50%或磨损到离定位螺钉1mm;制动盘面的异状磨损凹凸达到1mm。

(5) 钢丝绳

一束中的股线断线数达到10%,或直径磨掉7%。

（6）滑轮

绳槽：原厚度的50%；轮边：原厚度的20%。

18.钢结构部分

对于钢结构部分，若有关零件的磨损或损坏超过以下指标，则应修理或更换。

（1）小车轨道

轨距：±3mm左右。轨道的高低（轨距）×1/1000左右方向的弯曲相差基准线的±3mm；轨道头部的磨损为原尺寸的10%。

（2）钢结构腐蚀：板厚的10%；

油漆：在油漆面积10%以上出现涂膜的剥离、裂纹、龟裂伤疤等现象。

任务二　集装箱正面吊运机认知

集装箱正面吊运机是一种集装箱装卸搬运机械。20世纪70年代中期随着集装箱运输的迅速发展，除了码头的前沿机械外，集装箱货场、中转站和铁路场站都要求性能好、效率高、多用途的流动式集装箱装卸搬运机械，集装箱正面吊运机便是适应这种需要而开发的一种新机型。它与叉车比较，具有机动性能好、稳定性好、轮压较小、堆码层数高和堆场利用率高等优点，是比较理想的货场装卸搬运机械。集装箱正面吊运机如图3-18所示。主要由运行机构，臂架伸缩机构，变幅机构和可以回转、伸缩、横移的吊具等组成。集装箱正面吊运机除运行部分外，臂架俯仰、伸缩、转向及吊具的各项动作均采用液压驱动传动。

图3-18　集装箱正面吊运机

一、集装箱正面吊运机的结构特点

集装箱正面吊运机的结构具有以下特点：

（1）有可伸缩和左右回转120°的吊具，因此特别适应在货场作业。由于吊具可伸缩，能用于不同尺寸的集装箱装卸作业。吊具又可左右回转，在吊装集装箱时，吊运机不一定要与集装箱垂直,即可以与箱子成夹角吊装。在吊起集装箱后,又可转动吊具,使箱与吊运机处在同一轴线上,以便通过比较狭窄的通道。同时,吊具可以左右各移动 800mm,便于在吊装时对箱,从而提高生产效率。

吊具悬挂在伸缩臂架上,可绕其轴线转动。当吊运的集装箱不水平时(如集装箱在半挂车上,而半挂车板面与地面不平),也可以正常操作。因此,集装箱正面吊运机几乎可以在任何条件下在集装箱堆场进行作业。

(2)有能带载变幅的伸缩式臂架。集装箱正面吊运机一般采用套筒式方型伸缩臂架,臂架的伸缩用液压油缸推动。集装箱的起升、下降运动由臂架伸缩和变幅来完成,它没有专门的起升机构。靠同时进行的臂架的伸缩和变幅,可获得较大的升降速度,从而具有较高的效率。

(3)能堆码多层集装箱及跨箱作业。由于集装箱正面吊运机在设计时吸取了集装箱叉式装卸车、集装箱跨运车等机械的优点,并考虑到了这些机械的不足,因此,它能够完成其他机械所不能完成的作业。集装箱正面吊运机一般可吊装 4 个箱高,有的可达到 5 个箱高,而且可跨箱作业,这样就可以提高堆场的利用率,如图 3-19 所示。

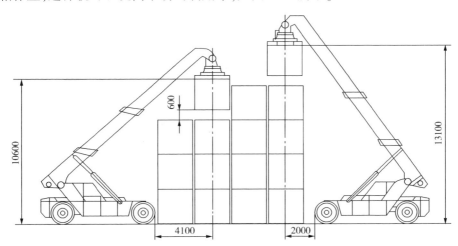

图 3-19 集装箱正面吊运机作业情况(尺寸单位:mm)

(4)集装箱正面吊运机具有多种保护装置,能保证安全作业。由于集装箱正面吊运机是流动机械,而且臂架可带载伸缩和带载变幅,因此,必须具有足够的保护装置来确保安全操作。一般有 6 种保护装置:

①防倾覆保护。当起吊重量超过各种工作幅度下的允许值时,该保护装置即开始动作,此时臂架不能伸缩、俯仰,吊具不能回转,并且有红色灯光信号警告。

②旋锁动作保护。其一是旋锁完全进入集装箱角件孔内,旋锁才能动作,否则旋锁不能转动;其二是旋锁不在全开或全闭的状态下,臂架伸缩、俯仰和吊具回转都不能动作,同时也有信号灯指示。

③起吊集装箱后,整机不能用高速挡行驶,否则发动机自行停止运转。

④变速杆入档后,发动机不能启动。

⑤臂架最大仰角有限位保护。

⑥入档后再拉手制动,发动机即停止。

(5) 在吊具上安装吊爪后,可以连集装箱半挂车一起起吊,吊重可达 38t。将集装箱吊具换装为吊钩后可作一般起重机使用。

采用集装箱正面吊运机,可提高装卸效率,与叉车相比,堆场利用率也可提高 80%。但是,集装箱正面吊运机带箱运行时,一般是将臂架升至最大仰角,这时货物重心移至前轴线内,因后桥负荷比空载时增大,将造成后轮胎磨损加剧。

二、结构类型

集装箱正面吊运机按其结构形式可以分为两大类。

(一) 单臂架集装箱正面吊运机

单臂架集装箱正面吊运机如图 3-20 所示。其起重臂为单箱式结构,用两根变幅油缸支撑。在吊运倾斜的集装箱时,利用吊具与臂架间的自由摆动进行对位。但是,由于吊具与臂架是单支点连接,故吊运装载重心偏移的集装箱时所产生的倾斜,要通过横移吊具保持其平衡。而且吊运机行走时,由于路面不平,易导致摇摆。此外,臂架变幅是由双油缸驱动,由于各种原因,可能出现油缸工作不同步,使臂架受扭。

(二) 双臂架集装箱正面吊运机

双臂架集装箱正面吊运机为双起重臂,起重臂为箱形结构。它与单臂架正面吊运机的不同之处是,用两个小断面的臂架代替了一个大断面臂架。两个臂架都可以伸缩,并由两个变幅油缸分别支撑,两个臂架可以分别动作,也可同步动作,因此其结构和液压控制系统比较复杂。由于是双臂架,与吊具是双支承连接,所以吊具稳定性较好,即使遇到集装箱装载偏心或路面不平的情况,也不会引起吊具摆动。同时,在吊运倾斜的集装箱时,可对两臂架采用不同的高度而使吊具就位,如图 3-20a)所示,并可让两臂架伸出不同的长度而使集装箱转动一定的角度,如图 3-20b)所示,此角度最大不超过 12°。双臂架集装箱正面吊运机受力比较简单,变幅油缸不存在同步问题。同时,两臂架中间距离较大,驾驶室可放在中间,并可以适当提高其高度,使驾驶员视野较好。

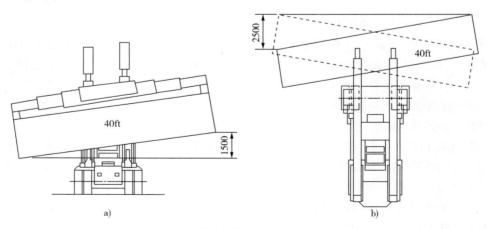

图 3-20　双臂架集装箱面吊运机(尺寸单位:mm)

对于双臂架,为了使吊具能旋转较大的角度,必须在平衡架下再安装吊具旋转机构,因而整个吊具高度较大,从而降低了有效起升高度。

三、主要技术参数

(一) 起重量

集装箱正面吊运机的起重量根据额定起重量和吊具的重量来确定。额定起重量一般按所吊运的集装箱最大总重量确定,对于国际标准40ft集装箱的最大重量取30.5t。目前,各厂家生产的起吊40ft集装箱的正面吊运机,其吊具重量约为10t。

(二) 起升高度

起升高度即堆码高度,一般为4层箱高,如按8ft6in(即2.591m)箱高考虑,还加上一定的安全间隙,故起升高度一般为11m左右。如要求堆五层箱高时,起升高度应不小于12.955m,一般为13m左右(图3-21)。

(三) 工作幅度

集装箱正面吊运机通常能跨一排箱作业。一般要求在对第一排箱作业时,前轮外沿离集装箱的距离为700mm左右,工作幅度最小应距前轮外沿2m。在对第二排箱作业时,前轮外沿离第一排集装箱的距离为500mm左右,工作幅度最小应距离前轮外沿4.1m。

(四) 车身外形尺寸

集装箱正面吊运机主要用在货场作业,要求能适应狭小的场地条件,因此对通过性能要求较高,需要控制车身宽度和长度。另外,还要考虑整机的稳定性和车架受力情况。一般要求正面吊运机能在7.5m左右的直角通道上转弯,在9.5m左右的通道内能90°转向。因此,要求其最小转弯半径在8.5m左右,最大轴距为5500mm左右,车体带臂架时长度约为7500~8000mm左右,车身宽度一般为3500~4000mm左右。

(五) 行走速度

集装箱正面吊运机的运行距离一般在40~50m以内较为合理。如距离太远,则应在前沿机械与堆场间用拖挂车来作水平运输。集装箱正面吊运机在满载时只允许低速行驶,因集装箱正面吊运机自重较大,在吊运40t时,整机总重达110t,如行驶速度过快,则对制动、爬坡、整机稳定性以及发动机功率都有较大影响,故满载时最高速度一般不超过10km/h。空载时可高速行驶,一般为25km/h左右。

四、臂架伸缩机构及俯仰机构

集装箱正面吊运机作业时,臂架伸缩和俯仰频繁。采用液压驱动,可使整机操作灵活、轻便、平稳。

(一) 臂架伸缩机构

为了提高装卸效率,集装箱正面吊运机采用伸缩式箱形臂架,其臂架伸缩和俯仰机构能在满载工况下工作,如图3-21所示。

集装箱正面吊运机臂架的伸缩用液压油缸推动。伸缩段4与基本段3之间的相对运动

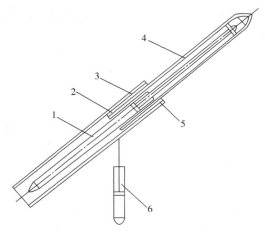

图 3-21　集装箱正面吊运机臂架伸缩和俯仰原理图
1-伸缩油缸；2、5-支承装置；3-基本段；4-伸缩段；6-变幅油缸

是由伸缩油缸 1 驱动的。臂架轴向力由伸缩油缸 1 来承受，力矩则由支承装置 2、5 组成的反力矩来平衡。对于承载伸缩的集装箱正面吊运机的内外臂架间，采用托辊式支承装置，其伸缩阻力较小。托辊组支承装置由 4 个托辊及托辊轴、3 组楔形滑块和托盘等组成。楔形滑块的作用是当 4 个托辊受力不均时，在水平分力差的作用下，滑块作横向移动，使受力较小的托辊上升，从而达到各托辊受力均匀的目的。

(二)臂架俯仰机构

臂架俯仰机构采用 2 个油缸直接推动臂架基本段，使臂架绕三角支承上的轴转动，从而实现俯仰。

左右两侧俯仰油缸采用并联方式。由于臂架基本段的刚性较强，俯仰油缸采用三通接头直接通油。如由于多种原因造成两侧油缸外载不同时，液压系统中油压自然平衡。这样，油缸伸缩即使不同步，臂架及俯仰机构仍能正常工作。

五、吊具

因吊运和堆码集装箱的要求，集装箱正面吊运机的吊具应能旋转 120°(左转 90°，右转 30°)；横移 1600mm(左、右各 800mm)；缩入能吊运 20ft 箱，伸出能吊运 40ft 箱箱，具有旋转机构(90°转角)；绕吊运机前行轴线摆动(无动力)。另外，吊具还必须装设安全保护装置，以保证吊具未与集装箱连接妥当时，不致吊起集装箱。集装箱正面吊运机的吊具结构如图 3-22 所示。

(一)吊具的旋转机构

吊具的旋转机构一般有三种形式：第一种是用油缸推动。即油缸固定在某一位置时，旋转机构即可固定不动，便于对位和操纵，机构也稳定。这种机构结构简单，有自锁装置。第二种是用液压马达带动齿轮箱的旋转机构，或用大转矩低转速的液压马达直接带动吊具旋转。这种机构由于没有制动装置，所以在停止转动后有不稳定的现象，特别在重载时这种现象更为严重。第三种是用摆动油缸来使吊具旋转。由于摆动油缸采用叶片密封，故在低压时采用较好，在高压时采用则不易解决密封问题。目前采用较多的是油缸驱动，通过吊具人字架与臂架伸缩段连接。当旋转油缸通油后，推动转

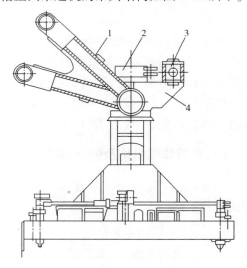

图 3-22　集装箱正面吊运机吊具
1-人字架；2-转轴；3-旋转驱动装置；4-旋转支承

轴上的连杆使转轴转动,转轴通过横轴带着吊具上架一起转动。

(二)吊具横移机构

吊具横移机构一般用油缸驱动。横移油缸一端固定在吊具上架上,另一端与吊具底架固定。在吊具上架上安装有4个滚轮,吊具底架的支承梁就悬挂在这4个滚轮上。当横移油缸伸缩时,吊具底架在吊具上架的4个滚轮上左右移动,带动集装箱左右横移。一般可左右横移800mm。

(三)吊具伸缩机构

吊具伸缩机构采用两套油缸驱动,在液压系统中采用并联形式,使两套油缸同时动作。吊具的旋转、横移和伸缩油缸全部采用同一规格,以便更换和维修。伸缩机构的驱动油缸,一端与吊具底架连接,另一端与伸缩架连接。伸缩架在吊运集装箱时变形较大,因此油缸与伸缩架不是固定连接而采用自由连接长形孔。

(四)吊具旋锁回转机构

吊具旋锁回转机构的作用是将旋锁回转90°后锁住被吊运的集装箱角件,吊起集装箱;当旋锁转角小于90°即尚未将集装箱完全锁住时,使起升、伸臂等动作不能进行,以保证安全。

任务三 集装箱叉车认知

集装箱叉式装卸车(简称集装箱叉车)是用于装卸、搬运和堆码集装箱的一种专用机械。它具有机动性能强和使用范围广等优点,是从普通型叉车逐渐发展成为适应集装箱装卸作业需要的专用叉车,如图3-23所示。集装箱叉式装卸车有集装箱正面叉式装卸车和集装箱侧面叉式装卸车。该叉车可以采用货叉插入集装箱底部叉槽内举升搬运集装箱,也可在门架上装设一个吊顶架,借助转锁与集装箱连接,从顶部起吊集装箱。

a) 集装箱正面叉式装卸车

b) 集装箱侧面叉式装卸车

图3-23 集装箱叉式装卸车

集装箱叉式装卸车的性能特点是:其起重量与各种箱型的最大总重量一致。如装卸40ft或20ft轻载集装箱可分别选用起重量为25t或20t的集装箱叉车;载荷中心距(货叉前壁至货物重心之间的距离)取集装箱宽度的二分之一;其起升高度按堆码集装箱的层数来确定;为改善操作视线,将驾驶室位置升高,并装设在车体一侧;为了适应装卸集装箱的要求,除采用标准货叉外,还备有顶部起吊和侧面起吊的专用属具(图3-24);为便于对准箱位和箱底的叉槽,整个货架具有侧移(约100mm)和左右摆动的性能,货叉也可沿货架左右移动,以调整货叉之间的距离。但是,使用集装箱叉车的通道宽度需大于14m,占用通道面积大,集装箱只能成两列堆放,影响堆场面积的利用;满载时前轴负荷和轮压较大,对码头前沿和通道路面的承载能力要求高;叉车液压件多,完好率低,维修费用较高;叉车前方视线较差,对集装箱的损坏率较高。因此,集装箱叉式装卸车一般只用在集装箱吞吐量不大的普通综合性码头和堆场进行短距离的搬运作业。合理搬运距离为50m左右,超过100m用集装箱叉式装卸车搬运是不经济的,在这种情况下,可采用集装箱拖挂车配合使用。

图3-24 配专用属具的集装箱叉式装卸车

集装箱侧面叉式装卸车是一种专门设计带有侧叉的集装箱叉式装卸车。它可将门架和货叉移出,叉取集装箱后收回,将集装箱放置在货台上进行搬运,与集装箱正面叉式装卸车比较,其载箱行走时的横向尺寸要小得多,因而要求的通道宽度也小(约4m);载箱行走时负荷中心在前后轮之间,行走稳定性较好,轮压分配比较均匀。但是,结构和控制较为复杂,装卸视线差,装卸效率也较低。在设计和选用集装箱侧面叉式装卸车时,要求具有门架前后移动、货架侧移和货架左右摆动等性能。为了保证装卸集装箱时车体的稳定性,通常在叉车一侧装设有两个液压支腿,供装卸时使用,行走时收回。因此,还应考虑使码头货场的承载能力与集装箱侧面叉式装卸车的支腿压力相适应。

一、集装箱叉车的主要技术参数

(一) 额定起重量和载荷中心距

额定起重量是指门架处于垂直位置时,货物重心位于载荷中心距范围以内时,允许叉车举起的最大货物重量。一般以 t 表示。

（二）最大起升高度

是指集装箱叉车在平坦坚实的地面上，满载、轮胎气压正常、门架直立，集装箱升至最高时，集装箱的底面至地面的垂直距离，称为集装箱叉车的最大起升高度。

（三）门架倾角

由于作业的需要，叉车的门架可以向前和向后倾斜。门架倾角是指无载的叉车在平坦坚实的地面上，门架相对其垂直位置向前和向后倾斜的最大角度。

（四）满载/空载最大起升速度

叉车满载/空载最大起升速度是指叉车在停止状态下，门架处于垂直位置，将发动机油门开到最大时，起升额定起重量/空载所能达到的平均起升速度。起升速度对叉车的作业效率有着直接的影响。起升速度高，叉车的作业效率高，提高起升速度是叉车的发展趋势。但起升速度受叉车工作的安全性（即货损和机损）和液压系统参数的限制。

（五）最高行驶速度

最高行驶速度是指叉车在平坦的干硬路面上满载行驶时所能达到的最高车速。以 km/h（公里/小时）表示。据统计叉车作业时，行驶时间一般约占全部作业时间的 2/3。提高车速、缩短行驶时间可以提高叉车的生产率。

（六）最小转弯半径

叉车的最小转弯半径是指在平坦的硬路面上，叉车空载低速前进行驶时，转满转向盘，即叉车的转向轮处于最大转角时，车体最外侧和最内侧至转向中心的最小距离，分别称为叉车的最小外侧转弯半径和最小内侧转弯半径。如果不做特殊说明，通常所说的最小转弯半径指车体外侧转弯半径，最小转弯半径愈小，表明叉转弯时占地面积小，机动性好。要求直角通道宽度小。

（七）最大牵引力

最大牵引力分为轮周牵引力和拖钩牵引力。轮周牵引力是发动机发出的转矩，经减速传动装置，最后在驱动轮轮周上产生的切向力。最大轮周牵引力在满载时取决于发动机转矩和总传动比；在空载时受限于地面黏着力。拖钩牵引力是指轮周牵引力在克服叉车行驶阻力后在叉车尾部拖钩上剩余的牵引力。当叉车在水平坚硬的良好路面上以低速挡等速行驶时，拖钩牵引力最大。在叉车的技术规格中，通常标出的是拖钩牵引力。

（八）外形尺寸

叉车的外形尺寸，用叉车的总长、总宽、总高来表示。总长是指叉车纵向叉尖至叉车最后端之间的长度。总宽是指叉车横向左右最外侧之间的距离。总高是指门架垂直位置，货叉或吊具落到最低位置时，叉车最高点至地面间的距离，为使叉车具有较好的机动性，外形尺寸（特别是车长）应尽量减小。

（九）桥负荷

是指叉车在水平路面上，门架直立，叉车在空载和满载时，路面对叉车前、后桥车轮的垂直反力。

叉车空载行驶时,要求前轮应有一定的附着质量,以保证叉车具有一定的驱动力。叉车满载行驶时,为防止叉车失去稳定性,又要求叉车后桥有一定负荷。根据长期设计和使用经验,叉车前桥负荷分配:空载时 40%,满载时 90%;叉车后桥负荷分配:空载时 60%,满载时 10% 是较为合理的。

(十)最小离地间隙

最小离地间隙是指除车轮以外,车体上固定的最低点至车轮接地表面的距离。它表示叉车无碰撞地越过地面凸起障碍物的能力。增大车轮直径可以使最小离地间隙增加,但这会使叉车的重心提高,转弯半径增大。

二、集装箱叉车液压系统概述

液体传动是机械设备中普遍采用的一种传动方式,它广泛的应用于各类叉车、装载机等港口装卸机械中。

什么是液体传动?用液体作为工作介质进行能量传递的传动称作液体传动。液体传动又分为液力传动和液压传动。前者利用液体的动能进行工作,后者利用液体的压力能进行工作。

集装箱作业中的应用最广机械之一,集装箱叉车通常以柴油机为动力,一方面通过液力变矩器、变速箱、万向节、传动轴、差速器等驱动车辆,另一方面又驱动液压泵,满足各液压传动工作部件的传动要求。

(一)工作部分液压系统组成和工作原理

工作部分液压系统由工作油箱、工作油泵、油管路、多路换向阀、升降油缸、倾斜油缸等组成。液压系统结构原理图见图3-25。叉车的升降和倾斜都是液压传动的。实现上述动作的液压执行元件是工作油泵。

当起升缸起升时,A 滑阀右移,如图3-26,液压油从油箱由油泵 3 向外泵出,经多路换向阀 4 中的单向阀、通过 A 滑阀和单向节流阀 7 向升降缸无杆腔供油,此时活塞上升;A 滑阀中位时,单向节流阀 7 的单向阀锁止,流经节流口的油液在滑阀中位处截止,活塞保持原位;A 滑阀左移,此时起升缸无杆腔的油液经单向节流阀 7 中的节流口和滑阀 A 的右位回油箱,由于节流口的作用,活塞下降的速度相对较慢。

同理可以分析俯仰油缸的动作。

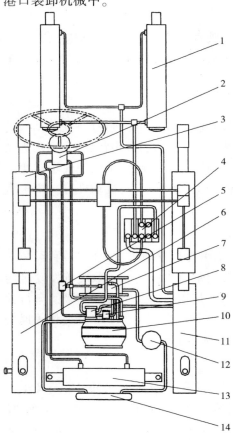

图 3-25 液压系统机构原理图

1-升降油缸;2-转向器;3-倾斜油缸;4-多路换向阀;5-流量控制阀;6、11-工作油箱;7-变速箱;8-工作油泵;9-转向油泵;10-变矩器-油泵驱动装置;12-滤油器;13-转向油缸;14-油冷却器

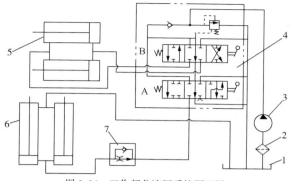

图 3-26 工作部分液压系统原理图

1-工作油箱;2-粗滤器;3-工作油泵;4-多路换向阀;5-倾斜油缸;6-升降油缸;7-单向节流阀

(二)转向、操纵、冷却部分液压系统

集装箱叉车大多采用全液压转向。回路中采用的转向阀为升式无感全液压转向器,由摆线针轮啮合副和转阀式随动阀组成。当转向盘不动时,泵排油经流量分配器、全液压转向器、回油箱。

当转向盘顺时针或逆时针转动时,液压油经转向阀进入转向油缸的相应腔,而另一腔的油则经转向阀回油箱。

图 3-27 为转向、操纵、冷却液压系统原理图。

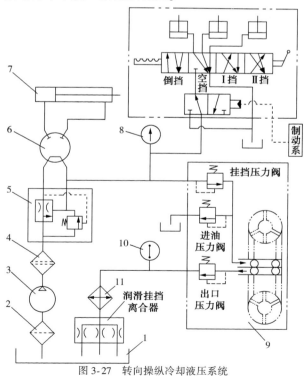

图 3-27 转向操纵冷却液压系统

1-变速箱;2-滤网;3-转向油泵;4-精滤油器;5-流量控制阀;6-全液压转向器;7-转向油缸;8-压力表;9-液力变矩器;10-油温表;11-机油冷却器

泵出口管路中装有流量控制阀。流量控制阀由流量阀和安全阀组成,其主要作用是使转向油泵供给转向器的流量在工作过程中保持在一定的范围内(16~20升/分)。即:不管发动机是高速还是低速运转,均能优先保证供给转向系统稳定的流量,从而保证转向的稳定可靠。

安全阀的作用是使系统压力控制在一定范围之内,防止系统压力过高,发生事故。当油液超过安全并调整压力时,油液的一部分经阻尼孔推升钢球,实现溢流。

项目四　集装箱水平运输机械构造与维保

集装箱水平运输机械是用于集装箱码头、货场、箱站及公路运输集装箱的专用车辆。集装箱水平运输机械包括集装箱牵引车和挂车,如图4-1所示。

图4-1　集装箱牵引车及挂车

任务一　集装箱牵引车结构认知

集装箱牵引车为普通中、重型载重汽车,驱动桥既作驱动又作为拖盘的承重桥。牵引车与挂车之间采用拆接方便的牵引盘——牵引销式结构,牵引盘固定于牵引车后驱动桥中心线前部,所以牵引车承载了挂车的部分重量(主车与拖盘车桥的承重比约为3∶7),挂车配有前伸缩支腿,主车与挂车分开时,做拖车的前部支撑。拖车常采用单桥、双桥或三桥结构。

半挂牵引车具有操作灵活、负荷大、技术成熟、维修方便、适应性广的优点,既可做货场内短距离搬倒,又可做长途运输机械,是当今集装箱运输作业的首选机种。

牵引车主车:由发动机、传动系统、行驶系统、转向系统、制动系统等组成。

发动机:多以柴油发动机为主,有些地方已开始使用天然气为能源的发动机。(本书不作介绍)。

传动系统:由离合器、变速器、传动轴、主减速器、差速器、半轴、驱动桥、驱动轮等组成。

行驶系统:由车架、车桥、车轮、轮胎、悬架、减震器等部件组成。

转向系统:由转向盘、转向器、转向传动系统等组成。

制动系统:由制动器和制动传动系统组成,制动传动系统又分为液压式、气压式和气液混合式等。

挂车一般分为平板式挂车和框架式挂车,其结构组成基本相同,都是由车架、行走支承装置(包括支挂桥、悬挂装置、制动装置、从动车轮等)、支腿以及集装箱锁定装置等几部分组成。

一、集装箱牵引车传动系概述

集装箱牵引车传动系的功用是将发动机发出的动力传给驱动车轮。

按结构和传动介质不同,车辆传动系的形式可分为机械式、液力机械式、静液式、电力式等。

(一)机械式传动系

图4-2所示为普通双轴主车上采用的机械式传动系。传动系由离合器1、变速器2、万向传动装置(由万向节3和传动轴8组成)以及安装在驱动桥壳4中的主减速器7、差速器5和半轴6等组成。发动机发出的动力依次经离合器、变速器、万向传动装置、主减速器、差速器和半轴,传给驱动轮。

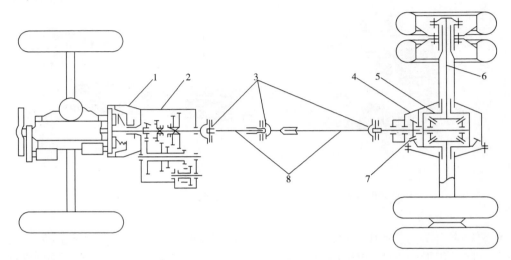

图4-2 机械式传动系一般组成及布置示意图
1-离合器;2-变速器;3-万向节;4-驱动桥;5-差速器;6-半轴;7-主减速器;8-传动轴

1.离合器

按照需要适时地切断或接合发动机与传动系之间的动力传递。

离合器位于发动机与变速器之间,是车辆传动系中直接与发动机相联系的总成。

港口牵引车机械式传动系中广泛采用了摩擦式离合器。

(1)离合器的功用

①保证车辆平稳起步。

②便于换挡,保证换挡操作过程顺利进行,并减轻或消除换挡时的冲击。

③防止传动系过载。

(2)对离合器的要求

①在保证能传递发动机输出的最大转矩而不打滑的同时,又能防止传动系过载。

②分离迅速彻底,接合平顺柔和,便于换挡和保证车辆平稳起步。

③具有良好的散热能力和热稳定性。

④离合器从动部分的转动惯量要尽可能小,以减轻换挡时齿轮的冲击。

⑤操纵轻便。

2.变速器

改变发动机输出转速的高低、转矩的大小以及输出轴的旋转方向,也可以切断发动机向驱动轮的动力传递。

(1) 变速器的功用

①改变车辆的行驶速度和驱动力。

②改变驱动轮的旋转方向。

③使动力与驱动轮脱离。

④驱动其他机构。有的专用车辆还利用变速器作为动力输出装置,驱动某些附属装置,如自卸车的液压举升装置、车辆吊的工作装置等。

(2) 变速器的分类

车辆变速器的结构类型,按传动比变化情况可分为有级式、无级式和综合式三种。所谓传动比就是输入轴转速与输出轴转速的比值。

①有级式变速器

采用齿轮传动,具有若干个定值传动比。

齿轮式变速器具有结构简单、易于制造、工作可靠、传动效率高等优点。

②无级式变速器

它的传动比在一定的数值范围内可连续变化,多采用液力变扭器来完成。

③综合式变速器

它是由液力变扭器和行星齿轮式变速器组成的液力机械式变速器,其传动比可在最大值与最小值之间的几个间断的范围内作无级变化。

3. 万向传动装置

将变速器输出的动力传给主减速器,并适应两者之间距离和轴线夹角的变化。

万向传动装置主要由万向节和传动轴组成,有时还加装中间支撑。

万向传动装置的功用是能在轴间夹角及相互位置经常发生变化的两转轴之间传递动力。

万向传动装置在车辆上的应用主要有以下几个部位:

(1) 用于变速器(或分动器)与驱动桥之间。

大多牵引车变速器的输出轴与驱动桥主减速器的输入轴不在一条直线上,如图 4-3 所示,且在负荷变化及车辆在不平路面行驶时引起的跳动,会使驱动桥输入轴与变速器输出轴之间的夹角和距离发生变化。因此,要适应在两轴之间传递动力,不能采用刚性连接,必须设置由两个万向节和一根传动轴组成的万向传动装置 2。当传动距离较远时,将传动轴分成两段或三段。

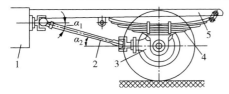

图 4-3　变速器与驱动桥之间的万向传动装置

1-变速器;2-万向传动装置;3-驱动桥;4-后悬架;5-车架

(2) 用于变速器与分动器或离合器与变速器之间。

(3) 用于车辆的转向驱动桥和断开式驱动桥中。

(4) 用于某些车辆的转向操纵机构中。

有些车辆的转向操纵机构受整体布置的限制,转向盘轴线和转向器输入轴轴线不能重合,因此转向操纵机构中也常采用万向传动装置。

4. 驱动桥（主减速器、差速器）

驱动桥的作用是降低转速、增大转矩，改变动力的传递方向。

（1）功用与组成

驱动桥是传动系的最后一个总成，主要功用是将万向传动装置传来的动力经降速增扭、改变传动方向后，分配给左、右驱动轮，并且允许左、右驱动轮以不同的转速旋转。

港口牵引车的驱动桥如图4-4所示。主要由主减速器、差速器、半轴和桥壳等组成。从变速器或分动器经万向传动装置传来的动力依次经主减速器、差速器和半轴最后传给驱动轮。

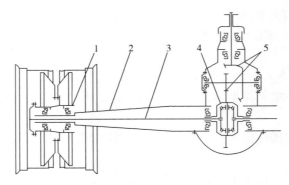

图4-4 港口牵引车的驱动桥示意图
1-轮毂；2-驱动桥壳；3-半轴；4-差速器；5-主减速器

（2）结构类型

按悬架结构不同，驱动桥分为整体式驱动桥和断开式驱动桥两种。

①整体式驱动桥

其驱动桥壳是一整体刚性结构，驱动桥两端通过弹性悬架与车架相连，左右半轴始终在一条直线上，即左右驱动轮不能相互独立地跳动。载货车辆多采用整体式驱动桥。

②断开式驱动桥

两侧的驱动轮分别用弹性悬架与车架连接。这样，两侧的驱动轮及桥壳可以彼此独立地相对于车架或车身上下跳动。

（二）液力机械式传动系

目前部分集装箱牵引车还采用了液力机械式传动系，其主要是以液力机械变速器取代机械式传动系中的摩擦式离合器和普通齿轮式变速器，其他组成部件及布置形式均与机械式传动系相同。

液力机械变速器由液力传动装置和有级式机械变速器组成。液力传动装置有液力耦合器和液力变矩器两种。液力耦合器只能传递转矩，而不能改变转矩大小，可以代替离合器的部分功用。液力变矩器除具有液力耦合器的全部功用外，还能在一定范围内实现无级变速。但液力变矩器的传动比变化范围还不足以满足使用要求，故一般在其后再串联一个有级式机械变速器。

液力机械变速器是由液力传动装置、机械变速器和操纵系统三大部分组成的。车辆上采用液力机械变速器具有以下优点：

(1)能够使车辆平稳起步,并能以很低的车速稳定行驶,从而提高车辆起步时的加速性能和在不良路面上的通过性能。

(2)能够自动适应车辆行驶阻力的变化,在一定范围内进行无级变速,并且能够避免发动机因过载而熄火,甚至在短暂停车时变速器不退入空挡发动机也不至熄火,这样既提高了车辆的动力性又减少了换挡次数。

(3)便于实现自动或半自动换挡,使车辆驾驶操作简单而轻便。

(4)液力传动的工作介质是液体,可以吸收和衰减发动机及传动系统的振动和冲击,从而提高有关零件的使用寿命,提高乘坐的舒适性。

液力机械变速器的主要缺点是结构复杂,造价较高,传动效率较低。

二、集装箱牵引车行驶系概述

(一)行驶系的组成

车辆行驶系因使用和行驶条件的不同,其结构形式有所不同,一般有轮式、履带式、车轮-履带式等几种。

轮式行驶系一般由车架、车桥、车轮和悬架等四部分组成。

(二)行驶系的功用

行驶系的主要作用是将传动系传来的转矩转化为车辆行驶的驱动力;将车辆构成一个整体;支承车辆的总重量;承受并传递路面作用于车轮上的力和力矩;减小振动、缓和冲击,保证车辆平顺行驶;与转向系配合,以正确控制车辆的行驶方向。

1.车架

车架是整个牵引车的基体,车辆的绝大部分总成和部件都通过车架来连接成一体,并承受牵引车内外的各种力及其力矩的作用。

牵引车车架跨接在前后车桥上,是支撑车身、承受车辆载荷的基础构件。牵引车的绝大部分部件和总成是通过车架来固定位置的。

车架除承受静载荷外,还要承受行驶时产生的各种动载荷。

目前,牵引车车架的结构形式主要是边梁式。如图4-5所示。

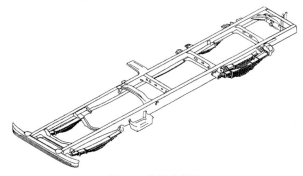

图4-5 边梁式车架

2.转向桥

转向桥功用是利用转向节的摆动使车轮偏转一定的角度以实现车辆的转向,同时,承受车轮与车架之间的垂直载荷、纵向的道路阻力、制动力和侧向力以及这些力所形成的力矩。

转向桥由前轴、转向节、主销和轮毂等组成。图4-6所示为常见车辆的转向桥。前轴13由中碳钢锻造,采用抗弯性较好的工字形断面。为了提高抗扭强度,接近两端略呈方形。前轴中部下凹使发动机的位置得以降低,进而降低车辆重心,扩展驾驶员视野,减小传动轴与变速器输出轴之间的夹角。下凹部分的两端制有带通孔的加宽平面,用以安装钢板弹簧。前轴两端向上翘起,各有一个呈拳形的加粗部分,并制有通孔。主销10即插入孔内。为防止主销在孔内转动,用带有螺纹的楔形销将其固定。

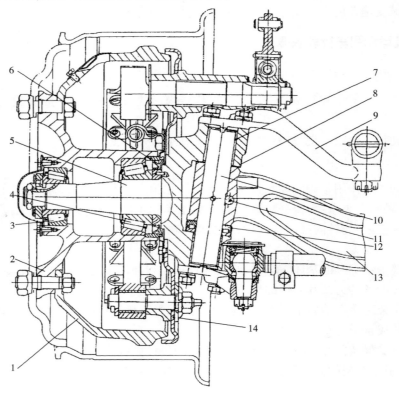

图4-6　东风EQ1090E型车辆转向桥

1-制动毂；2-轮毂；3、4-轮毂轴承；5-转向节；6-油封；7-衬套；8-调整垫片；9-转向节臂；10-主销；11-楔形锁销；12-滚子推力轴承；13-前轴；14-制动底板

转向节5上的两耳制有销孔,销孔套装在主销伸出的两端头,使转向节连同前轮可以绕主销偏转,实现车辆转向。为了限制前轮最大偏转角,在前轴两端还制有最大转向角限位凸块(或安装限位螺钉)。

转向节的两个销孔,要求有较高的同轴度,以保证主销的安装精度和转向灵活。为了减少磨损,在销孔内压入青铜或尼龙衬套,衬套上开有润滑油槽,由安装在转向节上的油嘴注入润滑脂润滑。为使转向灵活轻便,还在转向节下耳的上方与前轴之间装有推力轴承12；在转向节上耳与前轴之间,装有调整垫片8用以调整轴向间隙。

左转向节的上耳装有与转向节臂9制成一体的凸缘,在下耳上装有与转向节下臂制成一体的凸缘。两凸缘上均制有一矩形键与左转向节上下耳处的键槽相配合,转向节即通过矩形键及带有键形套的双头螺栓与转向节上下臂连接。

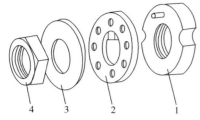

图 4-7 轮毂轴承预紧度调整装置
1-调整螺母;2-锁紧垫圈;3-止动垫圈;4-锁紧螺母

车轮轮毂 2 通过内外两个滚锥轴承 3 和 4 套装在转向节轴颈上。轴承 3 外端依次装有调整螺母、锁紧垫圈、止推垫圈和锁紧螺母,如图 4-7 所示。轴承预紧度可用调整螺母 1 进行调整,调好后用锁紧垫圈 2 锁紧,拧紧锁紧螺母 4,并将止动垫圈 3 折弯包住螺母,以防松动。轮毂内侧装有油封,以防止润滑脂进入制动器内。轮毂外端用冲压的金属罩盖住,以防止尘土和泥水侵入。

转向节轴根部凸缘用来固定制动底板 14(图 4-7)。转向节上还装有限位螺栓,它与前轴上的限位凸块相配合,可以限制并调整转向轮的最大转角。

为了保持车辆直线行驶的稳定性和转向轻便性,减少轮胎和机件的磨损,转向轮、转向节和前轴三者在安装上应保持一定的相对位置,这种具有一定相对位置的安装,称为转向轮定位。它包括主销后倾、主销内倾、前轮外倾及前轮前束四个内容。

(1) 主销后倾

主销装在前轴上,其上端向后倾斜,称为主销后倾。在纵向垂直平面内,垂线与主销轴线之间的夹角 γ 叫主销后倾角,如图 4-8 所示。主销后倾的作用主要是为了保持车辆直线行驶的稳定性,并使车辆转向后,前轮有自动回正的作用。但后倾角不宜过大,否则在转向时将使转向盘沉重或回正过猛而打手。

主销后倾角的获得一般是前轴、钢板弹簧和车架三者装配在一起时,由于钢板前高后低,使前轴向后倾斜而形成。有的在钢板座后部加装楔形垫片而形成后倾(见图 4-9)。由此可知,车架变形、钢板弹簧疲劳、转向节松旷、车桥扭转变形等原因,都将使主销后倾角发生变化。

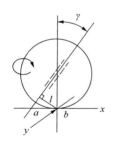

图 4-8 主销后倾示意图

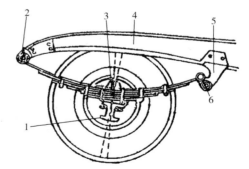

图 4-9 用楔形垫块形成主销后倾
1-前轴;2-前铰链;3-橡胶缓冲块;4-车架;5-支架;6-后吊耳

(2) 主销内倾

主销安装到前轴上后,其上端略向内倾斜,这种现象称为主销内倾。在车辆的横向垂直平面内,主销轴线与垂线之间的夹角 β 叫做主销内倾角,如图 4-10a) 所示。

主销内倾角的作用之一是使车轮自动回正、转向操纵轻便。

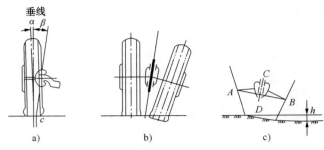

图 4-10 主销内倾、前轮外倾示意图

主销内倾角是由前轴在制造时其主销孔轴线的上端向内倾斜而获得的。前轴弯曲变形及主销与销孔磨损变形等都能引起主销内倾角改变。

综上所述,主销后倾和内倾都有使偏转的车轮自动回正、保持车辆直线行驶的作用。其区别在于:主销后倾的回正作用与车速有关(车速高则回正作用大),而主销内倾的回正作用几乎与车速无关。

（3）前轮外倾

前轮安装在车桥上时,其旋转平面向外倾斜,这种现象称为车轮外倾。车轮旋转平面与纵向垂直平面之间的夹角 α 叫做前轮外倾角,如图 4-10a)所示。

车轮外倾角的作用是提高车轮工作的安全性和转向操纵的轻便性。但外倾角不宜过大,否则会使轮胎产生偏磨损。一般前轮外倾角为 1°左右。

前轮外倾角是由转向节的结构确定的,设计时使转向节轴颈的轴线与水平面成一角度。

（4）前轮前束

前轮安装时,同一轴上两个前轮的旋转平面不下行,前端略向内收束,这种现象称为前轮前束。左右两前轮之间的距离前后端不相等,后端距离 A 大于前端距离 B,其差值 A-B 称为前束值,如图 4-11 所示。

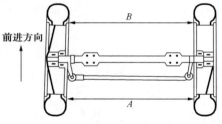

图 4-11 前轮前束(俯视图)

前轮前束的作用是减轻或消除因前轮外倾所造成的不良后果。使车轮在每一瞬间的滚动方向都接近于正前方,这就减轻了轮胎磨损,从而在很大程度上甚至完全消除因前轮外倾所造成的不良后果。

前轮前束可通过改变转向横拉杆的长度来调整。一般车辆的前束值为 0~12mm;调整时应注意各生产厂所规定的测量位置。

3.悬架

悬架的功用是连接车桥和车架,传递二者之间的各种作用力和力矩,抑制并减小由于路面不平而引起的振动,保持车身和车轮之间正确的运动关系,保证车辆的行驶平顺性和操纵稳定性。

悬架主要由弹性元件 1、导向装置 2、5 和减振器 3 等三部分组成,如图 4-12 所示。

一般牵引车上广泛采用的多片钢板弹簧悬架,它既有缓冲、减振的功能,又担负起传力和导向的任务,因此,不需要再安装导向机构,甚至不要减振器(如后悬架)。

根据车辆两侧车轮运动是否相互关联，车辆悬架可分为非独立悬架和独立悬架两种形式。

非独立悬架(图4-13a))的结构特点是车辆两侧车轮分别安装在一根整体式的车轴两端，车轴则通过弹性元件与车架相连接。这种悬架当一侧车轮因道路不平而跳动时，将影响另一侧车轮的工作。

独立悬架(图4-13b))则是两侧车轮分别安装在断开式的车轴两端，每段车轴和车轮单独通过弹性元件与车架相连。这样当一侧车轮跳动时，对另一侧车轮不产生影响，因此称为独立悬架。

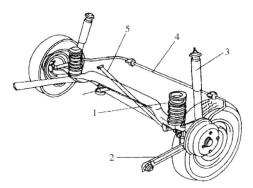

图4-12 悬架组成示意图
1-弹性元件；2、5-导向装置；3-减振器；4-横向稳定器

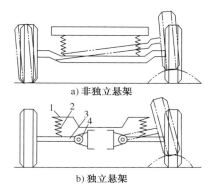

图4-13 非独立悬架与独立悬架示意图
1-车身；2-弹性元件；3-横摆臂；4-铰链

三、集装箱牵引车转向系概述

(一) 转向系的功用、类型及组成

车辆转向系的功用是改变和保持车辆的行驶方向。

车辆转向系按转向能源的不同分为机械转向系和动力转向系两大类，都由转向操纵机构、转向器和转向传动机构三大部分组成。

机械转向系是以驾驶员的体力(手力)作为转向能源的转向系，其中所有传力件都是机械的，如图4-14所示。

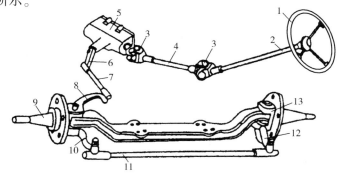

图4-14 机械转向系示意图
1-转向盘；2-转向轴；3-万向节；4-转向传动轴；5-转向器；6-转向摇臂；7-转向直拉杆；8-转向节臂；9-左转向节；10、12-梯形臂；11-转向横拉杆；13-右转向节

动力转向系是兼用驾驶员体力和发动机动力作为转向能源的转向系。动力转向系是在机械转向系的基础上加设一套转向加力装置而构成的,如图4-15所示。

(二)转向中心和转弯半径

车辆在转弯时,要求各车轮的轴线都应相交于一点,这样才能保证各车轮在转向过程中均作纯滚动,避免车辆在转向时轮胎与地面间产生滑动而使轮胎磨损,如图4-16所示。此交点 O 称为车辆的转向中心,这个转向中心随前轮转角的变化而变化,因此也称为瞬时转向中心。由图可看出,车辆转向时内侧转向轮偏转角 β 大于外侧转向轮偏转角 α。两者的关系是:

$$\cot\alpha = \cot\beta + \frac{B}{L}$$

式中: B——两侧主销中心距(略小于转向轮轮距);

L——车辆轴距。

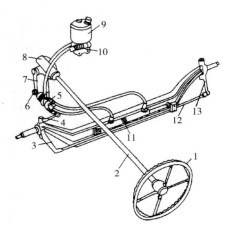

图4-15 动力转向系示意图

1-转向盘;2-转向轴;3、13-梯形臂;4-转向节臂;5-转向控制阀;6-转向直拉杆;7-转向摇臂;8-机械转向器;9-转向油罐;10-转向油泵;11-转向动力缸;12-转向横拉杆

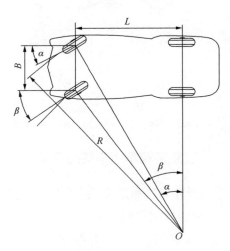

图4-16 车辆转向示意图

这一关系是由转向梯形保证的,故上式也称为转向梯形理论特性关系式。但车辆转向梯形的设计实际上都只能保证在一定的车轮偏转角范围内,使两侧车轮偏转角大体上接近以上关系式。

从转向中心 O 到外侧转向轮与地面接触点的距离 R 称为车辆转弯半径。转弯半径 R 愈小,则车辆转向所需场地就愈小,车辆的机动性也愈好。从图4-16可以看出,当外侧转向轮偏转角达到最大值 α_{max} 时,转弯半径 R 最小。

(三)转向系角传动比及对车辆转向的影响

转向盘转角与同侧转向轮偏转角的比值,称为转向系角传动比,用 i_w 表示。

一般车辆的 i_w 为16~32。

四、集装箱牵引车制动系概述

（一）制动系的功用、类型及组成

车辆制动系的功用是：根据需要使车辆减速或在最短的距离内停车，以保证行车的安全；下坡行驶时限制车速；使车辆可靠地在原地稳定驻车。

一般车辆应包括两套独立的制动系：行车制动系和驻车制动系。行车制动系用于使行驶的车辆减速甚至停车。驻车制动系用于使停驶的车辆驻留原地不动，在紧急情况下，两套制动系可同时使用，以增加车辆的制动效果。

按制动回路的套数，一般可分为单回路和双回路制动系统等。

（二）制动系的基本结构和工作原理

图4-17所示为一种简单的液压制动系示意图，它由车轮制动器和液压传动机构组成。

车轮制动器由旋转部分、固定部分和张开机构所组成。

制动时，驾驶员踩下制动踏板1，推杆2推动主缸活塞3使油液压力升高，油液经管路5进入轮缸6，推动轮缸活塞7克服弹簧13的拉力后，使制动蹄10绕支撑销12转动而张开，消除制动蹄与制动鼓之间的间隙后压紧在制动鼓上。这样，不旋转的制动蹄摩擦片9对旋转着的制动鼓8就产生一个摩擦力矩M_μ，其方向与车轮旋转方向相反。制动鼓将力矩M_μ传到车轮后，由于车轮与路面有附着作用，车轮即对路面作用一个向前的周缘力F_μ，同时路面也对车轮作用着一个向后的反作用力，即制动力F_b。制动力F_b由车轮经车桥和悬架传给车架及车身，迫使整个车辆产生一定的减速度。制动力愈大，则减速度也愈大。当松开制动踏板时，回位弹簧13将制动蹄拉回原位，制动蹄与制动鼓的间隙又得以恢复，摩擦力矩M_μ和制动力F_b消失，制动作用即行终止。

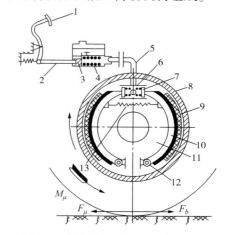

图4-17 制动装置工作原理示意图
1-制动踏板；2-推杆；3-主缸活塞；4-制动主缸；5-制动油管；6-制动轮缸；7-轮缸活塞；8-制动鼓；9-摩擦片；10-制动蹄；11-制动底板；12-支撑销；13-弹簧

（三）对制动系的要求

制动系统必须满足下列要求：
(1) 具有良好的制动性能。
评价车辆制动性能的指标一般有：制动距离、制动减速度、制动力和制动时间。
(2) 操纵轻便。
(3) 制动稳定性好。
(4) 制动平顺性好。
(5) 散热性好。

任务二　集装箱牵引盘与挂车认知

一、牵引盘

牵引盘按固定方式分为：固定式和升降式，按平衡轴形式分为单轴式和双轴式，按与牵引销的连接方式分为蝶式和楔式等。

图4-18为使用较多的单轴楔式牵引盘。

牵引盘关锁：接合时，牵引销推动U形销3顺时针转动至最大位置时，楔形栓2在复位弹簧4的作用下向左移动至锁紧位置（图4-18）。

牵引盘开锁：在单轴式牵引盘中，当向外拉出拉杆1，在连动臂的作用下，楔形栓2向右方移动，至脱离U形销3外缘时，U形销3在弹簧的作用下顺时针转动，使得牵引销可以顺时针脱出（图4-19）。

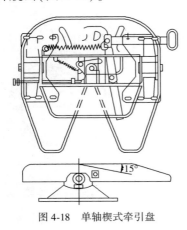

图4-18　单轴楔式牵引盘

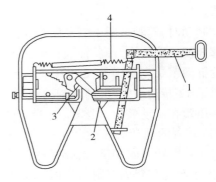

图4-19　牵引盘开锁
1-拉杆；2-楔形栓；3-U形销；4-回位弹簧

二、集装箱挂车

集装箱挂车分为6m（20ft）和12m（40ft）两种，使用最多的为可装一个40ft或两个20ft集装箱的挂车。

（一）挂车的类型

按拖挂方式不同，分为半挂式和全挂式两种，其中以半挂式使用最为普遍。所谓半挂车是指挂车重量和货载的一部分是由牵引车直接承受的挂车，它一般均装有支腿，以便当与牵引车脱开后，使其能稳固地支承在地面上。

按结构形式不同，半挂车可分为平板式和骨架式两种

1.平板式半挂车

在挂车底盘上全部铺有钢板。主要用于搬运长大件货物，也可用于搬运集装箱。搬运集装箱时，需在4角按集装箱的尺寸要求装设集装箱固定装置，即下部固定锁件。平板式半挂车自重较大，只在兼顾搬运长大件货和集装箱时才采用它。

2. 骨架式半挂车

专门用于搬运集装箱。它结构简单,仅由底盘骨架构成而没有铺板,集装箱本身也作为强度构件加入到挂车的结构中。底盘车架的前后四角装有旋锁,可与集装箱的角配件锁紧,以免在搬运过程中集装箱受震翻落。

(二)半挂车的构造

各种类型的半挂车,其结构组成基本相同,都是由车架、行走支承装置(包括车桥、悬挂装置、制动装置、从动车轮等)、支腿以及集装箱锁定装置等几部分组成。

行走支承装置的车桥通常采用高强度钢质方形套管形式。悬挂装置多数采用叶片弹簧悬挂装置。制动装置有用气制动和油压制动两种,为便于与牵引车的制动系统连接和分离,通常多采用气制动。

支腿安装在半挂车的前部,两侧各有一个,当半挂车与牵引车分离时,必须使用支腿才能使半挂车稳定地停住。

锁定装置用以将集装箱固定在挂车的车架上。对于6m和12m集装箱挂车,在车架的4角装有旋锁件,而在车架中部两根横梁上装有4个起伏式旋锁件,搬运12m集装箱时,可将旋锁件伏下不用。

三、挂车制动系统

(一)挂车制动系统的特点

由于挂车车身长,负荷大,若由主车控制阀直接向挂车制动器供气进行制动(单管路制动系统),其制动效果难以达到要求,因此需加装独立的制动系统。

挂车气制动系统有"单管路"和"双管路"两种型式。"单管路"即是主车与挂车仅用一根管线完成充气和制动控制两个任务。而"双管路"是主车与挂车之间由充气和制动两根管线来完成挂车的制动控制任务。

"单管路"挂车制动系统由于其可靠性较差目前被淘汰,因此大部分牵引车目前仅配备双管路制动系统。

(二)双管路挂车制动系统

图4-20为解放型半挂车的全车制动系统示意图,其挂车制动系统采用双管路制动系统,14为安装在挂车上的储气筒,13为挂车制动阀,在主车上装有控制挂车制动的挂车制动控制阀9,其工作情况如下:

(1)当主车和挂车制动系统连接以后,制动气压通过管路接头17进入挂车制动阀13。当气压低于0.56MPa时,挂车制动阀13同时将挂车储气筒14和挂车制动气室15接通,在向挂车储气筒14充气的同时也向制动气室15充气,将挂车制动,起到低气压保护作用。当制动气室内气压达到0.56MPa以上时,挂车制动阀13动作,将挂车制动气室15内的制动气体排空,车辆可以移动。此时,挂车储气筒的充气管路一直处于接通状态,制动气压仍通过挂车制动阀13继续向储气筒14充气,直至达到制动系统限定的最大气压。

(2)制动时,由主车上的挂车制动控制阀9来的控制气压,通过管路接头18进入挂车制动阀 13 的上方，推动阀芯下行，使挂车储气筒 14 与挂车制动气室 15 接通，储气筒的气压直接进入制动气室，将挂车制动。

（3）当挂车气管或制动气室出现泄漏时，若气压低于 0.56MPa，挂车制动阀 13 自动接通挂车储气筒 14 与挂车制动气室，使挂车车轮制动，起到安全保护作用。

（4）在拉起手制动控制阀 8 或主车前、后桥制动管路出现泄漏时，挂车制动控制阀 9 都会向挂车制动阀 13 输出一制动信号，将挂车制动，以防止意外。

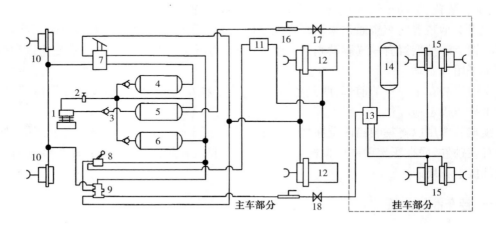

图 4-20　解放 CA1120PK 型半挂牵引车抽动系统结构示意图

1-压缩机；2-调压阀；3-单向阀；4-前制动回路贮气筒；5-湿贮气筒；6-后制动加路贮气筒；7-抽动控制阀；8-手制动控制阀；9-挂车制动控制阀；10-单腔抽动气室；11-快放阀；12-双腔制动气室；13-挂车制动阀；14-挂车贮气筒；15-挂车制动气室；16-阀门；17、18-管路接头

（三）挂车制动的使用和保养

在拖挂运输中，主车和挂车的制动系统必须保持良好的配合。现在使用的挂车上都安装了贮气筒、分配阀和车轮制动器，以保证行车安全。挂车在使用和保养中应注意以下几个问题：

（1）每天例行保养和出车检查均应检查主、挂车气管路有无破损，每天收车后应放净贮气筒内的污水。

（2）行车中要注意正确使用制动，如遇到障碍要提前减速。

（3）车辆起步时，气压应达到 0.6MPa，手制动解除后才能起步。车辆行驶中气压不应低于规定气压，最好在 0.7MPa 以上。

（4）试验车辆的制动性能，主、挂车应同时进行。

（5）车辆保养时，对挂车也应予以保养。

（6）每次保养时，对制动蹄片和制动鼓间隙均应进行调整，并保持左右轮间隙一致。

（7）挂车制动最好早于主车制动，也可以同时制动，最好挂车提前 0.2~0.4s，可以避免挂车冲击主车，导致牵引装置早期损坏。

（8）部分车辆的主车制动系没有加装挂车制动控制阀，不少用户直接从后制动管路上接过气管线，造成挂车制动不好，建议加装挂车制动控制阀。

任务三 集装箱牵引车的操作与维保

一、集装箱牵引车安全技术操作规程

（一）作业前应做到

（1）检查平车各部连接螺栓是否紧固,拖钩及平车插销是否安全可靠。
（2）搬运长大笨重货物时,要根据长度调整拖架位置,插好销子。
（3）检查牵引车灯光、转向、制动是否正常。

（二）作业中应做到

（1）牵挂平车时,要注意挂钩人员的位置及指挥信号。
（2）平车的货物装载要平稳、牢固,货物不准拖地。
（3）牵引行驶时,要做到起步慢,转弯慢及重载行车慢。
（4）牵引车拖挂平车,应以重车在前,轻车在后,平稳起步,避免骤然起步或紧急制动。
（5）平车装运易滚动货物,必须掩牢、拴稳,防止滚动。
（6）当船吊钩头在停车点上空运行时,牵引车不准通过。

（三）作业中"五不准"

（1）不准用软索拖拉平车。
（2）拖盘上不准带人。
（3）不准从吊起的货物下面通过。
（4）不准驾驶员在倒车时下车自挂平板车。
（5）不准在车未停稳时摘下平板车。

（四）作业后应做到

（1）将使用的平车放在规定的地方,不得随意停放。
（2）凡装过危险品和腐蚀性物品的,一定要进行清扫、清洗。
（3）牵引车、平车修理时,必须掩好掩木。

二、集装箱牵引车的维护与保养

（一）意义

（1）保证牵引车设备技术性能经常处于良好状态;
（2）及时发现和消除设备异常和隐患,防止事故发生;
（3）使设备零部件磨损降至最低限度,最大限度地延长设备的有效运行时间,从而延长设备的维修周期和使用寿命;
（4）减少临时故障,保证设备工作的可靠性;
（5）降低设备在运行中的消耗。

（二）分类与内容

牵引车设备维护工作按工作内容、间隔期及性质不同可分为日常维护、临时修理、定期保养和定期检查。

1.日常维护

日常维护是指为保持牵引车设备技术性能经常处于良好状态和保证设备正常运行,在作业前、作业中和作业后由驾驶员按规定要求对设备进行的维护工作。

(1)设备日常维护工作内容与要求

牵引车的日常维护一般由驾驶员执行,并多在驾驶员交接班时进行。其维护的主要内容有:

①作业前、作业后、作业中利用空闲时间按规定进行清洁、检查、调整、紧固、润滑;保持设备完整,安全防护装置齐备有效,保证设备安全运行。

②在设备运行过程中应严格遵守操作规程,注意观察运行情况,发现异常及时处理,不能排除的故障,应及时上报。

③认真填写《机械运行日志》,做到完整准确。

(2)牵引车的日常检查

日常技术状态检查是牵引车日常维护工作的一部分,是驾驶员或检查人员对牵引车作业前、作业中和作业后进行的例行检查。基本内容是牵引车设备技术状况是否能达到日常维护主要内容和要求。检查重点有零、部件是否完整无损,安全装置是否可靠,仪器、仪表工作和显示数据是否正常,油、水、液、气、电量是否充足和是否有泄漏,各连接部位是否紧固良好,动力装置、传动装置是否有力、平稳,有无异响、过热和排气超标等异常现象,金属结构各部位有无变形、开裂,各机构动作是否灵敏、准确,工、机具是否齐备有效,以及车容车貌等。

检查方法主要由驾驶员或检查人员通过感官看、听、摸、敲击及通过现场简易检测仪器进行检测。

作业前和作业后的检查是驾驶员交接班工作内容的一部分。同时,作业前应注意检查设备临时故障排除情况;作业中应注意在连续作业时间较长情况下,主要零部件技术状态及运转是否正常、有无松动和渗漏现象;作业后应做好清洁工作。检查发现的问题应及时通知有关人员并采取处理措施;对使用中临时故障的处理按本单位有关规定的执行。

2.临时修理

是指车辆在运行中出现故障时而进行的临时修理,是使车辆能及时恢复良好技术状态和工作能力的一种必要的修理方式。

临时修理一般应由驾驶员或专业维修人员完成。驾驶员完成的临时修理,一般是指驾驶员应掌握的应知应会内容中的故障的排除。故障排除后,应将故障部位、修理的项目、时间等记入《机械运行日志》。对修理难度较大、修理时间较长或驾驶员无法处理的故障则由专业维修人员进行修理。

3.定期保养

牵引车的定期保养是指按一定间隔期有计划地对其进行的强制维护工作。

一般由驾驶员和维修工人共同进行,其主要内容为:检查、清洗、紧固、润滑等工作。包括疏通油路,更换不合格的密封垫圈,调整配合间隙,紧固各部位,及电气检修等。

在用牵引车定期保养内容与要求

(1)按牵引车各部机件要求进行全车润滑。

（2）对各主要机构、系统的工作状况及操作、动作、运转情况等进行检查。

（3）更换机油滤芯、柴油滤芯、清扫或更换空气滤芯。

（4）检查各系统润滑油的油量、工作油箱油量、制动液量、蓄电池电解液流量，并按需添加。

（5）检查各系统的漏油、漏水、漏气、漏电等情况，并予以排除。

（6）对工作机构和牵引部件的变形、损伤、裂纹进行检查，按需进行维修。

（7）清洁全车并清洗通风孔。

（8）紧固各部螺栓，配齐零、部件。

4.定期检查

定期检查一般应由专门检查人员负责，还需配合相应的专用检测仪器，本书不做介绍。

表4-1为牵引车定期检保规定所列举的具体内容，可供日常工作中参考。其中A级检保工作以驾驶员为主。

牵引车定期检查、保养内容　　　　　　表4-1

部位	项目	序号	检保内容	技术要求	执行级别 A	B	C
整机检查	车容车貌	1	清扫机械各部卫生	各部无灰尘,无污垢,外观清洁整齐	○	○	○
	整机性能	2	听查发动机各转速运转情况，检查离合器、变矩器、变速箱、转向、刹车及液压等机构在运转过程中的工作情况	发动机低、中、高速运转平稳，无异响，排气正常，传动及液压系统传动平稳、可靠，无异响，制动、转向要灵敏可靠	○	○	○
	渗漏	3	检查整机各部渗漏情况	各部无漏油、漏水、漏气、漏电现象	○	○	○
	紧固	4	检查各部螺栓紧固情况	各部螺栓齐全、紧固可靠	○	○	○
	润滑	5	全车各部润滑	根据润滑图表，按本次定检级别相对应间隔期及润滑点进行润滑，各总成部位检查，添加或更换润滑油。采集油样，进行油分析，提交分析报告	○	○	○
	金属结构	6	检查金属结构技术状况	无变形、断裂、开焊现象	○	○	○
发动机	通风孔	7	检查发动机曲轴箱、变速箱、主减速器、液压油箱、转向机通风孔	各通风孔应保持空气畅通	○	○	○
	曲轴连杆机构	8	听查本机构运转情况	各部件运转平稳、无异响	○	○	○
		9	检测气缸压力	检测时，发动机水温在80℃左右，气门间隙符合标准，拆下空气滤芯，在发动机转速达200r/min时，采用专用气缸压力表，逐缸检测各缸压力，取2次平均值。检测压力低于极限值时，应解体维修。无气缸压力极限值时，可取标准压力的80%作为使用极限值	—	—	○

续上表

部位	项目	序号	检保内容	技术要求	执行级别 A	B	C
发动机	曲轴连杆机构	10	紧固缸盖螺栓，按需更换气缸垫	按要求正确安装缸垫，紧固缸盖螺栓时应由中央到四周对称扩散的顺序分3~4次扭紧，每次增加力矩相同，最后一次达到标准扭矩。缸盖螺栓扭紧力矩请查有关技术标准	—	○	○
		11	更换活塞环	在气缸磨损程度允许的情况下可进行，否则需要更换气缸套。安装活塞环时应将内倒角向上、外倒角向下。活塞环的配合间隙和安装标准请查有关技术标准	—	—	●
		12	更换活塞和气缸套	测量活塞与气缸套的配合间隙，若超出标准，则按需更换活塞或缸套。更换活塞需按气缸的修理尺寸进行选配。活塞与缸套的配合间隙请查有关技术标准	—	—	●
		13	检查活塞销与连杆铜套及活塞销座孔的配合	各类型发动机活塞销与活塞销座孔、销与衬套的配合间隙请查有关技术标准	—	—	●
		14	校正连杆	连杆无弯曲和扭曲的现象	—	—	●
		15	检查连杆轴承与轴颈的配合，主轴承与轴颈的配合，检查连杆螺栓、主轴承螺栓	配合间隙请查有关技术标准，若超出标准应根据曲轴的修理尺寸来选配连杆轴承或主轴承。主轴颈及连杆轴颈应表面光滑，无伤痕	—	—	●
		16	检查飞轮、齿圈的技术状况	根据磨损情况确定修理或更换	—	○	○
		17	更换前后曲轴油封	发动机解体维修时，前后曲轴油封应全部更换	—	—	●
	配气机构	18	检查、调整气门间隙	根据发动机的工作顺序逐缸调整在压缩终了。进、排气门完全关闭时，调整该缸的2只气门。为了保证调整准确，全部调整完后再复查一次。各机型气门间隙请查有关技术标准	—	○	○
		19	检查气门组技术状况	气门与导管的配合、气门弹簧的长度、弹性要求、座圈与气门的工作面要求，请查有关技术标准	—	—	●
		20	研磨气门	气门头圆柱部分的高度光磨后不少于0.5mm。工作表面不得有损伤。研磨后的气门其接触面应在工作面的中间呈现出一条不间断的暗圈，要求密封良好	—	—	●
		21	检查气传动组状况	凸轮轴及传动齿表面应完好无损伤。轴与套的配合、推杆与导管的配合尺寸请查有关技术标准。推杆、摇臂及摇臂轴不应有弯曲、变形、损坏情况，摇臂铜套与摇臂轴配合间隙应符合标准	—	—	●
	润滑系	22	更换发动机润滑油	待发动机温度达45℃以上，将旧润滑油放净，加新润滑油，静态下加到油尺刻线上线（A级检保是否更换润滑油根据化验结果确定）	●	○	○

续上表

部位	项目	序号	检保内容	技术要求	执行级别 A	执行级别 B	执行级别 C
发动机	润滑系	23	清扫机油滤清器、更换机油滤芯	将滤清器清洗干净,更换新滤芯后应无渗漏,滤清效果良好	●	○	○
		24	检查机油泵、清洗集滤器	运转正常、泵油良好、集滤器清洁、滤网完整无损坏			○
		25	清洗机油散热器外表	清除散热器外表污物	●	○	○
		26	疏通油道	润滑油路必须清洗干净,畅通无阻	—	—	●
		27	检查调整机油压力	机油压力在标准范围内,限压阀需动作灵敏、工作可靠			○
	冷却系	28	检查冷却液量	冷却液液面高度应符合标准	○	○	○
		29	检查风扇带涨紧度及磨损情况	以 30~50N 的力作用在风扇带上,使其下挠 10~15mm 为适宜。风扇带无损伤、老化,风扇无裂纹、无损伤和非正常摆动	○	○	○
		30	清扫散热器外表	散热器外表无杂质、油污,散热片应保持平整	○	○	○
		31	检修水泵	检查水泵轴承、叶轮、水泵轴、水封。安装后应旋转自如、无不正常的摆动,无漏水现象	—	—	○
		32	节温器检查	开启、关闭温度正常			○
		33	清洗冷却系统	利用清洁剂对冷却系统进行清洁	—	—	○
	供给系	34	清扫空气滤清器及滤芯,按需更换	用不超过 0.2MPa 的压缩空气,从里向外吹净滤芯上的灰尘,检查有无破损,安装时应保持各部密封件良好	○	○	○
		35	清洗燃油滤清器	非更换件清洗干净,更换滤芯,安装后应无渗漏、滤清良好	○	○	○
		36	清洗输油泵滤网	滤网清洁、无破损	—		○
		37	检查燃油泵联轴器,调整供油提前装置	联轴节与轴连接紧固,键与槽配合良好,无相对运动和轴向滑动,调整完后应将固定螺栓扭紧			○
		38	调试燃油泵	在试验台上调试燃油泵的供油量,调速器及提前装置的技术性能			○
		39	检查调整喷油器	喷油压力正常、雾化良好、无积炭			○
		40	清洗燃油箱	用燃油多次清洗油箱内部,到油清为止	—	●	○
传动系统	离合器	41	检查离合器工作状况	检查离合器工作情况,如有下列情况,进行外部调整,不能排除应解体维修离合器,并执行该车修理标准:(1)离合器打滑;(2)离合器分离不彻底;(3)离合器结合有噪声		○	○
		42	检查调整离合器踏板自由行程	检查调整离合器踏板自由行程,并达到规定值,有关值请查有关技术标准	○	○	○
		43	检查离合器分离轴承与分离杠杆的间隙	检查并调整离合器分离轴承与分离杠杆的间隙,各车间隙请查有关技术标准	—	○	○

续上表

部位	项目	序号	检保内容	技术要求	执行级别 A	执行级别 B	执行级别 C
传动系统	变速器	44	变速器工况检查	变速器的工作情况,在发生下列情况进行外部调整维修,不能排除应拆修变速器,并执行该车修理标准:(1)变速器异响;(2)脱挡;(3)变速器乱挡	—	○	○
		45	更换变速器滤芯	将旧滤芯拆下,更换新品,检查渗漏	—	—	○
	传动轴	46	检查传动轴	检查传动轴十字轴承,中间轴承是否松旷。传动轴花键磨损情况是否超限。中间支撑轴承轴向间隙大于0.3mm应调整。十字轴径向间隙大于0.25mm应更换。滑动叉、堵盖、油封盖、滚动轴承的油封应完好	○	○	○
	主减速器	47	检查主减速器工况	检查主减速器工作情况,如发现主减速器行驶时异响或弯路行驶异响,应拆检主减速器,并按该车修理标准进行维修	—	○	○
			(注:对奥特瓦集拖的传动系统)	(执行叉车传动系统技术要求)	—	—	—
行走系统	前后桥	48	检查钢板弹簧	弹簧钢板无变形、断裂,U形螺栓及钢板卡子紧固可靠、无串动;吊耳轴销无松旷	○	○	○
		49	检查更换前后钢板弹簧销套	拆检前后钢板弹簧套,如配合间隙超过规定,按需更换销套	—	○	○
		50	检查减振器	减振器无渗漏及损坏,固定螺栓无松动。作业停驶后,减振器应发热。如没有发热现象应检查油量,如油量不少应拆修减振器	—	○	○
		51	检查轮毂轴承松旷	轮胎离地后轮毂无轴向窜动和摆动	○	○	○
		52	检查轮胎	轮辋无变形、裂纹,轮胎螺孔无磨损、螺栓无松动。轮胎气压正常,磨损的花纹深度小于1.6mm应更换轮胎,清除嵌入夹杂物	○	○	○
制动系统	气泵	53	检查气泵工作情况	在规定时间内,系统内气压达标准值,低于标准值应进行维修,有关值请查有关技术标准	—	○	○
	总泵	54	检查调整制动踏板自由行程	制动踏板自由行程在标准之内,超限予以调整	○	○	○
	管路	55	检验制动气压调节及警报	按规定压力校验压力警报开关。校验压力调节阀使,应在发动机运转和制动用气的情况下,气压接近标准压力下限时,气泵应有泵气声至接近标准压力上限时停止,直至气压再次降至接近下限	—	—	○
		56	制动气压漏气检查	制动气压保持标准压力,停止发动机,踩下制动踏板,检查气压表压力,如压力下降超过每分钟规定值,应进一步检查气路泄漏情况	—	—	○

续上表

部位	项目	序号	检 保 内 容	技 术 要 求	执行级别		
					A	B	C
制动系统	管路	57	测量制动室推杆行程	在制动气压正常的情况下,操作制动踏板,测量制动室推杆的工作行程,并调整至标准值,具体值请查有关技术资料	—	—	○
	制动器	58	拆检轮毂及制动器	解体轮毂,清洗检查轮毂、轴承制动鼓、制动盘等,制动蹄片无松动、裂纹、油污,与制动鼓结合面大于70%,蹄片铆钉头到摩擦面小于0.5mm时更换蹄片,制动鼓沟槽深度超过0.6mm,圆度超过0.3mm,圆柱度超过0.7mm应更换。组装时,润滑轮毂轴承、轮毂螺母,预紧后松约1/4圈	—	—	○
		59	检查调整车轮制动效能	在干燥的沥青路面试车,制动效能应符合标准,没有跑偏、侧滑等现象,四轮拖印要均匀	○	○	○
	停车制动	60	调整停车制动蹄与制动鼓间隙	调整制动鼓与制动蹄之间的间隙,具体值请查有关技术资料	—	○	○
		61	检查停车制动效果	在20%的坡度下能可靠制动,制动拉杆回位后能彻底解除制动,无卡滞现象,拉杆行程应符合标准	—	○	○
		62	拆检停车制动器	解体检查手制动鼓,清洁鼓、蹄、盘等。制动蹄片无松动、裂纹、油污,与制动鼓接合面大于50%,蹄片铆钉头到摩擦面小于0.5mm应更换蹄片。制动鼓与沟槽深度超过0.6mm,圆度超过0.30,圆柱度超过0.7更换,各部拉杆销、套间隙正常	—	—	○
转向系统	转向机	63	转向盘检查	转向机构转动灵活可靠,无松旷和阻滞情况轴向间隙、径向间隙、转向盘的自由行程在标准范围内	○	○	○
	拉杆	64	检查转向拉杆	检查拉杆头无松动情况,拉杆应无损伤,球头销转动灵活,不卡滞。各部连接紧固,开口销齐全,锁止有效	—	○	○
		65	拆检转向拉杆	横直拉杆应无损伤,直线度误差不大于2mm,球销座无剥落、裂纹,弹簧良好;球头磨损不超限	—	—	○
	转向节	66	检查转向节及主销销套	转向节转动灵活,无损伤和裂纹,转向节主销与衬套间隙请查有关技术资料,推力轴承转动灵活,间隙在使用范围内	—	○	○
		67	检测前束	检测车辆前束,并调整至标准值,标准值请查有关技术资料	—	○	○
拖盘	整体	68	拖盘整体检保	拖盘的制动系、走行悬挂系、车架、车体部分的检保项目及技术要求按与主车相同的项目要求执行	○	○	○
	支腿	69	检查支腿	应能正常动作,旋转滑动部分磨损正常。支腿无裂纹、变形	—	○	○
	牵引销	70	检查牵引锁销	牵引锁销无变形、损伤,牵引鞍工作平面无非正常磨损,和拖盘的接合与分离动作准确,锁止可靠	—	○	○

续上表

部位	项目	序号	检保内容	技术要求	执行级别 A	执行级别 B	执行级别 C
拖盘	牵引销	71	检查拖盘中心牵引销	拖盘中心牵引销无裂纹、变形,牵引部标准尺寸50.8mm,使用极限48mm	—	○	○
		72	检查拖盘转锁	转销无变形、裂纹,转动灵活、自锁可靠	—	○	○
			(注:对奥特瓦集拖牵引架)	(执行叉车工作装置技术要求)	—	—	—
电气部分	照明灯	73	检查照明系统工作状况及固定部位有无松动	符合原车设计要求、前大灯要求正定投光	○	○	○
	指示灯	74	检查前后转向灯、前后示宽灯、制动灯、倒车灯工作状况及固定部位有无松动	符合原车设计要求,齐全完好,均须明亮,外表洁净,开闭自如	○	○	○
	音响	75	检查喇叭是否完好有效	声音清脆洪亮,距喇叭口1m,声音110dB以上	○	○	○
		76	检查倒车报警装置是否完好有效	应完好有效,声音清楚	○	○	○
	仪表	77	检查各仪表、仪表灯和传感装置,开关是否完好有效	仪表齐全、牢固,显示数字清晰、准确完整,开关有效,仪表指针走动平稳	○	○	○
	刮水器	78	检查刮水器、暖风机工作状况	牢固、齐全有效,电机运转良好	○	○	○
		79	拆卸刮水器、暖风机分解检查	润滑轴承,试验性能,更换不符合技术要求的零件	—	—	○
	暖风机	80	(1)清洗油污部件		—	—	○
		81	(2)检查电枢绕组、整流子	绕组绝缘良好,整流子表面清洁平滑	—	—	○
		82	(3)检查定子(永磁)有无脱壳移位	固定牢靠	—	—	○
		83	(4)检查电刷高度、刷架和弹簧压力	刷架中的电刷在弹簧力作用下应能自由活动,电刷高度不低于1/2原高,刷架绝缘良好	—	—	○
		84	(5)检查转子轴和轴承状况	轴与轴承配合应符合技术要求	—	—	○
		85	(6)检查刮水器传动装置	转动灵活,传动齿轮不得有崩角或破碎现象	—	—	○
	预热装置	86	检查预热器装置	指示器显示20s内有效	○	○	○

续上表

部位	项目	序号	检保内容	技术要求	执行级别 A	B	C
电气部分	发电机	87	检查发电机(调节器)充电功能	应清洁无垢,三角带张力适中,运转正常,无其他机械杂音,调节电压27.6~29.6V(24V),13.8~14.8V(12V)	○	○	○
		88	拆卸发电机分解检查	润滑轴承,试验性能,更换不符合技术要求的零件	—	●	○
		89	(1)清洗油污部件		—	●	○
		90	(2)检查励磁绕组和集电环	绕组绝缘良好,集电环表面粗糙度应符合规定	—	●	○
		91	(3)检查电枢绕组和整流元件	绕组绝缘良好,端盖上的元件应能承受150N的静压力而不脱落	—	●	○
		92	(4)检查电刷高度、刷架和弹簧压力	电刷在刷握内自由上下无卡住现象,电刷与滑环接触面不应小于75%,电刷磨损不应小于原规定高度的1/2,刷架绝缘良好,电刷弹簧压力为1~2N	—	●	○
		93	(5)检查转子轴和轴承状况	轴与轴承配合应符合技术要求	—	—	○
	起动机	94	检查起动机工作状况	紧固件无松动,连接线头牢靠,接触良好,起动开关准确可靠,电机运转良好,啮合无撞击现象	○	○	○
		95	拆卸起动机分解检查	润滑轴承,试验性能,更换修整不符合技术要求的零件	—	○	○
		96	清洗油污部件	—	—	○	○
		97	检查电枢绕组、整流子	绝缘良好,整流子表面清洁平滑	—	○	○
		98	检查励磁绕组	绝缘良好,固定可靠	—	○	○
		99	检查转子轴、轴承的磨损情况	转子轴与轴承配合符合技术要求	—	○	○
		100	检查驱动齿轮离合和磨损状况	齿轮衬套与轴颈间隙符合标准,齿轮不得有崩角或破损现象	—	○	○
		101	检查电刷高度、刷架和弹簧压力	刷架的电刷在弹簧力作用下能自由活动,电刷与整流子接触面不小于75%,电刷高度不低于1/3原高,弹簧对电刷的压力一般为9~15N	—	○	○
		102	检查电磁开关和触点状况	电磁开关线圈应无短路、断路现象,电路中各触头接点的接触面应平整光洁,闭合良好,不得有烧蚀、氧化或脏污	—	○	○
	蓄电池	103	检查蓄电池电解液相对密度、液面高度、清洁外表	电解液相对密度1.27~1.29,液面高于极板10~15mm	○	○	○
	点火系	104	检查调整润滑点火等装置	断电器间隙0.35~0.45mm,火花塞间隙0.6~0.8mm	—	○	○

续上表

部位	项目	序号	检保内容	技术要求	执行级别 A	执行级别 B	执行级别 C
电气部分	线束	105	检查整理清洁电气线路,更换损伤、老化、黏合导线及电气部件	全车导线敷设整齐、线束规正牢固,不得有临时线	—	○	○
电气部分	空调	106	检查清洁冷凝器表面,调整压缩机皮带紧度,检查冷却液	液面高度应在刻度范围内,运转无异响	—	—	○
其他	驾驶室	107	检查驾驶室	锁扣应完好,锁紧可靠,各结合点紧固可靠。各部螺栓齐全,无松动,玻璃完好,车门无变形,关闭严密。门锁完好	○	○	○

注:○为必须进行项目;●为按需进行项目。

参 考 文 献

[1] 张质文.起重机设计手册[M].北京:中国铁道出版社,2013.
[2] 蒋国仁.岸边集装箱起重机[M].武汉:湖北科学技术出版社,2000.